NAL
宁波学术文库

JD34.201209

Gangkou yu Chanye Hudong
Fazhan Bijiao Yanjiu

港口与产业互动发展比较研究

陈洪波 等著

ZHEJIANG UNIVERSITY PRESS
浙江大学出版社

目　　录

第一章　港口与产业互动研究概述

随着经济全球化进程的加快,国际产业转移活动日趋频繁。以港口为核心的综合交通体系的开发和建设,带动了相关产业的兴起和发展;产业的兴起又促进了港口的繁荣,带动了城市的发展和繁荣。纵观港口城市的发展历史,可以得出一个规律:港口兴则经济兴,港口衰则经济衰。港口开发必须与产业的布局、城市的扩张相协调,三位一体、互动发展,才能相互依托、相互支撑,实现共同发展。

第一节　研究基础与意义

港口是具有水陆联运条件和设备的交通枢纽,是客货运输集散、贸易商品生产和交换的场所。随着世界经济的发展和海上运输方式的进步,港口自身也得到不断的发展。现代港口不仅仅是运输枢纽,而是全球化大生产的主要组成部分。港口已经从单一的运输功能逐步向运输、商贸、仓储于一体的综合服务功能拓展,形成临港工业、物流中心、仓储保税、出口加工等港口产业综合体,呈现与临港工业联动发展的趋势。研究港口与产业互动关系,具有重要的理论意义和实践意义。

一、研究基础

港城关系是港口城市发展的主线,它贯穿于港口城市发展始终。随着经济全球化和区域经济一体化进程的不断加快,以及我国对外贸易的快速发展,港口在国民经济中的地位日趋增强,港城关系日益成为理论界研究的热点和重点问题之一。宁波市社会科学研究基地——港城关系研究基地自成立以来,集合校内外研究力量,开展港城关系、城市创新、城市发展战略等多方面的研究,取得了一系列研究成果,为本书研究奠定了现实基础。

2011年,宁波市港城关系研究基地出版了《港城关系理论研究》著作。该书系统分析了后金融危机时代影响港城关系发展的因素,揭示了港城关系互动发展所依托的外部环境和内部条件,对港城关系的内在机理进行了新的梳理,着重对影响港城关系的重要指标进行分析,研究指标之间的相互联系及内在影响,建立港城关系的定量评价体系。并以宁波为例,运用建立的评价体系对宁波的港城关系现状进行了实证研究,在选择吸收前人研究成果的基础上,在港城关系理论研究的层面上有所创新和突破,为科学评价港城关系提供了一种基于定量分析的评价工具和方法,同时也为政府及相关部门推进港口城市新的发展提供一定的决策参考。在港城关系理论的研究中,尽管港城互动内在地包含了港口、产业、城市三者互动发展,但是研究的重点是港口系统和城市系统、港口发展对城市的影响和城市发展对港口的影响,落脚点是"以港兴城、港以城荣",实现港城融合发展。

2012年,宁波市港城关系研究基地又出版了《港口与产业互动关系实证研究》一书,在港城关系理论研究的基础上,将港口、产业与城市作为一个"三位一体"的复合系统进行研究,重点分析港口与产业互动的数量关系,落脚点是港口产业升级和港口功能提升。将港口、产业与城市作为一个整体的动态复杂系统,基于系统仿真软件 Vensim 建立系统动力学模型,对宁波、上海、青岛三个港口城市的港口产业数据进行模型运算,揭示港口与产业之间相互影响的数量关系。根据港口与产业互动的系统动力学模型运行结果,得到了各个城市临港工业产值对投入要素的敏感度、港口营业收入对投入要素的敏感度以及临港服务业产值增长趋势,实证分析了宁波、上海、青岛临港工业对港口的推动作用、临港服务业对港口的推动作用、港口对临港产业的推动作用,为提出宁波港口产业互动发展的对策做了有力的支持。

本书在前期的研究基础上,综合运用系统动力学、数据包络分析方法,优化港口与产业互动的指标体系,改进港口与产业的系统动力学模型,以宁波、上海、广州、深圳、大连、青岛和天津等 7 个港口城市为典型,在收集、整理相关数据的基础上,利用 Vensim PLE 软件对港口与产业互动的系统动力学理论模型进行运算,揭示港口与产业之间相互影响的数量关系,评价港口与产业的互动效率。通过这样逐步深入和细化的研究,必将深化对港城互动关系的认识,全面掌握港城互动发展规律,推进港口城市的发展,这是港城关系一系列研究中的一大特色。

二、研究意义

当前港口城市正处于加速转型发展时期,以港口与产业互动开展研究,具有重要的理论意义与实践意义。

(一)理论意义

当城市的经济和社会活动积聚到一定程度时,就需要通过运输和交通与外部世界进行交往,建立广泛的关系。海洋运输的巨大能力及成本低廉等优势,是港口成为城市的经济和社会活动与外部联系的首选方式和重要节点。港口因生产和经营活动产生了大量的人员、物资、信息、资金的流动,直接产生了港口产业(海运、仓储、集疏运等),引发了依存产业(造船、贸易、钢铁、石化、电力、加工工业等)、派生产业(有关港口的金融、通信、保险、修理、旅游、服务等),从而形成集生产、经营、商贸、旅游、信息甚至服务网等功能为一体的特殊区域。由于城市和港口在人类活动中的紧密关系,依港建城,港城一体,互相依托、促进,形成了世界上许多港口和城市共同发展的现象。港口与腹地作为一种存在着内在联系的特定地域系统,二者之间的相互作用和协同发展共同推动着港口与城市经济一体化的发展进程。港口与腹地关系的实质是经济关系,经济关系的核心是产业关联问题。通过文献检索和资料查阅,笔者发现大多数学者主要是从港口与腹地的经济关系、港城互动发展、港口物流与城市经济协同发展、临港产业与腹地经济发展等方面对港口腹地关系做过间接研究,对港口与产业协同发展问题的直接理论研究以及对二者协同发展的实证研究较为鲜见,港口与产业互动发展比较研究更是少之又少。

基于此,本书在参考、借鉴国内外学者相关研究成果的基础上,综合运用系统动力学、数据包络分析方法,对上海、天津、广州、深圳、大连、青岛和宁波7个城市港口与产业协同发展的状况,以及如何实现港口与产业协同发展等问题进行定性研究,更深入地分析出港口产业的相互关联、相互制约、相互影响的各个方面和角度的因素,揭示港口与产业协调发展规律,明晰港腹产业链延展方向,形成指导性强、可应用性大、易于实现、确保经济效益最大化的港腹产业一体化的实现机制,深化港口与产业演进共生的理论知识。课题优化港口与产业互动的指标体系,改进港口与产业的系统动力学模型,对上海、天津等7个城市港口与产业协同发展问题进行定量分析和比较研究,在丰富港口与腹地经济关系的理论研究的同时,对于港口与产业协同发展的评价模型的构建及机制研究也具有一定的借鉴意义。

(二)实践意义

1. 有利于港口城市转型发展

传统上,港口的基本功能定位于运输,特别是在港口产生的初期,港口作为货物转运点和存储地,其核心任务就是确保货物迅速、安全、优质、廉价地装载入舱或卸载上岸。随着市场经济体制的逐步完善,贸易壁垒的进一步消除和跨国公司的发展促进了经济全球化的发展。在港口和所在城市互动发展过程中,港口已经成为一个重要的经济、贸易和文化的交汇点,特别在现代信息技术的发展和应用下,港口与所在城市的一些功能更加融合,形成港城经济一体化的趋势。在现代物流快速发展的背景下,港口在运输枢纽、工业活动基地功能的基础上,具有了提供各种信息服务,全球商品储存、集散,物流配送等高附加值服务功能。港口向商业、物流、信息等功能多元化的方向发展。本书通过分析产业与港口之间的关联度,立足于产业层面提出港口的发展建议,从而帮助港口明确发展重心,解决港口能力局部不足、总体过剩的局面,促进港口的快速发展。

2. 促进城市产业结构升级

产业结构作为以往经济增长的结果和未来经济增长的基础，是经济发展的根本因素。产业结构的演进表现为不断地由低级向高级变动，向产业结构的高度化、合理化发展。经济增长达到一定程度，人均国民收入发生显著变化，就会使消费需求结构发生重大变化，而消费需求的变动又会直接拉动产业结构的变动。当然，人均国民生产总值上升到一定程度引起供给环境和供给因素的变化，也会对产业结构的变化产生影响。随着港口腹地的不断扩展，港口发展在经济发展中发挥着越来越重要的角色，包括区域经济、贸易交易量、就业等方面。随着港口功能的提升和现代物流体系的变化，港口在产业发展中的作用正发生质的改变。港口是产业繁荣发展的助推力，为产业的发展提供便利的运输服务和低廉的运输成本，同时也带动了所在港口城市和周围地区的工业、贸易和经济的发展，优化所在城市和腹地范围内的产业结构。港口开发促进港口物流和临港产业的发展，将产生一系列孵化效应、集聚效应和辐射效应，极大地激活传统产业，推动原有产业升级与创新，有利于产生产业集聚经济效益，提高现代产业比重，从而推动城市产业结构升级。

3. 促进宁波城市发展

"十二五"规划提出今后 5 年宁波市要以科学发展为主题，以加快转变经济发展方式为主线，以深入解放思想、深化改革开放为动力，以富民强市、文明和谐为根本目的，加快打造国际强港，加快构筑现代都市，加快推进产业升级，加快创建智慧城市，加快建设生态文明，加快提升生活品质，全面建成惠及全市人民的小康社会，为建设现代化国际港口城市、率先基本实现现代化打下坚实基础。"十二五"规划提出，宁波市要加快建设国际强港，促进海洋经济跨越式发展。建设综合型国际枢纽港，着力深化港航战略合作，加快建设长三角区域物流中心和全国性物流节点城市，大力发展现代海洋产业。港口产业的发展成为带动整个区域经济发展的龙头，提升了区域的经济效益。单纯地发展港口产业，会出现港口产业与腹地产业协调发展力度不够的问题，导致区域经济体内部发展不平衡，区域经济效益不能达到最大化，这是目前宁波经济发展中要解决的重要问题。通过比较研究宁波和其他城市港口与产业互动关系，探索港口和产业互动发展的运行规律、运行方式、运行环境等，有利于进一步、更全面、更具体、更深入地分析港口与产业的相互关联、相互制约、相互影响的各个方面和角度的因素,揭示临港产业与腹地产业协调发展规律,明晰港腹产业链延展方向,形成指导性强、可应用性大、易于实现、确保经济效益最大化的港腹产业一体化的实现机制,对解决目前港口发展的瓶颈问题具有非常大的帮助,有助于整个城市的发展和提升。以港口为龙头,带动产业和城市的发展,发挥港口的带动和辐射效应,提升城市综合服务功能,实现港口、产业、城市互动发展,早日建成现代化国际港口城市。

第二节　国内外研究述评

国内外学者在港口与城市、区域和腹地的经济关系方面做了大量的研究,包括定性研究和定量研究。本书在前人的基础上,着重针对港口与城市产业互动发展的有效性进行分析,比较不同城市港口与产业互动情况,为以后港口与其所在城市的协调发展提供了依据。

一、国外研究情况

国外的专家学者对港口与腹地经济关系的研究较早,论述颇多。主要可归纳为以下几个方面:

第一,港口与腹地区位联系。德国学者高兹(Kautz)1934年发表了著作《海港区位论》,创立了以海港和腹地之间关系为基础的海港区位理论,掀开了港口与腹地关系的研究序幕。[①] 胡佛(Hoover)认为港口、铁路枢纽作为转运点,是发展工业的理想区位。[②] 塔弗(Taaffe)、古尔德(Gould)、莫里尔(Morrill)从交通联系的视角对港口与腹地间的空间演化进行了研究,指出随着交通的发展,腹地货流趋于集中。[③] 霍伊尔(Hoyle)、平德尔(Pinder)以港口经济发展、城市地域扩张及经济发展之

---

① 刘继生、张文奎、张文忠:《区位论》,江苏教育出版社1994年版。

② 华东师范大学等:《经济地理学导论》,华东师范大学出版社1992年版。

③ Taaffe E J, Morrill R L, Gould P R. Transport expansion in underdeveloped countries. Geographical Review,1963(53):502-529.

间的相互影响为主要研究内容，对港口工业化做了专门论述。[①] 里默
（Rimmer）对新西兰、澳大利亚港口的空间结构进行实证研究并提出了理
想时序模型；[②]霍伊尔（Hoyle）、查理尔（Charlier）对港口的空间结构和港
口之间的关系进行了分析，指出港口与腹地的交通通达状况对港口体系
的形成与发展有重要关系。[③]

第二，港口与港口及其经济腹地的关系。巴顿（Patton）、摩根（Morgan）指出腹地在港口的形成和发展中起着举足轻重的作用[④]；凯尼恩
（Kenyon）、海乌斯（Hayuthy）把影响港口腹地竞争的因素扩展到劳动力
费用，交通通达性及土地的可得性等方面。梅耶尔（Mayer）对港口的海
向腹地和陆向腹地之间的竞争进行了研究。[⑤] 罗德里格斯（Rodrigue）研
究了腹地货物集散中心在港口区域化过程中的作用，并以此为基础构建
了港口腹地物流空间演化的四阶段模型。[⑥] 范·克林科对港口与腹地物
流发展的支撑条件和影响因素进行了研究[⑦]；海乌斯、斯莱克（Slack）等
人通过对港口和铁路运输腹地协作情况的研究表明港口与腹地的关系
日趋多样化、复杂化。[⑧] 科林（Konings）运用边际成本模型证明提高鹿特
丹腹地集装箱驳船运输竞争力的可能性。[⑨]

---

① Hoyle B S. and Pinder D A. (eds.). City port industrialization and regional development: Spatial analysis and planning strategies. Oxford: Pergamon Press 1981:23-339.

② Rimmer P J. The search for spatial regularities in the development of Australian seaports. Geografiska Annaler. Series B, Human Geography, 1967,49(1).

③ Hoyle B S, Charlier J. Inter-port competition in developing countries: An East African case study. Journal of Transport Geography,1995,5(2).

④ Morgan F W. Ports and harbors. London:Hutchison Press,1958: 52-60.

⑤ Mayer H M. Current trends in Great Lakes shipping. GeoJournal,1978(2):117-122.

⑥ Rodrigue J P. Port competition and hinterl and connections. JTRC OECD/ITF Round Table,2008,(4):15-27.

⑦ Van Klink H A. Towards the borderless main port Rotterdam:An analysis of functional special and administrative dynamics in port systems. Rotterdam: Tinbergent Institute Research Series, 1995:157-159.

⑧ Hayuth Y. Intermodality:Concept and practice. Lloyd's of London Press,1987: 173-182.

⑨ Konings R. Opportunities to improve container barge handing in the port of Rotterdam from a transport network perspective. Journal of Transport Geography, 2007,15(6):24-30.

　　第三,港口对腹地经济产生的影响。约卡姆(Yochum)以弗吉尼亚港为例,研究了港口活动对港口产业及相关产业产生的影响。以上研究在一定程度上揭示了港口与腹地、临港产业与腹地产业协同发展的关系。① 由于数学工具的发展带动了计量经济学的兴起,从而使得西方经济学界对港口的研究重点逐步从定性研究转向了定量研究。1978 年,纽约港务局发表研究报告《美国产业的经济影响——水运业投入产出分析》,该报告运用投入产出模型,分析了港口经营收入所带来的连锁反应对国民经济的乘数影响。从此以后,各地纷纷开展港口对地区经济影响的研究,并且除了研究港口对地区经济的直接影响之外,还考虑了间接和诱发影响,即经济乘数因素。B. S. Hoyle 和 D. A. Pinbder 在其编著的《港口城市工业化与地区经济发展》一书中详细论述了港口与工业布局以及其与地区经济发展的关系。

　　第四,对产业集群的研究。目前,国外很多学者已经把产业集群理论应用于港口经济的研究。他们通过结合实际案例,应用集群理论研究港口产业集群的某些问题,例如利用产业增加值和就业等指标分析港口产业集群的直接经济效益,利用投入产出法分析港口产业集群的间接经济效益。国外学者的研究已经取得了一定的成果,他们的研究表明港口经济已经形成集群效应,港口产业集群对区域经济发展具有重要意义。国际上最早将产业集群理论引入港口经济研究的专家是比利时安特卫普大学的 E. Haezendonck 教授,他应用波特教授的“钻石模型”来研究临港产业集群,分析了港口竞争力的影响因素。他将港口产业集群定义如下:一系列从事港口相关服务的相互独立的企业,聚集在同一港口周围,采用几乎相同的竞争战略,以获得相对于集群外部的联合竞争优势。② Peter W. de. Langen 博士对产业集群理论应用于港口经济有较为深入的研究,他对港口产业集群进行了界定,研究了港口产业集群的绩效以及政府部门在港口产业集群中的角色界定等,并结合鹿特丹港——密西

　　①　Yochum G R. etc. The economic impact and rate of return of Virginia's Port on Commonwealth. Virginia:Norfolk,1989:186-188.

　　②　Elvira Haezendonck. The Performance of seaport clusters. Working Paper:96-97.

西比港和德班港等港口做了实证研究。① Gabriel R. G. Benito 等运用波特教授的"钻石理论"对挪威航运部门产业集群进行研究,分析了集群产业对挪威外贸出口方面的贡献,并指出通过集群的创新效应,使挪威航运产业集群形成具有独特优势的强大竞争力。② Fung 等对新加坡港口产业集群进行了详细的研究,指出新加坡政府利用信息化等高新技术,克服了国土面积狭小和自然资源不足的劣势,提升了港口的服务水平和综合竞争力,发展了港口产业集群,对新加坡保持世界重要国际航运中心的优势地位具有重要意义。芬兰国家技术协会的研究报告,应用产业集群理论分析了芬兰的航运业集群,对集群的各个组成部分进行了定量的分析和研究。③

二、国内研究情况

国内学者对港口与腹地、临港产业与腹地产业的经济关系所做的研究,大多是借助国外相关理论进行实证分析和检验,同时也对临港产业与腹地产业协同发展问题进行了初步的理论探索。主要集中在以下几个方面:

第一,港口与腹地互动发展研究。王杰、杨赞等使用经济地理学中的点轴法和圈层结构法,提出新的点轴划分法与圈层结构划分法对大连国际航运中心的港口与腹地进行了实证分析。④ 黎鹏、郎宇对港口与腹地经济一体化发展的理论依据、动力机制及港口腹地一般演化机制等基本理论问题进行了深入探讨。⑤ 李晶、吕靖通过对港口和区域经济间互动影响机理进行深入研究,指出港口经济的发展以区域经济为依托,协

---

① Peter W. de Langen. The performance of seaport clusters. Ph. D. Dissertation, Erasmus University,2003;85-86.

② Gabriel R. G. Benito. http://www. researchgate. net/publication/228217121_Offshore_Outsourcing_A_Dynamic_Operation_Mode_Perspective.

③ Mikko Viitanen. The Finnish maritime cluster. Technology Review,2003(3);145.

④ 王杰、杨赞、陆春峰:《港口腹地划分的两种新方法探讨——以大连国际航运中心为例》,《中国航海》2005 年第 3 期。

⑤ 黎鹏、郎宇:《论港口与腹地经济一体化的几个理论问题》,《经济地理》2005 年第 6 期。

调好二者的关系是港口经济得以发展的重要保障。① 黄鹤群也认为港口是城市经济发展的龙头,港口在城市开放型经济中的龙头地位,不仅在于港口在对外运输、发展外贸方面的作用,更重要的是港口对城市开放型经济起着导向作用和对区域经济开发开放的促进作用。通过发展港口的开放型经济来驱动城市的开放型经济的升级,主张处理好港口规划与城市规划的关系、港口和腹地的关系、港口群体之间和内部分工与协作的关系。陈为忠通过对历史资料的梳理指出港口腹地间的经济互动是推动中国现代化空间进程的重要力量。② 惠凯从市场供给和需求两个角度指出腹地资源向港口集聚,发展临港产业集群是港口发展的趋势。③董晓菲、韩增林、王荣成以区域经济学中联动发展理论为基础对辽宁沿海区域经济带与东北腹地联动发展的模式、海陆产业联动发展的内在驱动力、拓展海陆产业链等问题进行了定量和定性分析。④ 孟祥林从理论和现实发展状况两个方面论述了河北省临港产业与腹地经济协调发展的必要性以及目前存在的问题与制约因素,并给出了相应的对策措施。⑤张广兴、郭宝珍、高霞首次从产业的视角对港口与腹地间的关系进行了分析,对河北省临港产业与腹地产业的演进共生进行了理论和实证研究。⑥ 李南解析了河北省港口腹地互动发展的内在驱动力,明确地提出了互动发展的基本原则及相关策略体系。⑦

第二,衡量港口与腹地经济发展的指标体系的建立和测量方法方面。王娟指出了现代港口企业经济指标体系中存在的指标体系不全面、

---

① 李晶、吕靖:《港口与区域经济互动的影响机理》,《大连海事大学学报》(社会科学版)2008 年第 3 期。

② 陈为忠:《近代的海港城市与山东区域发展——以港口(城市)—腹地互动为视角》,《郑州大学学报》(哲学社会科学版)2007 年第 2 期。

③ 惠凯:《产业集群形成中的"临港优势"》,《大连理工大学学报》(社会科学版)2004 年第 3 期。

④ 董晓菲、韩增林、王荣成:《东北地区沿海经济带与腹地海陆产业联动发展》,《经济地理》2009 年第 1 期。

⑤ 孟祥林:《河北省临港产业与其腹地协调发展的区域经济学分析》,《环渤海经济瞭望》2009 第 1 期。

⑥ 张广兴、郭宝珍、高霞:《河北省临港产业与腹地产业的演进共生:现状、问题及对策研究》,《河北省社会主义学院学报》2009 年第 3 期。

⑦ 李南:《河北省临港产业集群与沿海经济带发展研究》,海洋出版社 2011 年版。

不完整,层次不清,没有考虑港口及社会效益等问题。借鉴交通部制定的企业经营绩效综合评价体系,构建一个宏观微观并举,层次清晰、系统全面的港口经济效益指标体系。① 蒋柳鹏建立了 PICCS 协调度模型,运用该模型计算连云港市 PICCS 的协调度。② 赵金涛根据对港城关系的分析,对现代化港口城市进行了定义,认为现代化港口城市是指经济社会发达,现代化水平很高,城市综合环境质量很高,具有港口资源和较高的利用水平,港口设施完善配套,外向型经济和港航产业发达并成为城市主要支柱产业,同时,又是国际国内具有较高知名度的航运、物流、贸易和金融中心。③ 基于以上定义,并借鉴英克尔教授、国家计委按小康水平提出了历项指标、清华大学建筑与城市经济研究所完成的国家“625”工程提出的 20 项指标,在此基础上了形成了新的现代化港口城市的指标体系,主要包括城市现代化和港口现代化两个部分。宋炳良认为目前港口对城市和区域经济发展贡献的评估基本上还停留在初始效应的研究上,结合上海市的投入产出数据,分析了港口的直接贡献、间接贡献,并对投入产出模型在衡量港口对经济发展贡献中存在的局限加以改进。分析了上海港口及相关产业对上海经济的波及影响和对区域 GDP 的完全贡献。指出了港口及相关产业的初始经济贡献只占全部贡献的 62％左右,通过投入产出表的改进来估算港口及相关产业的波及效应不失为一条行之有效的途径。④ 尹海伟、孔繁花在阐述了经济环境协调度的概念的基础上,建立了经济环境协调度的指标体系、模型和计算方法,并对山东省 17 市的协调度进行了分析。通过对山东省的实证分析,发现山东省经济环境协调度整体上处于基本协调的阶段,经济发展大都以牺牲环境为代价;经济环境协调度与经济发展阶段符合 U 型曲线,处于工业化中期阶段的二类区协调度最低,位于曲线的谷底,说明产业结构对协调度具有重要的影响。⑤ 陈洪全分析了港口、产业、城镇三位一体的空间结

①　王娟:《港口经济效益指标体系的分析与评价》,《港口科技动态》1997 年第 7 期。

②　蒋柳鹏:《“港口—产业—城市”复合系统协调度模型》,《水利经济》2011 年第 1 期。

③　赵金涛:《现代化港口城市的指标体系》,《城市规划汇刊》2001 年第 2 期。

④　宋炳良:《论上海港口全部经济贡献的评估》,《上海海运学院学报》2001 年第 4 期。

⑤　尹海伟、孔繁花:《山东省各市经济环境协调度分析》,《人文地理》2005 年第 2 期。

构模式。[1] 陈再齐等以广州港为例,进行了港城互动的理论分析。[2] 匡海波借助关联度分析方法,研究了城市经济对港口发展的带动效应,并分析了港口经济发展对城市经济发展的作用,并以大连港为例做实证研究。[3]

第三,港口与腹地经济发展中存在的问题以及对策研究。杜其东等人提出随着世界经济一体化的发展,国际贸易日益频繁,与之相适应,港口也在逐步发展。港口作为基本的运输枢纽,对于城市贸易的发展有重要影响,另外港口也可以带动相关产业的发展,港口城市具有聚集效应和扩散效应,对于周围地区经济发展进行辐射。[4] 由于各地区存在资源差异,因此港口的格局也在不断地发生变化。同时,世界经济发展的不均衡性,使得各国各地区的经济水平、生产力水平呈现出梯度。许继琴对港口城市的成长和中心职能的增强进行了探讨,依据港城关系的理论,将港口城市的发展分为四个阶段。通过港口的建设、临港工业和物流产业的发展、港口工业的集聚效应、港口城市的自增长效应才促进城市发展,并且以宁波港口和城市的发展为例,对港口成长的四个阶段进行了阐释。[5] 李增军分析了在现阶段形势下加强港口对腹地经济发展促进作用分析的重要性,认为港口对经济腹地影响港城之间关联度较低,关系比较松散等。从经济、体制、历史等方面说明了特点形成的原因,对秦皇岛市港城关系的问题进行了重新的认识,提出要建立优势互补、协调发展的新型港城关系,主要从寻找港城利益共同点,完善港城之间的沟通渠道,建设良好的口岸环境以及获得中央和地方政府部门的支持等

---

① 陈洪全:《基于港口、产业、城镇三位一体的空间结构模式构建》,《盐城师范学院学报》(人文社会科学版)2009 年第 3 期。

② 陈再齐、曹小曙、阎小培:《广州港经济发展及其与城市经济的互动关系研究》,《经济地理》2005 年第 3 期。

③ 匡海波:《基于关联度模型的港口经济与城市经济关系研究》,《中国软科学》2007 年第 8 期。

④ 杜其东、陶其钧、汪诚彪:《国际经济中心城市港口比较专题系列研究之一——港口与城市关系研究》,《水运管理》1996 年第 1 期。

⑤ 许继琴:《港口城市成长的理论与实证探讨》,《地域研究与开发》1997 年第 4 期。

方面入手。① 藏秀清、郝庆禄通过对秦皇岛现状的分析,指出了其目前面临的问题:现有的经济实力和工业化水平比较低,与邻港的腹地竞争日益突出,港口功能单一,港口规划与城市及腹地经济发展不协调,融资体制不健全。针对以上问题提出了发展港口经济的战略性选择:调整企业组织结构,改革港口融资体制,调整港口现有码头的功能,大力发展临港产业,提高服务质量、扩大货源腹地,促进港口与区域经济协调发展,优化和完善秦皇岛港口经济发展的软环境。② 杨华雄指出只有处理好港口和城市的关系,才能达到"城以港兴、港为城用"的"双赢"局面。着重从港口和城市规划的协调,港口和城市交通的协调,港口和城市用地的协调,港口和城市管理的协调四个方面阐述了正确处理港口和城市的关系,积极促进两者的协调发展。③ 徐质斌指出了港城一体化战略的经济学依据,总结得出港城一体化的实质,就是根据港口和城市客观存在的内在联系,自觉建立协调机制,将各自独立的经济实体整合为步调一致、互促共生的利益共同体,从而减少问题,增强互补共生关系。④ 运用输出基础理论和线路延伸组接原理,阐释了港城一体化的动态演进机制。强化发展临港产业,指出临港产业是"港城联动"的核心。

第四,产业集群理论研究。刘志强以产业集群理论为基础,运用经济地理学、区域经济学以及管理学等相关理论,对港口产业集群及其竞争力进行了详细的研究,论证了用集群理论分析港口产业的可行性,并对上海航运业集群和临港产业集群进行了实证研究。⑤ 邵灵芝应用产业集群理论研究港口相关产业,分析了港口产业集群的形成机理、构成要素及空间布局,进而提出了港口产业集群的螺旋式发展模式。⑥ 韦学勤运用产业集群理论研究我国港口产业集群的发展方向,分析了港口产业集群的形成机理,并借鉴国外成熟港口产业集群的发展经验,研究了我

① 李增军:《港口对所在城市及腹地经济发展促进作用分析》,《港口经济》2002年第2期。
② 藏秀清、郝庆禄:《秦皇岛以港兴市战略的思考》,《统计与决策》2003年第3期。
③ 杨华雄:《论港口与城市的协调发展》,《中国港口》2000年第6期。
④ 徐质斌:《关于港城经济一体化战略的理论思考》,《港口经济》2004年第6期。
⑤ 刘志强:《论港口与产业集群》,2005年上海海事大学硕士学位论文。
⑥ 邵灵芝:《港口产业集群的结构分析》,《综合运输》2009年第4期。

国港口产业集群未来的培育和发展重点,指出了政府的培育职能,跨国企业的推动作用以及产业关联性的重要意义。[①] 姜冠男对港口产业集群进行了详细研究,分析了临港产业区与港口的协同发展关系,并借鉴国外临港产业集群发展经验,以天津港为例进行了实证研究,分析了天津临港产业区与港口的协同发展关系,提出了天津港口产业集群的发展对策。[②] 袁艺分析了环渤海区域京津冀、山东半岛和辽东半岛三大港口群内港口及其相关产业的企业的发展现状,通过引入产业集群理论实证分析了环渤海港口群内的相关企业发展产业集群模式的必要性和可行性,并借鉴国内外部分港口群发展产业集群的成功经验,提出了一种新的适合环渤海港口群企业发展产业集群的模式,即由港口群整合为港口集群再发展到港口产业集群,最后实现区域经济一体化的发展模式,并针对这一模式提出了一些发展建议。[③] 陈康波应用产业集群理论研究广西北部湾临港产业的发展,重点分析了广西临港产业集群的可行性,形成机制以及价值链模型的构建,并提出了广西临港产业集群的规划与发展思路。[④]

三、简要评述

毋庸置疑,国内外不同学科、不同领域的学者对于港口和腹地、港口和城市经济这些问题都进行了细致深入的探讨和研究。不仅内容多样、涉及面广,并且都在一定程度上涉及了港口与腹地、临港产业与腹地产业的协同发展关系问题,有着巨大的学术贡献,对课题的研究也具有重要的启示意义。但是,随着历史的进步、社会的发展以及人类对未来认知的有限,有些理论难免跟不上经济发展的需要,论述不及之处也是在所难免的。而且无论是国内还是国外的研究,对具体产业与港口之间的关系研究都较少,大部分研究都是停留在港口与城市或是区域经济之间

① 韦学勤:《港口产业集群培育与发展研究》,2007年山东大学硕士学位论文。

② 姜冠男:《天津临港产业集群与港口发展研究》,2008年大连海事大学硕士学位论文。

③ 袁艺:《基于产业集群理论的环渤海港口群发展模式研究》,2006年天津理工大学硕士学位论文。

④ 陈康波:《广西临港产业集群发展研究》,2008年广西大学硕士学位论文。

顶层关系的研究。对港口、产业与城市关系相关研究的涉及面很广,从单个港口到港城互动、从港城关系到国际政策,均有涉及,但基于理论基础之上的港口与产业协调发展相关对策的研究仍很薄弱,比较研究更是没有。港口与产业互动发展的优化研究基本上是以叙述性的定性分析为主,定量分析很少,且没有形成相对完整,有效的定量化优化模型及求解方法,难以为港口与产业系统协调发展和优化提供有效的定量化理论及技术支撑,这种现状严重制约了港城互动理论及实践研究的进一步发展。课题建立港口与产业的系统动力学模型,比较分析上海、天津、广州、深圳、大连、青岛和宁波 7 个城市港口与产业互动关系,具有极其重要的理论意义和现实意义。

第三节　港口与产业互动相关理论阐述

随着我国经济发展进入重化工业加速发展阶段,港口的建设与发展,港口经济的繁荣与活跃,越来越影响着产业的发展和竞争力。港口开发推动产业转型升级机制是自然与人为、内部与外部、经济与社会的多重驱动力组成的一个非对称性的均衡系统,而港口成长模式以及动力结构演变与港口城市经济的发展有着密切关系。

一、产业及相关理论

(一)产业集群理论

"集群"这一概念最初来源于生态学,是指共同生活在同一栖息地的具有共生关系的不同族群,后被引入经济发展特别是区域经济发展领域中,用来定义在某一特定领域中,大量产业关联密切的企业以及相关支撑机构在空间上的集聚,从而形成强劲、持续、竞争有序的现象。产业集群是指在某一产业领域内,由相似的产业或联系比较紧密的产业内的企业及其附属机构组成的一个聚集体,其表现形式有工业园区、产业园区、物流园区、产业聚集区、制造园区、科教园区等多种形式。港口产业集群区能够带动腹地经济和腹地相关产业的发展,为腹地产业结构调整和产业发展规划的制定提供有效的参考,实现港腹产业协调联动发展。[①]

产业集群理论作为产业经济学的重要理论之一,一直是国内外学者研究的热点,产生了不同的产业集群理论研究学派。马歇尔的经济规模划分理论被认为是产业集聚理论的典型代表之一,他从外部经济的角度来研究产业集群的形成机制,认为产业集群是外部规模经济发展到一定阶段的产物,产业集群的产生是一种客观的规律,是不以个人和集体的意愿而发生变化的,是一种规律性的现象,而且是必然会出现的。[②] 马歇尔分析指出,一旦产业集群形成后就会长期存在下去,新技术、新信息、新观念、新知识、新科学更容易在集群区内传播和巩固,形成一个科技创新的良性循环系统。产业集群区内的共享资源和创新科技又会不断吸引更多企业加入,这样产业集群的整体实力和竞争力就会相应增加,更能体现出集群带来的好处。[③] 韦伯从工厂的位置选择角度来看待、分析产业集聚,他认为当集聚产生的正效益抵消或者超过运输成本产生的负效益时,集群便成为影响工厂区位选择的重要因素之一。[④]韦伯认为集群主要有三种形式:第一种是单个工厂内部的生产集聚;第二种是相同产业内,不同工厂的生产集聚;第三种是不同产业,不同工厂的生产集聚。波特从竞争优势的角度来分析产业集群。波特认为产业集群现象的产生必须包括以下三个因素:一是与某一产业领域相关;二是构成产业集群的企业和配套组织必须是密切相关的;三是产业集群是一个复杂但有序的有机整体,包括企业、银行、中介机构、相关的协会和社会组织等。[⑤]德国著名经济学家勒施对产业集群理论有不同的见解。他在其著作《经济空间秩序——经济财货与地理间的关系》一书中明确提出了产业集聚"有秩序"的理论。所谓"有秩序"是指产业集聚不是无序的、混乱的,而是普遍存在着平面状集聚和点状集聚两种集聚形式的客观规律。产业平面状集聚即某一产业内大量企业集聚于地理上邻近的某一区域,在这一区域中企业众多但是并不存在重叠的问题;点状集聚则是说在某一区域内的某一产业中,企业彼此之间存在相互重叠的现象。此外,勒施还

---

　　① 　Porter M. E. Clusters and the new economics of competition. Harvard Business Review,1998(Nov. -Dec.):77-90.

　　② 　[英]马歇尔:《经济学原理》(上卷),朱志泰、陈良璧译,商务印书馆 2005 年版。

　　③④⑤ 　贾文艺、唐德善:《产业集群理论概述》,《技术经济与管理研究》2009 年第 6 期。

指出产业集聚既有同类产业的集聚也有不同产业的集聚。

国内学者王缉慈对产业集群分类进行了研究。王缉慈认为集群是一组在地理上靠近的、相互联系的公司和关联的机构,因为同处在一个特定的产业领域,又同时具备共性或者互补性,这类经济体就会自然而然地联系在一起。[①] 他根据我国的实际情况,将产业集群分为五类,分别为:沿海区域内出口制造业加工企业聚集区;知识、信息密集型企业聚集区域;环境开发、条件优越的经济开发区;由乡镇企业集聚组成的创新产业集群区域;以国有大中型企业为核心企业的产业集群区。[②]

创新型产业集群是近年来逐渐兴起的一种集群形式,这种产业集群形式是顺应产业发展方向而产生的,也是产业创新和产业结构优化升级的必然结果。创新型产业集群的直观含义就是将创新引入产业集群领域内,实现产业创新和产业集群的融合。[③] 在创新型产业集群内的企业非常注重企业的可持续发展,追求经济效益和社会效益的双赢,是未来产业集群的强大推动者。[④] 创新型产业集群中所指的创新,并不是仅仅指技术方面的创新。这里创新的内涵非常多,既包括技术创新,又包括文化、制度创新,还可以指品牌创新、管理创新、人力资源战略创新等。总之,创新的种类、途径、渠道非常多,灵活性和实用性较强。[⑤] 创新型产业集群涵盖的产业类型非常广泛,包括高新技术产业、传统技术密集型产业、知识密集型产业、资本密集型产业、劳动力密集型产业等,无论是在高新产业群中还是在传统产业群中都可以建立创新型产业集群。[⑥]

(二)产业链理论

西方经济学家从不同的角度阐释产业链的概念。有关产业链的理

---

①　王缉慈:《关于发展创新型产业集群的政策建议》,《经济地理》2001 年第 4 期。

②　王缉慈:《创新的空间——企业集群与区域发展》,北京大学出版社 2001 年版。

③　Porter E M. The competitive advantage of nations. New York:The Free Press,1990.

④　United Nations Industrial Organization. Industrial development report 2002/2003. Overview. Competing through innovation and learning,2002.

⑤　李佐军:《建设创新型国家的六大对策》,《中国经济时报》2007 年第 10 期。

⑥　戴桂林、于洋:《创新型产业集群是中小企业对外贸易发展的推进器》,《价格月刊》2008 年第 3 期。

论最早来源于古典经济学家亚当·斯密关于分工的著名论断。在斯密的分工理论中所阐释的产业链的概念主要局限于单一企业的内部,强调企业自身资源的优化配置与合理利用。后来,新古典经济学家马歇尔把分工拓展到企业之间,更加强调分工导致的专业化和企业之间的协作,这是学术界公认的产业链思想的真正起源。而最早提出产业链概念的是赫希曼。他提出,产业链是以某一产业环节为基础,当然在这个基础环节中必须具备影响整条产业链的关键性技术或手段。① 要准确地把握住产业链的延伸规律,需要把握产业链的内涵,必须把握住三个方面:第一是要了解产业链的构成,第二是产业链上的资源组合规律,第三是要把握产业链的评价标准。② 产业链是在产业集群区或者与某一产业相关、相似、互补的产业中的企业相互联系,组合到一起的。产业链内的企业除了与产业链上的其他企业有着紧密的联系外,还与产业链上配套的其他机构紧密联系,所以在产业链上的组织形式都是相互联系、相互影响、相互制约的。③ 要构建一条完整的、辐射范围更宽广的产业链,通常可以通过两种途径实现:一种是现有产业链的接通;另一种是产业链的延伸。④ 产业链中断的危害比较大,容易造成上下游企业之间的供需不对应,而带来产业内资源的极大浪费和产业效益的降低。在产业链的延伸、拓展的过程中,通过接通断结的产业链或者拉长现有的产业链的方式,构建出一条全新的、涵盖范围更广的、能够发挥整合资源组合的最大化效用的产业链。⑤

(三)区域产业结构理论

区域产业结构是指在进行区域经济发展时,将区域内各类产业进行组合的结果,以及各产业间量和质的比例关系和相关联系。要想做好产业结构的研究工作,就必须把握住产业分类的方式方法,因为产业分类

---

① 钟庭军、张晔:《产业集聚、产业链及在西部产业发展中的运用》,《重庆工商大学学报》2005 年第 10 期。
② 邵昶:《产业链形成机制研究》,2005 年中南大学学位论文。
③ 王跃平:《产业链招商模式的完善与优化》,2010 年西南财经大学硕士论文。
④ 刘婧阳:《艺术授权产业链构建研究》,2007 年东华大学学位论文。
⑤ 孙国栋:《产业链的形成及稳定性研究》,2007 年北京工业大学学位论文。

是一切产业结构研究的基础,只有明确了产业分类,才能够根据不同产业的特性,对现有产业结构进行调整、优化,最终实现产业的升级发展。由于研究产业结构的角度、目的各不相同且多种多样,相应地就产生了多样化的产业分类方法。农轻重分类法,就是把社会生产划分为农业、轻工业和重工业三大部门。三次产业分类法,就是通过分析自然界和经济活动的种种关系,以此为依据将产业划分为三大类,分别为第一产业、第二产业和第三产业。第一产业主要指广义上的农业,包括农、林、牧、副、渔等农业;第二产业包括广义上的工业和建筑业;第三产业主要指服务业。三大产业分类法是最普遍和最常用的产业分类方法之一。生产要素密集程度分类法,是指在生产过程中,不同的生产要素对产业发展产生的影响程度来划分的,主要包括资金密集型产业、劳动力密集型产业、知识密集型产业、资源密集型产业以及技术密集型产业等。产业功能分类法,是根据各个产业的不同功能进行划分的,主要依据产业对整体的区域产业系统产生的影响和作用,可以划分为三类:主导产业、关联产业和基础产业。区域产业结构配置代表了区域内各产业之间的典型组合方式,三种主要的产业结构配置模式包括:区域产业结构模式、产业关联和产业集聚。[①] 在区域产业结构配置模式中,主导产业的作用是最突出的,处在整个产业结构的核心位置,关联产业和基础性产业都是由主导产业派生产生的,与主导产业存在经济技术联系,最终形成相互依存、相互促进、相互制约、紧密联系的产业系统。主导产业的发展关系着一个国家和地区的经济发展,选择合适的主导产业是发展区域产业的重要前提。只有同时具备较强的产业关联度和独特的产业优势的产业才能被确定为主导产业。主导产业确定后就需要选择与其相互配套的相关产业,确定产业系统的关联产业。选择关联产业时,需要以主导产业为核心,充分分析区域内整体的发展趋势和发展现状,通过前向分析、后向分析、相关分析,最终确定出与主导产业联系紧密且促进主导产业加快发展的关联产业。

由于区域与产业均具有一定的生命周期,任何区域与任何产业都处于不断的生命循环运动过程中,必然会产生区域产业结构动态优化问

---

① 栾贵勤:《区域经济学》,清华大学出版社 2008 年版。

题。产业结构优化是从两条路径同时推进的,即推动产业结构的高度化和合理化。高度化主要是根据产业结构演化、发展规律,加大科研投入,大力发展新兴的知识密集型和技术密集型产业,推动产业结构向着更高级化的方向发展。产业结构合理化主要是指,依据技术经济产业的客观比例关系,对现有的、不合理的产业结构进行调整,用新知识、新技术改造传统产业,提高传统产业的技术含量、经济附加值和生产效率。对产业结构进行优化的过程,其实就是依据政府制定的相关产业政策,调整现有产业结构的供给和需求结构,对资源重新进行优化配置,推动产业结构向着高度化和合理化的方向发展。

产业结构高级化是指产业结构系统从较低级的形式向较高级的形式的转换过程,也可将其称为产业结构的升级。实质就是产业结构的有序演进,是指产业结构从较低水平状态向较高水平状态发展的动态过程,即产业结构向高技术化、高知识化、高资本密集化、高加工度化和高附加值化发展。它是以新兴产业比重提高为前提,其重要标志就是各产业的技术层次不断提高和新兴产业不断成长为主导产业。产业结构协调化,是指在产业发展过程中要合理配置生产要素,协调各产业部门之间的比例关系,促进各种生产要素有效利用,为实现高质量经济增长打下基础。主要表现在:产业间相对地位的协调性、产业关联的协调性、产业增长速度分布的协调性、产业结构变动阶段交替的协调性以及产业素质的协调性。产业结构的协调化,其实质是指各产业之间存在着较高的集聚质量。

（四）协同发展

"协同"一词源自古希腊语,意思是"关于合作的科学"。1971 年,德国著名物理学家哈肯教授创建了统一的、系统的协同学理论。他认为,不管是自然界还是人类社会都普遍存在着千差万别的子系统,有的系统处于有序状态,有的则处于无序状态,属性不同的各个子系统相互影响、相互合作,从而促使整个系统逐渐从无序状态转化为有序状态,使整个系统具备子系统中不可能存在的某种整体效应。可以说,没有协同,生产就不能发展,社会就不能进步。① 在协同理论中所说的协同就是指系统内部的各个组成部分之间或者是子系统之间能够保持协调一致、共同合作,使整个系统达到一种有序稳定的状态,产生一个新的结构或是生成一种新的功能。因此,任何一个系统,不管是自然系统还是社会系统中,总是存在着协同的作用,使得整个系统具有整体性和稳定性的特点。随着协同理论的进一步发展和研究的进一步深入,经济学家将协同理论应用于经济领域,认为某一区域经济内部即该子系统经济结构的变化,会逐渐冲破该区域自身封闭孤立的状态,与区域之间或者区域外部发生普遍而广泛的联系,从而使得各经济要素朝着占有优势的子系统移动,在价值规律的作用下,促进资源的优化配置。也正是基于这种广泛而密切的系统协作,使得各区域的比较优势得以充分发挥,从而使得各区域经济协同发展成为可能。港口与腹地这一地域系统不仅包括自然系统,同时还包括经济、政治、文化等社会系统。在这一系统中,最明显的则是行政区域的划分使得港口与腹地这一地域系统形成多个相互关联的子系统,各港口及腹地间的协同运动共同推动着这一区域经济沿着一体化的方向发展。

协同效应是由于系统内部各子系统之间协同作用而产生的结果。在各复杂的系统中,由于系统处于开放状态,大量的子系统相互影响、相互作用从而产生的整体效应。不管是自然系统还是社会系统中,都存在着这种协同作用。当存在外来能量或者物质交换的情况下,这种交换达到某一临界值时,就会产生协同作用。一旦协同作用产生,系统就会从无序混乱的状态向合理有序的状态转变,从混乱无序中产生稳定的结构,使系统越来越有序。综上所述,可以知道协同发展,是对协同概念的拓展和延伸。所谓协同发展,是指协同内部各子系统或各要素以实现区域全面、统一发展为目的,各子系统或各要素相互适应、相互配合、相互协作、相互促进,耦合形成同步协作、和谐发展的良性循环发展。协同发展是一个动态的、和谐的、进步的、历史的发展过程,具有共享性、互补性、外部性和统一性四大特性。港口与腹地互动协同发展,形成港腹联动格局。港口与腹地相互依存,荣辱与共。在港口腹地互动过程中,港

---

① H.哈肯:《协同学引论》,徐锡中等译,原子能出版社 1984 年版。

口一般来说应适度超前发展,以满足腹地经济未来发展的货物运输需要,而腹地经济也会因港口的发展而不断优化升级。港口和腹地互动协调发展,相互依存,互利共赢,进而推动区域经济实现一体化。

（五）临港产业与腹地产业

临港产业是指依托港口资源优势和港口区位优势建立起来的产业,这类产业大多建立在港口周围或者港口临近区域,与港口经济发展有着密切的联系。这类产业的特征为:对人力资源、水利资源、科技水平、资金等需求量较大,多为外向型经济产业,最典型的产业是大宗货物运输产业。临港产业是一个动态的概念。在港口发展的早期,港口的功能比较单一,临港产业仅指港口地域范围内的一些生产经营活动,例如捕鱼、货物装卸、旅客接送等;随着海上运输技术的不断进步,港口的规模不断扩大,港口的功能不断拓宽,临港产业的概念也越来越广泛,不单单是港口附近的相关产业,一些与港口联系密切、港口影响较大但地域上并不临近的产业也被包含在内。区别一个企业是否属于临港产业的关键不在于其所处位置,而在于其对港口的依存程度。临港产业主要由两大部分产业构成:临港工业和港口物流产业。临港工业主要是在港区及其周围发展起来的重工业产业,这类产业大多是建立在港口资源基础上的,或者利用港口的区位、资金、技术等优势建立的。发展临港工业的最大优势是,通过就地取材,减少原材料的运输次数,降低企业的运输成本,最大限度地减少企业的生产费用。分析世界上著名的临港工业区,得出这些产业聚集区的共同的产业特征包括:区位条件好,有区位优势,交通运输体系完善,集疏运网络健全;港口基础设施先进、完备,公共服务周到,为企业拓展业务提供基础条件;科研实力雄厚,重视技术的研发,重视市场的导向作用和变化趋势;注重发展低碳产业,建设环保型港区,注重发展循环产业。港口物流业是依托港口资源优势,发展集装箱等水运业务,带动物流运输的发展,促进货物的流通,最终形成产业。

腹地是指港口的一个服务区域,又称为吸引范围、吸引地区、"背后地"。原意是海岸聚落和港口的背后陆地,为港口城市提供出口物资和进口销售商品的范围。它是港口兴衰的重要基础。[①] 腹地产业主要指依托港口发展起来的产业,或者是指与港口产业处在同一产业链或者大产业聚集区内的产业类,是一系列产业的组合。腹地产业的范围非常广泛,涉及产业的各个类别,是腹地经济和港口经济发展的重要组成部分。

根据港口所处的阶段和港腹经济的协调发展程度,临港产业和腹地产业有四种演进共生的模式。分别为:腹地产业支撑度低、港口货物附加值小的模式,这是最低级的模式,也是当前迫切需要发展的港腹产业演进共生的模式;腹地产业支撑度高、港口货物附加值小的模式,未来这种模式发展的重点应放在港口方面,需要进一步提高港口方面的吞吐能力和港口货物的附加值,同时重视发展港口的现代物流业务;腹地产业支撑度低、港口货物附加值大的模式,这种模式发展的重点在腹地方面,要扩大港口的腹地范围,吸引更多的腹地产业到港口区域发展,提高腹地对港口的支撑作用;腹地产业支撑度高、港口货物附加值大的模式,这种模式是港腹产业协调发展的最优化模式,也是未来港口发展的一大趋势和追求的最终目标。对应以上四种模式可以寻求找到三种促进临港产业与腹地产业演进共生的路径,分别为:提高腹地产业的支撑度,同时提高港口货物的附加值;提高腹地的支撑度,以适应港口货物的附加值大的情况;提高港口货物的附加值,目的是满足腹地的高支撑度。最后一种模式是临港产业与腹地产业演进共生的终极归宿,即腹地支撑度高、港口货物附加值大。

二、港口与产业的互动关系

港口是沿海城市发展的先导性因素,与产业关系十分密切。

(一)港口与产业的联系

从港口的产生和发展看,港口和产业关系密切,港口和产业的发展是经济、社会、政治和环境等多方面的因素共同作用的结果。根据港口和产业的联系程度,港口和产业的联系有以下几种方式。[②]

---

① 周起业、刘再兴:《区域经济学》,中国人民大学出版社 1989 年版。

② 宋炳良:《港口城市发展的动态研究》,大连海事大学出版社 2003 年版。

1. 港口与产业的直接联系

港口是海陆运输系统的转换点和枢纽,这一基本职能诱发了以下三个部门:港务部门、集散部门和港口工业部门。这三个部门的职能分别与港口的运营与维护、货物的集散和货物加工等活动紧密相连。这些部门一方面参与港口运输中转活动,一方面为产业的发展做出了贡献。由于这三个部门的存在,使港口和产业发生了直接的联系,成为推动产业发展的动力。

2. 港口与产业的间接联系

港口与产业的间接联系产生了一些与港口运输中转没有直接联系的经济活动,主要以下几种方式出现:

(1)集聚引力:港口直接产业与港口关联产业的发展形成了强大的空间集聚引力,吸引了与港口无直接关系的产业在港口城市聚集。

(2)协作引力:临港工业的发展产生协作引力,不断吸引与港口工业在原材料、产品、技术方面有直接或间接的协作关系产业在港口城市集聚。协作部门本身并不与港口发生货物运输联系,而以港口工业的中介作用为前提的。

(3)乘数效应:随着产业集聚带来的就业和消费的扩大,通过乘数效应促进了一些服务性产业的发展。但乘数效应并非港口城市特有的经济现象,也存在于一般城市。间接联系对于港口与产业的联系是次生的,并且是在港口具有一定规模的基础上产生的,所以通常出现得较晚。

3. 产业自增长效应

产业自增长效应是指产业发展到一定水平后,其本身的规模通过循环和积累就能促使其继续发展,这是一种类似于惯性的机制。这种自增长效应只有在产业发展到一定水平后才能发挥作用。港口与产业的关联随着各自的发展而呈现出不同的特点,港口如果要取得持续性的发展,就要抓住不同时期与产业的特点,并采取相应的措施和服务方式,从而为两者的共同发展起到推动作用。①

(二)港口在产业发展中的作用

联合国贸易和发展会议报告中将港口分为四代。第一代:自发形成

---

① 董维良:《港口经济研究》,中国社会出版社 2002 年版。

的早期港口,只是单一的运输中心,以一般杂散货为主,对城市生产和经贸往来起到了一定的促进作用;第二代:始于 20 世纪 50 年代,一些港口城市在货物运输基础上建立了货物交换甚至货物加工等产业,由此发展成为商业服务中心和工业生产中心;第三代:20 世纪 80 年代,港口产业链的延伸趋势进一步加强,港口服务更加多样化,经销活动在港口收入中的比重不断加大,港口城市朝着国际物流中心的方向发展;第四代:21 世纪的第四代港口将产业链延伸到了海洋经济、生态经济中,港口将成为以信息化、生态化为主导的海洋经济后勤服务基地,而港口城市也将从国际物流中心发展为国际海洋中心。① 港口作为交通枢纽,其运输网络势必带动港区及周边交通运输业、仓储业以及临港工业的大发展;港口通过各种集疏运方式与内陆地区相联系,为扩大区域间经济贸易提供了条件,而贸易的兴起又带动相关产业的发展;港口的繁荣引起各种经济活动的加强,就会吸引越来越多的人口和产业向港口周边集中,促进沿海城市不断发展壮大。因此,港口经济作为一种开放型经济,以港口为中心、港口城市为载体、综合运输体系为动脉、港口相关产业为支撑,通过发挥运输功能、物流功能、贸易功能、工业功能、旅游功能、信息功能,已日益成为区域经济新的增长点和推进区域发展的强大力量。随着经济全球化进程的加快和新一轮经济增长周期的到来,港口在综合交通体系和区域经济发展中的地位与作用还将更加突出。

因此,在综合物流和开放经济时代,港口成为国际物流体系的重要枢纽,同时成为各种市场的重要载体,从而在地区产业发展中具有越来越重要的作用。港口是调整本地区产业结构的重要力量。这主要体现在②:

第一,港口是国际海陆间物流通道的重要枢纽和节点。港口的功能已实现了从单一货运生产到综合物流汇集,从传统货流到货流、商流、金融流、技术流、信息流全面大流通,运输方式也从车船换装到联合运输、联合经营,从传统装卸工艺到以国际集装箱门到门多式联运为主要特征的现代运输方式的转变,从一般的水陆交通枢纽到现代综合物流运输网

---

① 苏德勤:《现代港口功能发展及其代别划分》,《中国港口》1999 年第 1 期。

② 小岛清:《对外贸易论》,周宝廉译,南开大学出版社 1987 年版。

络体系中的重要节点,它成为国际跨国集团在一定地域内的物流配送、运输、存储、包装、装卸、流通加工、分拨、物流信息处理等全方位及综合服务中心,成为连接世界生产与消费的中心环节,成为网络经济时代虚拟经济中的信息流、资金流与现实经济中的物流的交汇点。

第二,港口成为高附加值物流的中转节点,它以集装箱的多式联运为基础,日益成为区域乃至国际性的商务中心,为用户提供方便的运输、商务、保险、金融、信息服务。

第三,港口作为物流中心必然带来大量与物流有关的生产和消费的信息,它有商品的批发、零售商、货主、货运代理、船东、陆上运输公司、海关、商检等机构,同时港口以现代电子数据交换(EDD)系统的增值服务网络为基础,能够发展成为区域性的信息中心。

第四,综合物流体系是以集装箱运输为基础的,在其形成和发展的过程中形成了枢纽节点与支线节点相分离的运输空间网络体系,港口因此成为全球化大生产体系的重要节点。

第五,港口成为发达市场体系的载体。一是要素市场,港口通常是一个地区的金融中心、人才中心、信息中心、技术中心。二是产品市场,港口通常还是一个地区的贸易中心,尤其是依托港口形成一些大规模的专业化市场。

由此可见,港口开发促进港口物流和临港产业的发展,将产生一系列孵化效应、集聚效应和辐射效应,极大地激活传统产业,推动原有产业升级与创新,有利于产生产业集聚经济效果,提高现代产业比重,从而推动城市产业结构升级。港口使各种资源向港口周边地区集中,集中的效果使相关产业链条产生,从而促进了城市产业结构的升级。港口开发带动城市产业布局调整。集聚与扩散始终是空间演化的基本矛盾和动力。由港口地区建设所强化的资金流、技术流、人才流、信息流等是真正推动区域空间结构重组的核心力量,而这种不同功能要素"流"的混合,促使城市之间、城乡之间由功能联结和互补转化为地域融合,推动城城,城乡空间整合,推动形成城乡一体化布局。

(三)产业对港口的影响

产业的不断发展,从技术角度分析,产业滚动演变一般经历四个阶段,即传统农业—劳动密集型产业—资本密集型产业—知识技术密集型产业。在工业文明以前,农业一直是沿海国家和地区的支柱产业,工业文明出现以后,传统农业被初级工业化的劳动密集型产业所替代,沿海地区成为城市的聚集地。城市劳动密集型产业的发展为工业化打下了基础,实现了农村剩余劳动力的充分就业,促进了农业向规模化、现代化方向发展。生产要素在区域的港口城市聚集,并通过港口运输和港口外贸的发展,使工业文明首先在沿海港口城市传播开来。劳动密集型产业的充分发展,使商品数量大增,货币资本积累增长,并使劳动密集型产业向海外和内陆推移,为发展资本密集型产业腾出空间,沿海区域成为产业转换的首先受益者,港口城市通过这些产业发展而成为当地的新兴中心城市。产业的转移或是聚集,对一个港口的货源、港口运营理念等方面会产生一定的影响。这些产业上的新发展对港口进一步提出了新的需求。对于港口来说,既是挑战又是机遇。港口抓住这些机遇,迎难而上,制定相关的发展策略,对港口的再次快速发展具有不可忽视的促进作用。

在港口促进腹地经济发展的同时,腹地经济的发展又为港口的发展提供支持和保障。城市及腹地经济的发展,不断使港口的货物种类发生变化,也使港口的功能战略、服务范围、生产特点和地位作用相应发生变化。随着运输货物种类和数量不断增多,港口运输货物由一般散杂货物向大宗干液散货、集装箱专业化方向发展;港口由人流、物流运输方式换装的单一功能,到拓展运输功能、发展物流业、临港工业,逐步形成面向海洋,以信息化、生态化为主的综合流通枢纽和海洋经济基地,形成海内外两个辐射面的海洋经济综合流通网带,港口的地位和作用得到提升。港口沿海城市及腹地在建立一定的经济结构后,对其经济运行中的资源条件做出了质的选择和量的规定,从而影响着港口的发展方向。

港口在性质上属于服务业,有着与其他服务业共同的特点,即它也需要依附于生产制造业和商贸业而存在。因此如果腹地经济规模越大,生产和商贸越繁荣,港口可发挥的空间就越大,其规模就有可能越大。目前我国已经形成了几个沿海经济发达区域,比如,以上海为龙头的长三角经济区、以北京为核心的环渤海经济区,这些临港区域的港口规模都比较大。我国沿海经济发展的实践表明,临港腹地经济越发达,制造业及商贸业越活跃,港口就有越良好的客户群和市场基础,就有大规模发展的可能。腹地经济一体化进程的加快,导致此地区进行着不同内容的经济结构调整,企业间重新组合,使工业企业、商业企业和流通企业间的融合和联盟日趋频繁,产生许多新的管理制度的创新。供应链管理就是通过对相关企业资金流、物流、信息流的管理,在相关企业间建立合作伙伴关系,提高整个链条上的相关企业的竞争力,这直接导致专门为供应链相关企业提供物流服务的企业组织的出现,从而促进物流业的发展。世界经济全球化的同时,腹地经济的一体化步伐也在逐步加快。腹地区域中心城市在推动港口物流产业方面发挥着主导作用,而区域内各经济主体之间的经济联系必须通过大量的物资流通加以实现,从而为港口物流产业的发展提供巨大的发展潜力和广阔的需求市场。

三、国外实践经验

考察国外港口与产业互动经验做法,为开展港口与产业互动比较研究提供重要基础。

(一)德国港口建设和发展临港产业的经验

德国充分发挥区位和港口资源优势,以港兴市、商贸促港、港城互动,推动德国国际门户建设。汉堡港已经成为德国最大、欧洲第2位、全球第9位的集装箱港口,成为德国、波罗的海地区、东欧和中国及远东地区各类货物运输的主要枢纽港和物流中心,成为德国高新技术制造业的重要基地和德国北部经济中心。各国知名贸易公司、航空公司、轮船公司、金融机构等都在汉堡设有分支机构,包括欧洲空中客车公司的航空制造业、港口物流业等临港产业与信息传媒业等现代服务业在这里有机融合,相互促进,推动了这个国际港口城市的发展。目前,汉堡地区临港产业蓬勃发展,同时每天大约160条国际和国内集装箱火车线路、近200列集装箱进出于汉堡港,铁路集装箱年运输量达160多万标箱,使之成为欧洲最大的集装箱铁路运输中心。德国高度重视港口集疏运基础设施建设,集装箱海铁联运、海河联运、海公联运等多式联运系统非常完善和发达。特别是随着集装箱运输规模的不断增大,内河集装箱疏运系统凭借良好的经济性、环保性、高运力等优势,正在成为一些集装箱枢纽港重要的集疏运方式。汉堡港有著名的数据通信系统 DAKOSY，与德国铁路全面联网，因而提高了运输效率；与海关联网，因此能进行计算机输入报关。

目前 DAKOSY 已超出了汉堡以外，并将汉堡与腹地的物流链进行了联网。德国通过开挖人工运河或疏浚整治内河航道，大力改造内河集装箱码头、船舶以及配套设施，开通内河港直达海港的集装箱驳船航线，建设直接连接各港口码头的铁路、公路，提高与公路、铁路的中转效率等措施，将内河纳入集装箱综合运输网络，形成了长达 5500 公里内河航道（通航河流）和 2000 公里运河航道，从而加速了经济腹地的物流过程。加强港口铁路建设、强化海铁联运，已经成为德国完善疏港交通的重要载体。德国现代物流是服务业发展中集成创新的典范。其物流经济的综合竞争力较强，走在了欧洲乃至全球的前列。2006 年德国现代物流业以 1660 亿欧元的销售额雄踞本国最大经济行业之列，仅次于贸易和汽车工业，居第 3 位。全国共约 6 万家企业、265 万人从事物流行业，从业人数超过建筑、电子和机械制造行业，拥有诸如德国邮政世界网络股份公司等世界物流巨头。汉堡港利用通用码头优势和地理位置优势，依托先进的码头设备和港口功能，大力发展商贸运输和现代物流业，为腹地各产业的发展提供了必需的原材料，为产业进一步发展提供了运输保障。汉堡港主导产业是商贸产业，为其腹地地区发展各类产业提供所需的各种商品，处在各产业链的上游环节，能够顺利实现港腹产业一体化。

（二）荷兰鹿特丹临港工业园区与腹地互动

荷兰鹿特丹市是荷兰最大的工业城市，荷兰是通过航海业的发展而繁荣的国家，鹿特丹市是早期航海城市之一，荷兰的经济发展很大一部分依赖于鹿特丹市的发展。荷兰鹿特丹港位于莱茵河与马斯河河口，西依北海，东溯莱茵河、多瑙河，可通至里海，是连接欧、美、亚、非、澳五大洲的重要港口，紧靠德、法等发达国家腹地，素有"欧洲门户"之称。港口繁荣带动了临港工业园区的迅速发展，区内拥有欧洲最大的炼油基地以及设施完备的石油加工企业，腹地内的众多工业产品在此加工增值后出口，船舶修造、港口机械、食品等行业均处于欧洲领先地位。鹿特丹港临港产业发展具备得天独厚的优势，同时港口的兴起带动了整个城市的发展,有效地实现了港城互动。随着欧盟一体化程度的不断加深,鹿特丹港便利的立体交通运输网络将中东欧的部分地区均划为其腹地范围,腹地经济的强力支撑使其至今保持着欧洲第一大港的地位。

鹿特丹港的港口硬件设施完备,港口功能比较完善,港口物流运输业非常繁荣,每年至少有三万艘船只在港口停靠装卸货物,与全球 1000 多个港口有贸易往来,每年定期航班在 500 个以上,港口规范、有序运行。鹿特丹港利用港口地理优势、历史优势、交通优势、贸易优势等大力发展临港工业。临港产业发展迅速,带动了腹地产业的迅速发展;腹地产业与临港产业相互协调,为临港产业提供必要支撑;鹿特丹港的港口和腹地产业的发展最为协调。鹿特丹市和鹿特丹港的发展历程,是典型的"以港兴城,港城互动"的发展模式,是港口经济和腹地经济协调发展的成功实例。鹿特丹临港工业的发展带动了内陆地区产业的发展,鹿特丹市的传统优势产业都是在港口产业发展基础上建立起来的,如造船产业、海洋勘察工具制造产业、海上作业运输工具制造产业、海产品加工产业、机械制造业、装备制造业等传统产业,在国际市场中占有重要的地位,带动了鹿特丹市和荷兰整个国家经济的迅速发展。食品加工产业是鹿特丹市重要产业之一,食品加工业的迅速发展完全得益于鹿特丹港口的贸易、物流、仓储、运输的发展,许多知名的大型食品企业纷纷在鹿特丹港产业区集聚,包括可口可乐、联合利华等大型国际企业。同时鹿特丹港庞大的冷藏和冷冻设施,也为鹿特丹市的食品加工业的发展提供了基本保障,吸引更多的食品厂家在此投资建厂。鹿特丹市的第三产业发展最为繁荣,在三大产业中占的比例最大,其中服务业的就业比例在三大产业中高达 75% 以上。

鹿特丹港的临港工业、现代物流产业、商品贸易交易产业、航海运输行业的发展是鹿特丹市第三产业发展的根源,临港产业的发展带动了腹地金融产业、信息产业、食品加工产业、商贸产业、高新技术产业的迅速崛起。目前,鹿特丹市是著名的国际货物集散中心、大宗商品交易中心、金融中心、信息中心等。鹿特丹港口地区和腹地地区,实现了产业的有序衔接,产业一体化的进程速度较快。

(三)日本横滨临港产业及其经验

日本人面对国家资源的贫乏,最大限度地利用自己的优良海湾和漫长的海岸线,兴建了一系列海港和海岸产业带;又针对其陆地面积小的特点,围绕港口大量填海造陆,在沿海地带填就了连绵数百公里长的海岸产业用地。日本临港产业善于在优良的港湾用地上布置最经济合理的工艺流程,许多工厂的生产流水线都是由海轮进料,经过港口上紧凑的自动流水生产线再到船边吐出产品,整个大生产过程都在大港口上完成了,把周转过程减少到最低限度,缩短了生产运转的时间,具有极高的效率,因而造成最佳、最有效的工业生产基地。日本的四大工业区,京滨、阪神、中京、北九州均分布在沿海。其中太平洋沿岸从横滨到东京的狭长地域形成的京滨工业带,宽度只有 6 公里,长 60 公里,而工业产值却占全国的 40%,GDP 占全国的 26%。横滨地区是京滨工业带的重要组成部分。

横滨港是日本的主要港口,其突出点是以输出工业制成品为主。进口货物则主要是工业原料和燃料,包括石油、天然气和铝锭等。横滨的区域经济以重化工业为主,主导经济部门是运输机械(汽车、船舶)、电机电器和食品加工。横滨高度重视将港口优势转变为产业优势,在发展初期制定"横滨国际港都建设综合基本计划",把发展现代工业列为重点,适时选择主导产业。从第二次世界大战以后至今,横滨已两次成功地进行了产业结构的优化调整。第一次是在五六十年代,由传统纺织业为主的经济结构向重化工业升级;第二次是世界石油危机以后,从大耗能的重化工业向资本技术密集型产业转化。横滨临港产业集群的工业地域布局显示出有序性和合理性,所有的"大规模装置型"原材料工业集中在根岸湾和金泽区。这些企业大都有自己的专用码头,运载燃料、原料的船只可直接靠岸卸货,而产品出厂也可从专用码头直接装船外运。横滨港非常重视产业创新,注重引进新技术和科研投入,并与主导产业相结合,引进的都是临港产业急需的技术,并且能够最有效地提高生产率。横滨港引进技术并不是简单的模仿和应用,而是在消化的基础上,注重研究技术,不断地改进、创新,最终建立自己的技术体系。这样更有利于提高整个产业的整体技术水平和国家的科技竞争力,通过产业技术创新,加速产业链延伸和产业集聚,最终促成港腹产业一体化。

(四)美国"双岸"经济带与腹地互动

19世纪下半叶形成的"双岸"经济带,其腹地几乎覆盖美国全境,沿海经济带的不断发展引领并推进了美国工业化进程,时至今日,美国"双岸"经济带仍然是全球经济最发达的地区之一。美国"双岸"经济带及其腹地的发展充分利用了其沿海港口的区位优势,交通的便利性和运输的低成本性使港口成为整个城市对外发展的窗口,各种资源均自发地集中于港口。美国"双岸"经济带的产业布局随着世界产业结构的升级不断调整改进,从1880年起,每20年左右就有一种产业在世界范围内处于领先地位,先后是纺织业、机器制造业、铁路、汽车、石油化工、飞机制造、通信和信息业等,引领了美国产业的阶段性更替。"双岸"经济带中的各沿海城市依据自己的核心优势进行分工,产业布局已形成网络化模式,某类产业在核心城市聚集的同时,相关辅助性行业也同时在周边城市聚集,而产业间的联系则通过网络化组织来进行。对腹地经济发展而言,除了产业布局及所属港口自身的全球航运链地位外,港口对腹地的扩散作用还取决于内陆腹地的交通建设状况。① 经济带内的首位城市与周边城市及所辖腹地之间通过各具优势的产业分工紧密相连,而完善的交通网络使得生产要素的快速流通成为可能。随着临港产业规模的扩大,规模收益递减规律将促使投资者转而寻找新的产业聚集地,成熟产业将沿交通网线逐渐向其他非临港区域转移,并进一步向腹地延伸。大西洋沿岸贯通东北的美铁系统使纽约与中西部腹地间的交通极为便捷。20世纪80年代后期,"锈带"借助沿海港口的拉动作用成功转型,通过核心城市的技术引领巩固了原有优势产业的地位并构建了出口型的经济格局,成为世界老工业基地振兴的典型案例。而美国西部的工业布局更是受到交通运输条件变化的巨大影响,1862年和1864年美国国会通过两项以优惠政策鼓励修筑横贯大陆铁路的法案,使得美国的人口和产业中心不断西迁。据美国第十二次国情调查的统计地图表明,从1850年到

---

① Donald J. Patton general cargo hinterlands of New York, Philadelphia, Baltimore, and New Orleans. Annals of the Association of American Geographers, 1958,48(4):436-455.

1890 年,美国的加工工业中心向西移动了 225 英里。[1]

（五）伦敦港的经验

伦敦曾是世界著名的港口之一,曾对世界贸易格局产生重要影响。目前,伦敦港口的主体已外迁到提尔伯里港,其航运的物理功能已下降,但仍是世界重要的航运中心,是全球无可争议的航运定价中心和管理中心。伦敦港实现了港口产业集群的完美转型,其高端航运服务业十分发达,创造了比传统港口产业更大的经济效益。

20 世纪中后期,英国制造业逐渐向国外转移,以伦敦港为核心的临港制造业基地逐渐萎缩,伦敦将传统的港口外迁,原市内港区加强航运服务软环境建设,依托波罗的海航运交易所,大力发展高端航运服务业,伦敦港口产业集群转向以现代服务业为主的港口关联产业的发展。伦敦航运服务业规模庞大功能齐全,它将众多航运企业专业化供应商等港口相关产业的企业集聚在一起,向全世界提供高质量的航运服务,使伦敦成为全球重要的航运服务输出地,并在航运法律和船舶经纪等高端航运服务业方面具有极高的声誉。伦敦是建设现代航运服务业集群的成功典范,成功实现了港口产业集群的转型。

国际港口发展的实践表明,港口是水路运输的起点和终点、大规模物流的集散地、各类生产要素的最佳结合点和社会信息流的重要交汇点。由于港口所具有的这种优势,当今世界上规模较大、实力较强、发育较为成熟的都市带大多是海岸都市带或沿江（河）都市带。如美国东北部大西洋沿岸都市带、欧洲莱茵河流域城市带,其依托自身所具有的港口优势发展临港产业,成为这些沿海地区产业集聚和城市集聚的重要条件,由此出现港口产业区和港口产业集群。港口产业区既具有为装卸、仓储和中转业务服务的港口产业,又具有为生产性产业、国际投资市场、商品贸易市场以及其他社会市场服务的港口企业群体,将港口的辐射功能和综合运输功能与产业的集群发展结合在一起。港口城市建设港口产业区成为全球港口发展的普遍规律,欧洲一些国家和日本的经验表明,应把港口看作是国家和城市社会经济的重要基础设施加以对待。除

---

①　王旭:《美国城市发展模式:从城市化到大都市区化》,清华大学出版社 2006 年版。

港口自身所具有的水陆交通运输枢纽功能外,还应把港口作为促进城市产业结构发展的重要条件。发达国家并不要求从建设码头投资中获得直接经济效益,而是从整体利益出发,把港口的规划建设纳入整个城市产业发展的规划之中。从长远出发,必须把港口作为城市产业结构发展的核心纽带加以利用,下决心、花力气促进城市的工业、商业、贸易、金融业向港口靠拢,实现港口及港口区域的多功能化,将港口区域发展成具备各种产业俱全的综合经济区域。只有这样,才能使城市产业结构在"增量"投入下得到快速发展,港城才会有较好的、协调的一体化发展。

第四节　港城互动模型改进

为了深化互动研究的需要,对原有的港城互动模型进行修改,以便更好地反映港口与产业的数量对比关系。

一、原有系统动力学模型

通过港口与产业互动研究,以系统动力学和区域经济学的相关理论为基础,对港口与产业各要素之间的关系进行因果分析,并构建港口与产业互动的系统动力学模型(见图1-1)。

该模型基于港口与产业互动指标,以系统动力学的基本理论为基础,分析了港口、产业和环境之间的互动关系,深入探究各个要素之间的相互影响,并通过敏感性分析描述港口与产业系统的动态发展趋势。从实际效果来看,能够较好地分析港口与产业之间的动态关系。

在研究过程中,笔者也发现了模型存在的一些局限性,需要进一步完善。

二、模型的改进

(一)改进的基本原则

首先,遵循客观性。模型就是应用科学分析方法,建立理想化的研究客体,作为研究的基础和中间环节,再现原形的各种复杂结构、功能和

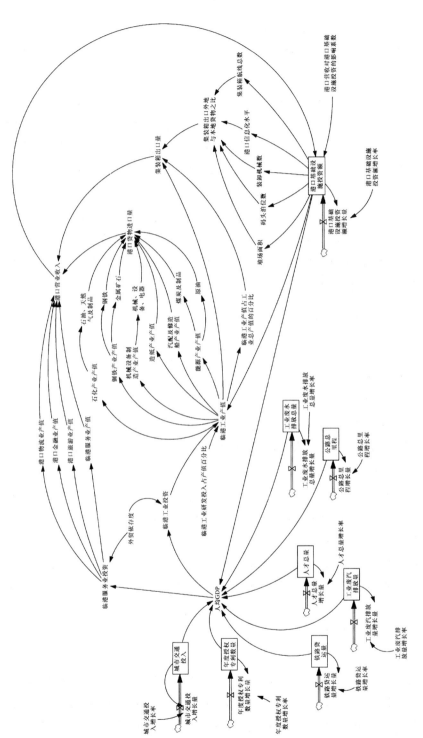

图 1-1 港口与产业系统动力结构

联系的科学方法。因此,模型首先是对客观世界的描述,不符合客观世界的模型都是不科学的。因此,需要对模型实际结果进行分析,找出模型中与实际情况的差异,并加以改进。

其次,抓住主要因素。由于研究对象结构复杂,往往受许多因素的影响和干扰,有的是主要因素,有的是次要因素。构建模型时不可能把所有的因素都反映在内,而是对研究的客体进行整理、筛选,突出主要因素,忽略次要的、非本质的因素。因此,需要对原有模型进行结构分析,对其中的次要因素进行删减,对于遗漏的主要因素进行补充。

最后,坚持需求导向。构建模型的目的是把握问题的本质,便于对问题的研究。构建模型要努力满足研究的需求,在深刻理解所研究问题本质的基础上,利用模型对问题加以刻画。因此,对于不能满足所研究问题的需求的部分,需要作进一步改进。

(二)模型的优化措施

根据原有模型及其结果,结合本书的研究目的和要求,需要对模型进行改进和优化。主要措施如下。

首先,增强各个指标间的联系。港口与产业之间的关系,需要以港口指标、产业指标和环境指标之间的具体联系进行刻画。根据普遍联系的观点,所有的指标之间都存在或多或少的关系,因此在所构建的模型中,应该主要考虑各个指标之间的直接联系。对于较为重要的间接指标,通过增加中间指标建立联系。只有这样,才能保证模型结构的逻辑严谨,才能更为充分地刻画港口与城市之间的互动关系。

其次,增强外部环境对港口的影响。原有模型中重点考虑了外部环境对产业发展的影响,而对外部环境影响港口考虑较少。实际上,因为产业与港口都受到外部环境的影响,港口自身的发展不仅受到产业的推动,还受到诸如人才、科技、政策、环保等外部环境的制约。因此,将考虑外部环境对港口发展的影响纳入港口与产业系统动力学模型中,能够保证模型的科学性。

再次,优化投入变量。系统动力模型的运行依赖于投入变量的动态变化,因此,投入变量的选择,对于系统动力学模型的运行结果有着重要影响。本次优化将增加港口与产业的投入变量,及政策、制度、创新力等投入变量,以强调软性投入。

最后,增加定性指标。由于系统动力学模型需要建立变量间的定量关系,因此对指标的要求比较严格,要求所有指标能够量化。因此,原有模型中重点考虑了定量指标。但从港口与产业发展的影响因素来看,完全选择定量指标有一定的片面性。因此,本次将增加定性指标,并对定性指标进行量化处理,以保证指标体系的全面性和科学性。

(三)算法的修正

首先,为了强化各个指标间的联系,对指标间的联系紧密程度进行过滤。计算指标间的相关系数,将相关系数低于 0.6 的联系去掉。对相关系数高于 0.6 的指标之间的关系进行判断,将其中直接而重要的联系反映在模型中。这样,就能保证在港口与城市的系统动力学模型中充分而全面地考虑各个指标之间的联系。

其次,回归计算时考虑非线性回归。原有模型的回归公式都是线性的,而部分指标之间的联系很难用线性方程进行描述。采用部分非线性方程,有助于更加精确地反映指标之间的联系,使得模型结果更加准确。

最后,对异动数据进行处理。对模型计算的基础是指标的五年数据。由于外部环境或者内部环境的突变,有可能造成部分数据变动趋势或者变动幅度出现大幅度变动,影响了数据的连续性。这些数据的存在,对于计算回归方程,是非常不利的。因此,改进后的模型将对异动数据进行模拟处理,保证五年数据的连续性,进而保证回归方程的准确性。

(四)模型应用的优化

不同的港口城市,产业结构、经济环境、港口规模等存在较大差异。因此,用一个高度统一的模型去评价这些城市的港口与产业发展的关系,可能无法反映不同港口城市的特色。因此,应该适当保持模型的灵活性,根据不同城市的特点,对模型进行调整。例如,不同港口城市的港口产业的内容各异,需要在指标中加以体现。

(五)数据包络分析法(DEA 方法)的应用

除了对港口与产业不同指标之间的关系进行分析外,还应该从投入和产出角度,分析港口与产业互动的效率。本研究在进行不同港口城市之间的对比时,为了充分考虑不同港口城市之间的现有基础和实际投入水平的差距,将运用数据包络分析法(DEA 方法),从投入和产出之间的关系角度对港口与城市互动的效率进行对比。这样,才能保证比较的公平性和科学性。

1978 年由著名的运筹学家 A. Charnes,W. W. Cooper 和 E. Rhodes 首先提出了一个被称为数据包络分析(Data Envelopment Analysis,简称 DEA)的方法,用以评价部门间的相对有效性(因此被称为 DEA 有效)。此后,在运用和发展运筹学理论与实践的基础上,逐渐形成了主要依赖线性规划技术并常常用于经济定量分析的非参数方法。经过美国著名运筹学家 A. Charnes 和 W. W. Copper 等人的努力,使得数据包络(DEA)的形式在 20 世纪 80 年代初流行起来。因此,DEA 有时也被称为非参数方法或 Farrell 型有效分析法。DEA 方法以相对效率概念为基础,用于评价具有相同类型的多投入、多产出的决策单元是否技术有效的一种非参数统计方法。从生产函数角度看,这一模型是用来研究具有多个输入,特别是具有多个输出的"生产部门"同时为"规模有效"与"技术有效"的十分理想且卓有成效的方法。数据包络分析(即 DEA)可以看作是一种统计分析的新方法。它是根据一组关于输入—输出的观察值来估计有效生产前沿面的。可以证明,DEA 有效性与相应的多目标规划问题的 pareto 有效解(或非支配解)是等价的。在有效性的评价方面,DEA 方法比其他方法更加有效,尤其是在具有处理多输入,特别是多输出的问题时,优势更加明显。而且,DEA 方法不仅可以用线性规划来判断决策单元对应的点是否位于有效生产前沿面上,还能获得许多有用的管理信息。因此,DEA 方法比其他的一些方法(包括采用统计的方法)优越,用处也更广泛。

通过对港口与产业系统动力学的改进和优化,并运用 DEA 方法对港城互动的效率进行评价,能够为更深入研究港口与产业之间互动关系奠定坚实的基础,并提高港口与产业之间互动关系的评价的系统性、科学性和公平性。

第五节 研究内容和研究方法

根据港口与产业互动研究对象特征,确立研究内容与研究方法。

一、研究内容

本研究以转型发展的港城关系为主线,运用系统动力学、数据包络分析方法,建立港口与产业互动评价模型,对上海、天津、广州、深圳、大连、青岛和宁波 7 个城市自 2005—2011 年相关数据进行模型运算,探讨港口与产业之间相互影响的数量关系,着力揭示港口城市转型发展规律。本书分为八章:

第一章主要介绍了课题前期研究所取得的成果,探讨港口与产业互动评价模型的修改与完善,研究指标体系的优化,为整个课题研究奠定了基础。

第二章主要探讨模型改进的基本原则和措施,以系统动力学、数据包络分析方法和港城互动的相关理论为基础,对港口与产业各要素之间的关系进行因果分析,构建港口与产业互动评价模型,为上海、天津、广州、深圳、大连、青岛和宁波 7 个城市港口与产业互动关系实证分析提供理论指导。

第三章根据港口与产业互动的系统动力学模型进行运算,比较分析运行结果,揭示港口与产业之间相互影响的数量关系,评价各个城市港口产业互动关系状态。

第四章运用港城互动评价模型得到的数据,全面分析主要沿海城市港口与产业互动发展的现状,分析其中原因,从中获得启示。

第五章以上海、天津、广州、深圳、大连、青岛和宁波 7 个港口城市为研究对象,搜集 2005—2011 年度指标体系所对应的具体数据,分析国内外沿海城市实现港口与产业互动发展的趋势,探讨其具体做法,从中获得有益经验。

第六章基于上述分析,探讨提升港口服务创新能力的实现路径,不断发挥港口对产业转型发展的带动作用。

第七章基于上述分析，探讨提升宁波产业的发展能力、进一步优化产业结构的路径，不断巩固产业对港口发展的支撑地位。

第八章是对港口与产业互动比较相关数据的采集办法、来源的说明。

二、研究方法

本研究涉及经济学理论、灰色系统理论、计量经济学理论等多种相关理论，综合运用规范研究与实证研究相结合，定性与定量、比较分析相结合的研究方法，运用系统动力学、数据包络分析方法建立港口产业互动发展模型，对上海、天津、广州、深圳、大连、青岛和宁波7个港口城市的港口与产业的互动作用进行定量评估，并根据模型测算结果进行比较和分析，提出相关政策建议。

（一）文献研究法

文献法主要指搜集、鉴别、整理文献，并通过对文献的研究形成对事实的科学认识的方法。文献法是一种古老而又富有生命力的科学研究方法。文献不仅包括图书、期刊、学位论文、科学报告、档案等常见的纸面印刷品，也包括有实物形态在内的各种材料。20世纪90年代以后，随着我国对外开放政策和沿海地区优先发展战略的实施，东部沿海港口城市飞速发展起来，成为我国经济繁荣的重要支撑点，港口在沿海城市经济发展中的显赫作用开始受到关注，国内外学者从多角度对港口、产业与城市的关系进行了系统的分析和探讨，形成了丰富的港城关系研究文献。通过查阅国内外港口城市发展的相关文献资料，了解港口城市的发展历程以及阶段特征，并归纳整理出港口产业关系的优化发展模式，从而总结港口产业互动的实现途径和经验借鉴，提出港口产业互动的发展方向。

（二）调查研究方法

为了更深入地了解与掌握港口城市发展最新情况，也为了弥补文献研究方法的不足，本书特别重视运用调查研究方法。课题组先后通过以下多种渠道开展实地调研：一是赴宁波市发改局、宁波市统计局、宁波港集团、宁波市物流规划研究院等单位调研，与有关专家共同分析宁波港口城市转型发展中存在的问题，探讨其产生原因及改进办法。二是赴相关港口城市进行调研，与有关政府部门、研究机构开展探讨，了解国内沿海港口城市发展具体做法与最新动向，借鉴对宁波有参考价值经验。

（三）对比分析法

对比分析法也称比较分析法，是把客观事物加以比较，以达到认识事物的本质和规律并做出正确的评价。对比分析法通常是把两个相互联系的指标数据进行比较，从数量上展示和说明研究对象规模的大小，水平的高低，速度的快慢，以及各种关系是否协调。在横向对比方面，我们建立了港口与产业互动指标体系，构建了港口与产业互动的系统动力学模型，并按照指标体系采集上海、天津、广州、深圳、大连、青岛和宁波7个港口城市的相关数据，对7个城市的港口与产业各要素之间的关系进行因果分析，详细比较分析7个港口城市的模型运行结果。

同时，港口产业互动发展更需要运用纵向比较分析法，把港口与产业经济现象的变化当作一个连续的过程来看待，即对港口经济变动的实际过程进行序列分析。假定港口城市的发展具有相对的稳定性，通过分析港口与产业相关指标历史数据，进行相关性分析、因子分析和敏感度分析，就能够揭示港口与产业之间相互影响的数量关系，以及在动态变动过程中的港口产业之间相互影响和彼此制约的关系，从而能够客观、全面、系统地研究港口、产业经济的运动、变化和发展过程。

（四）定性与定量分析法

定性是用文字语言进行相关描述，定量是用数学语言进行描述。定性分析与定量分析应该是统一的，相互补充的。定性分析方法亦称"非数量分析法"，主要依靠预测人员的丰富实践经验以及主观的判断和分析能力，推断出事物的性质和发展趋势的分析方法，属于预测分析的一种基本方法。常用的定性分析方法，包括归纳分析法、演绎分析法、比较分析法、结构分析法等。定量分析法是对社会现象的数量特征、数量关系与数量变化进行分析的方法。常用的定量分析方法，包括回归分析、时间序列分析、决策分析、优化分析、投入产出分析等方法。

（五）数学模型法

数学模型法是指当需要从定量的角度分析和研究一个实际问题时，人们就要在深入调查研究、了解对象信息、做出简化假设、分析内在规律等工作的基础上，用数学的符号和语言，把它表述为数学式子，也就是数学模型，然后用通过计算得到的模型结果来解释实际问题，并接受实际的检验，本方法也是系统动力学研究中重要的一环。本研究运用系统动力学、数据包络方法的建模程序，分别选取港口与产业相互影响的指标，建立研究的指标体系，确定各指标权重，并在此基础上，利用数学模型法建立港口与产业互动的评价模型，并对上海、天津、广州、深圳、大连、青岛和宁波 7 个城市港口产业互动关系分别进行计算机仿真模拟和实验，比较分析宁波港口与产业互动发展的优劣势，提出相应的对策和建议。

第二章　港口与产业互动指标体系优化研究

本章主要以港口与城市之间的相关理论分析为基础,以构建完备合理的系统动力学模型为手段,着眼于构建科学、系统、完备、实用的指标体系,进而筛选出符合港口与城市特点的经济指标。在理论分析方面,借鉴国内外最新的港口与城市关系以及发展趋势、港口与产业之间互动机制,详细阐述了系统动力学原理、系统动力学建模过程等相关理论知识;同时,遵循指标构建的一系列最新的方法与原则;最后,采用聚类分析、拟合优度等方法得出了港口与产业互动指标体系。

第一节　指标体系优化理论基础

本节主要从港城关系和系统动力学两个方面来论述港口与产业互动指标体系的优化理论基础,详细而全面地阐述了国内外关于港城关系内涵、具体内容、影响因素、互动评价、发展趋势等研究,并概述了系统动力学的相关原理和建模过程等。

一、港城关系理论

近年来,东部沿海地区已经成为我国整个国民经济快速增长的发动机,其中尤其以长江三角洲、珠江三角洲和环渤海经济圈为代表。这三个地区以大型港口为中心,依托沿海地区形成三大城市带,三大城市带的国土面积仅占全国总面积的 1.61%,人口仅占 10.08%,经济发展水平却远高于全国的平均水平,GDP 占全国的 50% 以上,人均 GDP 是全国平均水平的 3.32 倍,进出口总额以及实际利用外资额占全国同类指标总量的 70% 以上,社会消费品零售总额和固定资产总额也占到全国的三分之一强,成为引领我国经济发展的三驾马车。

在沿海经济快速发展的过程中,港口起到了非常重要的作用,逐渐形成了三大港口群。当前,我国正兴起新一轮的港口建设热潮,由此带动了当地及其辐射区域系列产业链的发展,而这种辐射正形成一种"港口经济"效应。

(一)港口与城市的相互关系概述

港口与城市之间有着密不可分的关系,它们既是系统的整体,也是系统的两极,两者互为动力、休戚相关、相生相伴,就像人类文明的渊源总是伴随着河流一样,港口城市发展的脉络总是在港口的变迁和历史发展中清晰可见。比如,江泽民同志曾经指出:"港口和城市有着十分密切的关系。自有人类以来,人们就利用天然河流创造出一代代的人类文明。世界发展到今天的时代,港口如何依托城市现有的经济、技术条件,达到自我完善、自我发展,而城市经济又怎样利用港口门户走向世界,港为城用,城以港兴,应该是我们在世界经济新的挑战面前所要研究的主要课题。"[①]同时,由于港城发展的差异性,带来了发展过程中不可避免的矛盾、冲突、取舍,也正是由于两者在发展过程中相互间的必然影响与冲击,决定了港城关系对港口和城市发展的重要性。

1. 港城关系的概念

一般而言,港城关系泛指港口与所在城市之间的关系。它既包括港口对城市的依赖和影响,城市对港口的依托和拉动等作用;同时也包括港口和城市在时间、空间、经济、产业、功能、文化上的不同关系。综观国内和国外、历史和现状,可以显见港口与城市之间表现出一种互动关系,

---

① 《从"哥德堡号"透视欧洲航海文明》,人民网 http://world. people. cn/GB/1029/42356/4597449. html.

即使在不同历史阶段,这种关系的表现或程度也有所不同,不断发展变化,但很显然两者之间的发展有着不可分割的联系。

2. 港城关系的具体内容

港口作为运输的枢纽促进了城市的形成,港口不断的变迁发展,促进了城市区位的调整和城市空间的不断扩大;港口产业的发展可以改变或影响港口城市的产业结构,进而改变城市的功能布局;港口的开发和开放是港口城市社会文化多样性和外向型发展的催化剂;港口的集聚和辐射作用是奠定港口城市区域中心地位的基础。港口城市是港口的最直接经济腹地,其经济活动的扩张、经济规模的扩大,对港口生产提供源源不断的支持;港口城市为港口提供人力资源、土地、集疏运等硬件设施和金融、贸易、服务等软件的支持。港口与城市作为一个统一体,两者的良性互动关系将会推动港口和城市的共同发展。

(1)空间布局关系——从自然形成及历史发展来看,港口城市的出现和发展与港口的使用及变迁直接相关,港口城市的空间布局演变与港口的活动、分布与规模密切相关。

一方面,港口的发展引发港口功能、规模、区位的变化,进而带动港址地区城市的功能转化、空间扩展和布局调整。港口向水深、陆域条件更好的河口下段方向推移,再从入海口沿海岸推移或向海岛推移,形成河口港、海岸港或海岛港,相应城市空间也随着港口的推移而向入海口、海岸或海岛方向发展。另一方面,城市的经济活动与发展促进了城市规模及空间布局形态的变化,进而对港口各方面的发展提出了更多、更高的要求,从而促使港口的规模、布局形态发生变化。

(2)功能定位关系——港口的功能主要是运输、贸易和服务,港口作为运输的枢纽,为城市提供对外交通的通道并利用其资源配置功能,带动港口城市相关产业的发展。港口城市作为港口的依托,具有为港口提供金融、信息服务,贸易活动的空间和转运通道等功能。

现代港口不但能汇聚所在城市的生产要素,给城市经济注入活力,而且能吸引国内外优秀资源与资本在本城配置,给城市带来新的经济增长极,并进一步引导城市优势资源进行合理转移与重新配置,大大提升港口城市的经济水平、素质和区域影响力。港口城市作为港口的最直接腹地,其经济和产业结构的不断发展变化,给港口生产带来源源不断的动力,也使港口的功能、服务等相应发生变化;同时,作为港口重要依托的港口城市,在港口的转型与发展过程中不断地为其提供各种支持和服务。

(3)产业联动关系——作为综合运输枢纽的港口,其运输、贸易和服务功能使港口成为现代生产要素的最佳结合点、重要的信息中心和供应链的重要节点,并使港口在国际生产、贸易和运输系统中的地位不断上升,带来港口各项产业如工业、商业以及金融、贸易、科技、交通、信息、旅游等不断生成和飞速发展。同时,港口产业的发展不断要求建设和提升城市的基础设施条件,而良好的城市基础设施条件的建成,又为城市更好地吸引和集聚了众多的资源及关联产业,并促使港口城市原有的产业进行调整、重组和提升。如:港口作为综合运输枢纽,可带动港口各种运输方式和其他相关产业,如水运、陆运、物流业、仓储业、中介代理业等的发展,而这些港口产业的发展,需要城市产业的配合与衔接,从而使城市产业结构呈现港口城市独有的特点。

很显然,港口产业的繁荣和发展带来了所在城市产业的繁荣和进步,又同时反过来进一步促进了自身更长远的发展,这种连锁反应般的良性循环使城市和港口的产业关联更加紧密,同时更加多元和合理。

(4)要素配置关系——现代港口经济的发展使资本、贸易、科技、航运、仓储、金融、商业、信息、旅游等经济要素向区域中心港口和中心城市集聚,以达到区域内资源优化配置,成本最低,资源消耗最少,效率最高,竞争力最强的目的,这给区域港口和城市发展带来挑战和机遇。经济和贸易的全球化,竞争的多元化和白热化,使得这些经济要素的流动在不断加强、加快。港口要吸引和留住这些要素并进行集聚配置,除了需要在经营管理、产业发展、服务提升等方面下足功夫外,也要求港口城市在政策、法律、基础设施等要素方面进行积极配合,成为港口和城市发展、能力提升的"助推器"。

(5)经济互利关系——港口在城市经济发展中起着重要的作用。第一,港口城市的自身物流占港口吞吐量的比重一般都比较高,城市本身对港口条件利用较大,城市经济发展的运输成本、基本建设支出与土地的利用与增值更加优化合理。第二,港口作为海陆交通枢纽,具有连接国内外市场的作用,使城市经济辐射范围更广、更远,使港口城市经济外向型程度明显高于非港口城市。第三，现代港口集聚了资本、贸易、科技、航运、仓储、金融、商业、信息、旅游等诸多经济要素，可以为港口城市的贸易、金融、物流、仓储等产业的发展带来许多机会和便利，使城市的经济更加多元化、各类市场更加活跃，随着港口与城市的一体化发展，港口和港口城市正成为跨国企业、国际贸易和服务业的集聚场所，成为新的经济增长点。

（6）文化渗透关系——港口及城市的全球化竞争，除涉及经济、贸易、服务等方面之外，港口和城市的个性特色、文化魅力成为当前竞争的新军。一方面，港口城市因港口而生，因港口而兴，因港口而名，港口城市的个性特色、社会文化的形成及内在特征与港口的发展及变迁不可分割，带着明显的港口烙印，港口城市文化的多样性和外向性明显。另一方面，现代港口作为城市整体的组成部分，在地域上和生产生活上与城市呼吸相闻、休戚相关，并依托其所在的城市不断壮大和发展，城市先进的企业文化、管理理念等不断地影响着港口文化的内涵与发展，不断地与港口文化相碰撞、融合，形成港口与城市政府、社区、市民、其他企业或团体、保税区、岛之间密不可分的联系。

3. 其他视角的港城关系

现代港口产业和功能的发展变化极大地提升了港口城市的竞争力，同时城市频繁的经济活动也为港口提供了各种支持和动力，使港口得以更好地向前发展。港口和城市相互促进，共同繁荣。然而，由于港城系统在不同的发展阶段因利益主体、功能发挥、价值取向的不同，以及对资源和空间的竞争性利用，港口与城市在相互促进的同时也存在着不同程度的矛盾与冲突。

作为企业和城市区域，港口需要所在城市在各方面的谅解、支持与依托，如港城集疏运体系的完善、港口和岸线的扩张、能源的使用和对环境的保护、卫生医疗等社会保障体系的支持等。而城市作为人们的聚居地，其发展目标是不断促进经济的发展，提高市民的生活质量，同时又满足人们对环境的高标准要求。港口和城市两者虽然在发展经济这个问题上有着共识，但对城市而言，港口生产造成的土地占用、交通拥挤、噪声、环境污染等是非常严重的问题，是破坏城市生活、城市形象、城市化进程的重要因素；但对港口而言，要进行正常的生产作业，城市完善的交通基础设施和系统、合理的土地使用及岸线设置、有力的金融和财政政策、水电及其他生产生活资料的供应、完善的卫生医疗社会保障等支持非常重要,同时,港口生产带来的各种不利因素及对城市环境的破坏也希望能得到一定程度的谅解。

4. 影响港城关系发展的因素

由以上港城关系的内容可以看出,建立和发展良性的港城关系牵涉到许多方面,不论其影响力的大小,主要有区位及自然条件、理念、政策、硬件、软件等因素。

众所周知,区位及自然条件对港口或城市发展的影响显著。在经济全球化的今天,经济发展已经跳脱了一港、一城和一国的界限,一个港口或一个城市如果处在全球交通要道或要塞,那么它发展的机会就完全可以与其重要性成正比,发展的时机也相对要更早,这是当前我国沿海港口与城市在经济发展大潮中冲在前方的重要原因。由于港口与其所在城市联系的紧密性,良好的区位及自然条件带动了港口或城市的发展,同时发达的港口或城市又促进了其所在城市或港口的经济发展。

具备了良好的区位及自然条件,港口或城市有了发展的原动力,但是港、城的持续发展与港城关系的发展息息相关,一味地强调港口发展或只强调城市利益,那么再好的区位和自然条件也只能带来一时的港、城繁荣,当港口和其城市发展带来的矛盾、冲突扩大到难以调和的地步时,它们都将失去可持续发展的机会。而发展良好的港城关系的前提在于其先锋因素——理念开拓和保障因素——政策支持。只有在理解和掌握了港城关系的内涵、内容和发展变化的特点的基础上,建立发展良性港城关系的一系列先锋理念,才能在港、城发展的过程中把握和调节各种冲突或矛盾的发展变化,更好地促进港、城可持续发展。当然,先进的理念必须要有良好的政策支持,否则就会成为空想或空谈,而在具体建设和实施的过程中则离不开各种硬件和软件的支持。

(二)国外港城关系相关理论

由于国外港口的先发优势,国外对港城关系的研究起步较早。在对港口发展的过程中,不断对港城发展做出新的总结、归纳和研究,有力地推进了港口城市的建设与发展。国外对港口城市的研究,主要从港口区位、港口经济效益、港口与城市空间关系、可持续发展等几大方面展开。

1. 港口与腹地关系研究

港口与腹地之间关系的研究有着悠久的学术渊源。腹地的存在与变化体现了港口与城市、区域之间的相互依存关系。20 世纪 50 年代 Patton[①]、Morgan[②] 等人的研究都表明腹地在港口形成与发展过程中的决定性作用。到 60 年代对港口与腹地相互依存关系有了进一步的认识，认为港口发展是区域经济增长的重要因素，港口建设应成为国家和区域的政策重心。

随着世界经济贸易的持续发展，以及港口与内陆交通联系网络的不断改善，欧美国家港口之间对腹地的货源竞争日益激烈。西方学者对港口与腹地的关系研究不再局限于单个港口，而开始从区域和整体的角度出发，对相关港口之间的相互竞争进行分析。起初只是局限于港口的陆向腹地竞争的探讨，稍后逐渐深入到海向腹地竞争，以及对港—陆综合费用优势的综合分析。20 世纪 70 年代以后，相关港口之间腹地竞争的研究扩展到劳动力费用、铁路连通性、港口可达性以及土地可得性等因素。[③④]

20 世纪 70 年代末，运输的集装箱化和全球经济一体化打破了港口与腹地之间传统的运输联系网络。在集装箱时代到来之前，件杂货港口服务的腹地普遍很小，大部分港口货物的来源地与目的地距离不远，一般不超过几百公里。但是 80 年代以后，全球经济一体化的迅速发展为港口带来丰富的货源，同时也极大地刺激了航运业的技术进步。集装箱运输及随之迅速发展起来的国际多式联运极大扩展了港口的吸引范围。在新的技术条件下，传统的腹地概念也发生很大的变化，港口之间的竞

① Patton D J. General cargo hinterland of New York, Philadelphia, Baltimore and New Orieans. Annals of the AAG，1958：21-24.

② Morgan F W. Ports and harbors. London：Hutchison Press，1958：52-60.

③ Kenyon J. Elements in interport competition in the United States. Economic Geography，1970(46)：1-24.

④ Mayer H M. The port of Chicago and the St. Lawrence seaway. University of Chicago. Development of Geography Research Papers，1957：30-34.

争更趋激烈。Hayuth[1][2]、Slack[3] 等人的研究表明:一些港口由于解除了政府管制,加强与铁路的协作从而强化了原有的区位优势,腹地得到扩展。另一些港口却失去了原有的腹地。港口与腹地的关系更趋复杂化,腹地呈现多样化趋势,即腹地出现许多为集装箱服务的"旱港"(内陆集装箱中转站),工业、商业和交通运输管理更多集中于此。传统的直接腹地概念受到极大冲击,传统港口仅成为多式联运模式下的一个中转站。有关港口与腹地关系研究的广度和深度仍在不断地拓展,仍然是港口与区域发展研究的一个重要内容。

2. 港城空间关系研究

20 世纪 60 年代英国地理学家 Bird 在基于英国海港发展考察的基础上,提出了"任意港"的概念,成为"港口通用模型"。该模型着眼于港口设施的扩展,总结了港口发展的六个阶段[4],即初始阶段、边缘码头扩张阶段、边缘码头整缮阶段、港区整缮阶段、一般线性码头群发展阶段、专业化码头群发展阶段。这一理论的重要意义在于揭示了港口发展规律:随着港口设施的不断完善,港口向下游发展的趋势十分明显,从而使港口与城市中心区之间的分离也越来越明显。由于"港口通用模型"提出之时,集装箱运输并没有大规模发展,现代物流理念还远未成熟,所以该模式对集装箱化与物流化导致港口布局的变化并不适用。

不同学者将"港口通用模型"应用于世界多个港口,并根据各港口的特定条件对模型进行了修正。Taaffe 在研究中构建了港城发展动力模型[5],归纳了交通欠发达地区的交通发展包含港口彼此孤立发展、干线连接主要港口和内陆中心、支线发展、相互联系产生、相互联系完善、主要公路连接专业化港口与内陆中心等六个发展阶段,认为交通网络扩张对

---

① Hayuth Y. Intemodality:Concept and practice. Lioyd's of London Press,1987.

② Hayuth Y. Rationalization and deconcentration of the U. S. container port system. Professional Geographer,1988,40(3):279-288.

③ Slack B. Intermodal transportation in North America and the development of inland load enters. Professional Geographer,1990.42(1):72-83.

④ Bird J H. The major seaports of the United Kingdom. London:Hutchinson,1963:21-22.

⑤ Taaffe E J,Morrill R L,Gould P R. Transport expansion in under developed countries. Geographical Review,1963(53):502-529.

腹地交通便利的影响和枢纽港的产生与港口群的产生成为港口空间格局发生变化的重要因素,即随着交通网络的延伸和枢纽港的带动,港口腹地随港区布局的变化而发展,港口所在城市因港口腹地扩张而迅速发展。

在 Taaffe 所做研究的基础上,Rimmer[1] 根据对澳大利亚、新西兰海港空间演化的实证研究,对 Taaffe 的模型进行了改进,将不定期班轮服务与定期班轮服务的影响,尤其是后者的作用纳入对港口体系的考虑,对 Taaffe 的交通网络模型进行改进,在发展序列上加入了"边缘港口发展与港口体系扩散型发展"这一阶段。Taaffe 和 Rimmer 的模型主要解释了港口城市发展的动力问题,并且都侧重考虑交通因子的作用,所以被称为港口城市发展单因子动力模型。

研究在一定地域范围内的港口体系演化过程,分析区域内众多港口如何竞争主枢纽港的地位,以及技术进步如何改变区域内港口空间结构和港口之间的相互关系。主要代表有 Hayuth[2] 对美国港口以及 Hoyle 和 Charlier[3] 对东非国家的区域内港口的竞争及港口体系的研究。他们共同关注的问题是港口设备的技术水平、航运的发达程度及港口与陆路交通的经营等对区域港口体系形成与发展的影响。

3. 港城可持续发展研究

随着资源和环境因素在经济发展中越来越受到重视,港城互动关系的可持续发展被越来越多的学者和专家所重视。

港城互动关系的可持续发展肇始于滨水区的研究。20 世纪 50 年代以来,由于临海工业区的大幅度扩张,以及港口深水化发展引起的港口与城市日趋明显的分离趋势,大部分港口活动迁至城区以外的区域。在这种情况下,位于港城界面的老港区因不再适用于港口生产而遭到废弃,往往成为一个令政府头疼、环境污染严重,犯罪率高的"问题区域"。

① Rimmer P J. The search for spatial regularities in the development of Australian seaports. Geografiska Annaler. Series B, Human Geography, 1967,49(1).

② Hayuth Y. Rationalization and deconcentration of the U. S. container port system. Professional Geographer,1988,40(3):279-288.

③ Hoyle B,Charlier J. Inter-port competition in developing countries:An East African case study. Journal of Transport Geography,1995,5(2):99-115.

在这种背景下,美国主要港口城市如波士顿、巴尔的摩、旧金山等率先提出并实施了著名的"滨水区复兴运动",之后逐渐扩展到北美其他城市和欧洲国家甚至全世界。滨水区的复兴就其本质而言,就是如何实现港城的可持续发展问题。

1988 年 Hoyle 等①三人主编了《滨水区复兴》一书,共收录 15 篇文章,较为全面地反映了地理学家、经济学家和规划师对全球性的滨水区复兴的思考与主张,同时对多伦多、鹿特丹、巴尔的摩、香港等国际化港口城市进行了个案分析。

20 世纪 90 年代以后。随着可持续发展概念的深入,尤其是 1993 年,联合国贸易开发会议(UNCTAD)提出了港口可持续发展战略②③,这一举措进一步推动了港口可持续发展研究的全面展开。相关领域的专家和学者们纷纷从定性或定量方面问题进行了研究,并取得了一定的研究成果。定性研究的代表性成果主要有:Brooke④ 首次提出应用绿色理念建立环境影响评估程序并对港口建设过程中产生的影响因子进行总体分析;Georgison⑤ 等人提出了应通过制度改革实施加拿大最大港口的可持续发展管理模式;Tamura⑥ 等人指出了 21 世纪的港口发展战略应

---

① Hoyle B S, Pinder D A, Husain M S. Revitalizing the waterfront: International dimensions of dockland development. London: Belhaven, 1988.

② UNCTAD. Sustainable development for ports. United Nations Conference on Trade and Development Board, Standing Conunittee on Developing Services Sectors Intergovernmental Group of Experts on Ports, Geneva, 1993.

③ UNCTAD. Sustainable development: Strategies for cities and ports. Report No. UNCTAD/SHIP/494(14), 1996.

④ Brooke J. Environmental appraisal for ports and harbours. Doek & Harbour Authority, 1990, 71(820): 89-94.

⑤ Georgison J P, Day J C. Evaluation of the role of port administration in comprehensive planning and management of the Canadian Coast the example of Vancouver. Proceedings of the 7th Symposium on Coastal and Ocean Management Part 4, Long Beach, 1991: 3106-3121.

⑥ Tamura H, Ouchi H. Aiming at port and harbor technology mild to human beings and the earth. Proceedings of the Symposium on Coastal and Ocean Management, Coastlines of Japan II, New Orleans, 1993: 330-336.

强调土地保护和环境友好的重要性；Goulielmos[①] 指出了港口运营时导致的运输和环境之间的冲突并提出相关解决对策；McCornnell[②] 等通过分析港航业对港区经济发展和周边环境的影响，宣传可持续发展战略和综合管理方法以加强海洋生态系统的保护；Sawada[③] 提出了日本大阪湾地区海岸带的生态发展策略；Frihy[④] 分析了埃及 13 个典型的海岸开发项目对本国海洋生态环境造成的负面影响等。

　　Trozzi[⑤] 等人基于可持续发展思想应用扩散和传播模型全面分析了港航业产生的大气、水域、弃土、垃圾物和噪声污染情况；Dekker[⑥] 从商业利益和公共福利角度分析了港口产生的正面和负面效应，并对鹿特丹港"Maasvlakte 2"项目进行环境影响评估，最终测算出了港口对公共福利的净贡献；Bak[⑦] 等人结合城市可持续发展战略，运用交通运输模型对未来集装箱码头发展的预测结果进行了分析；面对日益严重的港口污染问题，近年来世界上许多港口城市都开始致力于环境政策的研究，在港口建设中推广新技术，采用环境保护措施，以期在经济发展动力和城市生活质量之间寻找新的平衡点。欧美等国提出了"绿色港口"的发展策略，将环保理念纳入港口设计和建设中。中国香港政府基于港口污染对

①　Goulielmos A M. European policy on port environmertal protection. European Policy International Journal,2000,2(2):189-197.

②　McConnell M. Capacity building for a sustainable shipping industry:A key ingredient in improving coastal and ocean and management. Ocean and Coastal Management,2002,45(9-10):617-632.

③　Sawada Y,Murata B,Fujii Y, et al. A Study for the ecological development policy of the coastal city on Osaka Bay coastal zone. Proceedings of the International Conference on Offshore Mechanics and Arctic Engineering—OMAE Part 1,Cancun,2003:777-783.

④　Frihy O E. The Necessity of environmental impact assessment (EIA) in implementing coastal projects:Lessons learned from the Egyptian Mediterranean Coast. Ocean and Coastal Management,2001,44(7-8):489-516.

⑤　Trozzi C,Vaccaro R. Environmental impact of port activities. Water Studies,Maritime Engineering and Ports II,2000(9):151-161.

⑥　Dekker S,Yerhaeghe R J, Pols A A J. Expansion of the port of Rotterdam:Framework for evaluation. Transportation Research Record,2002(1782):49-55.

⑦　Bak O A,Alkan G B. Sustainable development and transportation:Maritime Transportation model for south-eastern Anatolia project(GAP). Proceedings of First International Conference on Sustainable Planning and Development,Skiathos Island,2003:485-495.

人体健康及本地旅游业等方面的影响,已将"绿色港口"策略提至"危机"处理程度。

随着低碳时代的到来,港口与城市的可持续发展,已经成为学界和业界的共识。减少港口对港区和城区的污染,建设绿色港城,将对区域经济产生正面的影响,是今后港城关系必须要考虑的一个重要问题。

（三）国内港城关系相关理论

从国内来看,改革开放以来,沿海港口城市进入全新的快速发展时期。1980年8月,我国正式宣布在深圳、珠海、汕头、厦门四地设置经济特区。1984年4月,国务院决定开放14个沿海开放城市,即大连、秦皇岛、天津、烟台、青岛、连云港、南通、上海、宁波、温州、福州、广州、湛江、广州、北海。1990年4月,党中央、国务院又做出开发和开放上海浦东新区的战略决策,以上海开发开放为龙头,进一步开放长江沿岸城市,尽快把上海建成国际经济、金融、贸易中心之一。随着我国沿海开放战略的实施和港口城市的崛起,港城关系受到理论界的重视和关注。最有代表性的是从系统动力学的角度对港城关系开展了研究与探讨,为传统意义上的港城关系注入了新的内涵,体现了中国传统元素与世界理论前沿的融合与对接。

郑绍昌[①]较早从历史角度探讨了宁波港发展问题。郑绍昌提出,宁波作为中国古代四大港口之一,历史上曾对经济发展产生过很大的影响。可是由于历史条件的限制,宁波港城的巨大优势并没有得到很好的利用。因此,全面评价港城在经济发展中的历史作用,对今天的港城建设将是一种有益的借鉴。商品经济发展对港口发展起着重要作用。黄梦平[②]（1987）等进一步总结了港城发展历史经验,具体探讨港城体系的三种类型,强调指出沿海港口与其所处城市的发展一般表现为伴生相长的关系。港口为所处城市的重要发展因素必然是城市经济结构中举足轻重的组成部分。

[①]　郑绍昌:《略论宁波港城发展的历史作用》,《宁波师范学报》(社会科学版)1985年第4期。

[②]　黄梦平:《港城发展策论》,《科技管理研究》1987年第5期。

　　许继琴①(1997)较早探讨了港口对港口城市发展的促进作用和港口城市的发展模式,认为港口城市成长最重要的动力来源于港口,第一次将港城关系划分为港城初始阶段、港城相互联系、港城聚集效应和城市自然自增长效应四个阶段。提出港口对区域经济发展的推动作用,首先表现为港口建设促进港口城市成长和城市中心职能的增强,然后是港口通过港口城市的中心带动作用推动区域经济的发展。港口城市在港口和临港工业具备相当规模之后,关键是发展第三产业,以增强城市的物流中心和生产中心职能。

　　刘秉镰②(2002)深入地探讨了在经济全球化背景下,港口对城市的作用渠道与内在机理。"建港兴城,以港兴城,港为城用,港以城兴,港城相长,衰荣共济",这是世界范围内港口城市发展演变的普遍规律。它既揭示了港城关系的变迁过程,也揭示了港城关系相互作用的机理。即港口的发展将促进依托港口的城市发展,城市的繁荣又促进港口的发展。面对经济全球化的浪潮,港口对城市经济发展的作用可以通过以下几个方面进一步发挥:一是利用港口的基础设施功能发挥产业优势,产生直接或间接的经济贡献;二是通过港口服务功能,发挥环境优势,吸收国际跨国公司经营活动的集中,为城市的集聚与扩张奠定基础;三是通过港航业关联作用,发挥结构优势,促进城市第三产业发展,进而向服务型城市迈进;四是利用港口物流功能,逐渐形成物流、人流、商流、资金流、信息流合为一体、相互吸引的良性循环,促进城市现代化和国际化。

　　宋德驰③(2004)概括、总结战后世界各国港口发展史,从港城关系角度第一次概括出依次递进的三种港口发展观。第一种是交通枢纽观,即以运输经济理论为导向,认为港口是交通枢纽,是水陆运输工具的衔接点,水运货物的集散地。港口的主要任务是进行水运货物与各种运输方式之间的换装。第二种是区域经济观,即以区域经济理论为导向对港口功能的再认识。第三种是生态环境观,即以生态经济理论为导向对港口发展现状的反思,是对港口发展规律认识的再次升华。作者还指出,改

---

　　① 许继琴:《港口城市成长的理论与实证探讨》,《地域研究与开发》1997年第4期。

　　② 刘秉镰:《港城关系机理分析》,《港口经济》2002年第3期。

　　③ 宋德驰:《树立科学的港口发展观　推动上海国际航运中心新发展》,《集装箱化》2004年第5期。

革开放以来,我国港口在快速发展的同时,多年积累的矛盾和问题正在凸显出来。主要表现:一是忽视大区域经济发展的潮流,只重视单个港口对本地区经济发展的作用而未能关注港口群体对大区域经济整体推进的协同效应。二是强调港口对地区经济发展的贡献率,而未能全面认识港口发展对城市生态环境的负面作用,而经济发展同生态环境、自然资源的矛盾正在加剧。

张萍、严以新等[1]率先提出了港口建设与城市发展的协调度概念,将协调度的区间划分为8个等级,率先建立了港口与城市发展的评价指标体系。港口与城市系统协调发展指标体系包括城市评价指标体系和港口评价指标体系。城市指标包括GDP,人均GDP,对外贸易额,第一产业、第二产业和第三产业产值,公路货运量,铁路货运量;港口指标体系包括水运货运量、港口吞吐量、港口集装箱吞吐量、泊位数、码头岸线长度、港口设计吞吐能力等。通过对现有的几种协调度评价方法的局限性分析,采用主成分分析与回归相结合的方法建立港口与城市协调度评价模型,为港口和城市的协调发展分析提供了新的思路。作者以上海市为例,对港口与城市的协调发展进行较为深入的分析。

邓焕彬等[2](2009)选取港口吞吐总量(TTL)代表港口发展水平的指标,港口所在城市的地区国内生产总值(GDP)代表地区经济发展水平的指标,运用计量经济学面板数量(panel data)模型探讨2000—2007年沿海25个港口城市港城发展相互促进的定量关系。研究结果显示,港口吞吐量与港口所在城市国内生产总值具有明显的正相关关系,拟合优度达0.998,说明港口发展对腹地经济发展具有明显的推动作用。从研究结果可以看出,各个港口的截距项和斜率项明显不同,说明各个港口吞吐量与港口所在城市的经济发展关系复杂,这主要与港口吞吐的货类及港口所在城市的经济发展特色有关。β_i为港口吞吐量与港口所在城市经济发展促进作用的弹性系数。弹性系数大说明吞吐量对港口所在城市经济影响大,意味着港口服务的腹地范围主要为港口所在城市;弹性系

①　张萍、严以新、许长新:《区域港城系统演化的动力机制分析》,《水运工程》2006年第2期。

②　邓焕彬、朱善庆:《全国沿海主要港口吞吐量与地区经济发展关系研究》,《中国港口》2009年第2期。

数小说明吞吐量对港口所在城市地方经济影响小,意味着港口的服务腹地远大于港口所在城市范围。

高宗祺等[①]从世界范围内港城关系发展趋势,评述"港兴城兴,港衰城衰"的发展思想,探讨港口城市发展战略。提出港口城市的空间结构实际上是港口地域与城市空间地域的结合,二者发展取向相异却结合为一体。长期以来"港兴城兴,港衰城衰"的发展思想成为各港口城市的发展与规划理念,以致我国沿海大兴港口设施和出台促进港口业发展的政策,导致城市间港口群的竞争加剧,资源重复配置。作者总结不同的港口城市发展历程,发现港口的发展与港口城市的发展不一定要保持一致,"港衰"不一定会引起"城衰"。港口城市的可持续发展应该是港口功能发挥与腹地社会经济发展相互作用的结果,港口功能的调整、腹地社会经济的发展以及地区制度和政策的制定,三者应加以统筹考虑。当前我国港口城市的可持续发展,一方面要探索港口与港口城市发展差异化的可能性,另一方面要依循环经济发展重心转移调整港口城市发展战略。

高琴等[②]试构建港口与城市之间数据包络分析(简称 DEA)评价模型,定量测算出港口城市发展的有效性,反映港口与城市互动关系。作者认为,DEA 评价模型分为两个子模型:(1) 港口所在城市有效性评价模型。评价城市经济发展有效性选择的输入指标,如固定资产投资总额、从业人员总数;输出指标,如 GDP、社会消费品零售总额。(2)港口有效性评价模型。在港口有效性评价中,选取历年来港口集装箱有关数据,突出港口当前集装箱化趋势给港口和港口城市、港口腹地带来的影响。作者选择的输入指标,如万吨级以上泊位数、铁路专用线长度;输出指标,如集装箱吞吐量。通过软件对上海、宁波、深圳、广州、天津、大连、青岛等七个城市进行数据分析,将七个城市归纳为四类:港口有效且城市有效的(称之为双有效城市);港口无效且城市无效的(称之为双无效城市);港口有效但城市无效的;港口无效但城市有效的。作者还试图构建生产函数测定港口对港口所在城市的经济贡献。

---

① 　高宗祺、昌敦虎、叶文虎:《港口城市发展战略初步研究——兼评"港兴城兴、港衰城衰"的发展思想》,《中国人口资源与环境》2009 年第 2 期。

② 　高琴、陈涛焘、单文胜:《港城互动关系评价模型研究》,《水运工程》2009 年第 11 期。

薛芳[1]研究了南通港和南通经济是否合理、有效地发展,揭示港口和城市互动发展的规律,并基于南通港城互动发展的目标提出了相应的建议。作者认为,科学地认识港口和城市的互动发展规律对于正确处理好港口和城市协调、快速发展有着重要的意义。通过对南通港口进行区域经济 DEA 评价模型实证分析,得出南通城市和港口经济发展的现状,并提出了南通市港口与区域经济互动发展主要实现途径,包括加快沿海洋口、吕四深水港区建设,提升长江港区码头泊位等级,沿江与沿海实现产业互补、联动发展。

系统动力学的运用,为港城关系的研究提供了新的理论基础,打开了新的视野,以系统动力学原理分析港城关系渐渐成为港城关系研究的新热点。

刘丽娜等[2]基于系统动力学分析港口经济,是该领域出现较早的研究文章。作者以系统动力学模型为主体,结合投入产出法、乘数法和计量经济学模型,进行港口经济影响分析,并将该模型应用到大连市的港口经济系统中,通过模型的基本模拟和政策模拟,得出 2020 年之前大连市港口对社会经济影响的动态变化,并提出了大连市港口发展的建议。确定动态港口经济影响模型主要包括国内生产总值、港口吞吐量、GDP、港口通过能力、港口自然资源、港口压力和港口固定资产投资七个状态变量,此外还包括港口拉动的 GDP、港口拉动就业、港口收入和港口自身投资四个辅助变量,通过动态港口经济影响模型对大连市的模拟,发现系统动力学方法和投入产出法以及计量经济学模型相结合可以很好地模拟港口竞争、港口压力等因素对港口经济的影响,并可以利用它作为政策模拟分析思路的理论依据,具有其他方法难以替代的作用。

许长新等[3]将系统动力学方法应用于港口吞吐量预测模型,考虑了各种主要因素对港口吞吐量的影响,较好地解决了港口吞吐量预测方法中考虑系统因素较少的问题以及经济社会发展水平的不确定性等影响

①　薛芳:《南通港口与区域经济发展关系研究》,《交通财会》2010 年第 3 期。

②　刘丽娜、郭子坚、宋向群:《基于系统动力学的港口经济分析》,《水运工程》2006 年第 5 期。

③　许长新、严以新、张萍:《基于系统动力学的港口吞吐量预测模型》,《水运工程》2006 年第 5 期。

港口吞吐量预测所产生的误差问题。与传统方法相比,该模型不仅考虑经济、人口等常规因素,而且考虑资源及综合运输网等更多的影响因素,能较系统地反映出系统各影响因素间的相互关系,通过对宁波港口吞吐量预测系统进行仿真分析,验证了该模型的实用性和有效性。

傅明明等[①]选用系统动力学模型,构建港口—区域经济系统,分析系统内港口子系统、区域经济子系统和社会子系统之间因果关系,构建系统动力学流图和变量关系体系。港口—区域经济系统是自然系统和人工系统组成的复合系统,该系统既存在于国家或国际区域的宏观范畴下,又非具体针对某一微观经济个体,属于中观层面,具有动态性和复杂性的特点。港口—区域经济系统的 3 个子系统既表现为相互促进,又表现为相互阻碍。通过对某港口与其所在经济间关系的模拟,计算出现阶段该港口与区域经济之间相互促进和阻碍的程度,结果证明了该模型的有效性。

袁旭梅、华艳[②]阐述了港城系统的内涵和构成,运用系统动力学方法构建港城系统仿真模型,构建了港城系统的因果关系图和仿真模型,通过仿真运行,得出 2015 年之前秦皇岛市港城系统的动态变化情况。运用系统动力学方法并以秦皇岛市港城系统为例进行案例研究,验证了此方法的可行性。从仿真模型运行结果及数据的综合分析可以得出,提高水运货运量、降低港口自然资源消耗和合理规划港口固定资产投资是实现秦皇岛港城系统发展三个最重要的方面。

侯剑[③]在分析港口动力学的基础上,分析了港口经济可持续发展的动态机制,利用系统动力学 Vensim 软件实现了对港口城市子系统、区域经济子系统、资源环境子系统、港口功能子系统、临港产业子系统和综合运输子系统六个子系统因果关系的分析,从而建立了港口经济可持续发展的系统动力学模型。该模型主张的是对港口经济发展方向和特性的

①　傅明明、吕靖:《基于系统动力学的港口—区域经济关系研究》,《大连海事大学学报》2009 年第 4 期。

②　袁旭梅、华艳:《基于系统动力学的港城系统发展研究》,《科技管理研究》2009 年第 12 期。

③　侯剑:《基于系统动力学的港口经济可持续发展》,《系统工程理论与实践》2010 年第 1 期。

研究,希望从趋势和规模上对港口经济各子系统的行为趋势进行把握。通过模拟发现,港口经济的发展依赖功能的拓展,由于港口功能所带来的辐射效应,使得与港口相关的航运服务业获得持续发展,从而缓冲了城市人口就业压力。但临港产业的发展对港口功能的过度依赖又容易使其陷入过度开发的境地,对区域 GDP 反而带来副作用。由于港口的建设与发展是一项具有长期效应的系统工程,因此,对其趋势与特性的强调和把握,比在数值上的一味求解精确,可能会更符合实际,也更具有应用价值和指导意义。

上述研究成果为深化新时期港城关系研究奠定了基础,指明了方向;但也存在一定的不足,主要是研究视野不够开阔,特别对新世纪新阶段工业化信息化城镇化市场化国际化整体推进、后危机时代以及生态文明时代背景下港城关系缺乏定性、定量的深入研究。本书基于系统动力学原理分析港城关系,既吸收借鉴了前人的研究成果,又尽量避免前人研究中出现的不足和理论滞后,在运用新理论研究港城关系的方面做出了大胆的尝试。

(四)港城关系的发展趋势

1. 港城关系内涵更丰富,港城互动范围更大、形式与途径更多样

一般情况下,港口都是与江、河、海联系在一起的,主要划分为河岸港、河口港、海港。但是,随着社会分工的细致化,科技进步的超前化,竞争加剧的严重化,时代发展的跳跃化,港口的范围变得更广了,港城关系的内涵变得更丰富了。"无水港""物流港""生态港""空港""信息港"等概念不断涌现且快速发展。这些概念无疑与传统的港口概念有较大的差别,但是无论从它们的自然形态去看,还是就它们的功能进行剖析,或者从它们的发展形式去比较,都会发现这些概念与传统的港口还是一脉相承的。如"无水港"的兴起就是为了更有效地拓展港口的经济腹地,降低货物运输的港口费用;"物流港"与"生态港"则是为了拓展港口功能、加大港口综合开发利用、实现港口资源循环综合利用、适应低碳时代需要、实现港口的可持续发展,是港口发展的趋势;"空港"可以更系统、更全面、更有效地服务于港口发展,实现港口功能的有效利用和补充;"信息港"的建立与推广,突破了时间、空间的局限,大大完善和提高了港口

和城市的全方位服务能力和水平,同时也成为港口城市新的增长点。由此可见,港口概念的进一步拓宽,将改变人们的生产与生活,拓宽人们的思路与认识,对当前及今后的港城关系产生重要而深远的影响。

在以往阶段,港城互动主要局限于一城一港之间,空间范围比较有限;港口与城市互动形式主要局限于港口与产业、港口与城市等方面,互动的途径也相对较少。随着"无水港""物流港""生态港""空港""信息港"的出现和发展,港城互动的范围不断扩大,形式和途径也变得更丰富。港城互动的范围从过去单纯的港口与港口城市的互动,拓展到范围更大的港口与周边城市的互动、港口与内陆其他城市的互动。同时港城互动的形式和途径也变得更丰富多样,各种层次港口联盟的建立加强了港口与港口之间的互动,对进一步整合港口资源,提升港口竞争力具有重要的意义;港口与城市产业互动的链条得到充实与延伸,向高端化、高效化、环保化发展;港口与城市空间一体、功能分开,城市框架进一步拉大,港口与城市互动的空间链得到充实与拓展,城市向多中心化发展,港口和城市功能得到提升。

2. 海、港、城联系更密切

随着高新技术产业化和经济全球化的进展,各沿海国家将加大大规模开发和利用海洋资源的步伐,使海洋经济成为各国经济新的增长点。由于海洋产业与陆域产业之间有着较强的相互依存性,随着海洋开发的全方位深入,海陆关系将越来越密切,海陆资源的互补性、产业的互动性、经济的关联性将进一步增强,港口经济将朝更深层次、全方位发展,由过去的城—港、港—城两点一线更多地向海—港—城三点一线发展。由此,各海港城市将进一步加大各项投入,加强港口基础设施和综合服务能力的建设,提高港口作业、集疏运速度及水平,提升港口管理、港口经营能力,增强临港和海上物流企业竞争力,加快新兴海洋产业的培育、结构优化和合理布局,拓展城市新空间,打造城市衔接海洋经济的各项核心功能。以海港为核心基地,以海洋开发为目的,更深层次地开发、利用港口资源,发展港口经济,进一步推进海港和海港城市的工业化进程,进一步拓展、加强、完善港口和港口城市的产业结构、空间布局,进一步促进港口、港口城市、区域乃至整个国家经济的持续、稳定、高效发展。港城关系也将向以海港城市为重点,以海、港、城一体化为目的,以海洋高新技术开发为支撑的一体化方向发展。

3. 港城发展更适度、更高效、更生态

自2008年下半年开始的国际金融危机已逐渐硝烟散去,但是,由于经济危机的根源并没有消除,也不可能消除,因此世界经济等方面仍存在很多的不确定性和不稳定性,全球进入后危机时代。当前,国际金融区域出现结构性调整,全球经济格局发生变化。经济重心、金融中心东移,不断向东京、香港、上海等亚洲区域拓展,全球供应链从出口导向转向内需导向,各国外贸进出口锐减,经济发展将更多依赖本国消费。同时,由于全球气候变暖导致工业生产和消费模式将会有一个结构性的变化,会出现大量投资能源、水和其他资源的新举措,能源消耗型生产方式将会被绿色科技生产方式所取代。

在这种背景下,国际航运市场曾一度低迷,港口货物吞吐量直线下降,世界各大港口遭遇严重威胁,不得不做出各种调整动作,港口城市深入思考应对危机和发展的两个重大问题。随着港口城市自身发展的不断完善,自增长能力的不断提高,港口对城市的贡献呈下降趋势,港口规模扩张往往会给城市发展带来负面效应。因此,港口建设应朝适应性、合理性转变,港口发展将更适应区域发展的方向与速度,向自动化、专业化、大型化、高效化、环保化运营和发展。另外,随着印度、俄罗斯等新兴经济体的崛起,亚太地区各港口和港口城市的竞争将会更激烈、更肉搏化,港口综合性、服务性,有优势、有特色的要求将更高。同时,由于内贸发展的需要,港口城市将更进一步利用和挖掘港城内部资源与优势,加速城市自增长步伐,提高城市综合实力,把握港口和城市发展的方向、规模和速度,以国内、国际两个背景为参照,以区域为核心,以经济发展、社会进步、生态环境不断改善为基本内容,适度和高效结合,进一步整合港口和城市的空间、功能、产业等要素的布局和发展,港城关系将进一步朝更密切、更联动、更科学、更适度、更有效的方向发展。

在能源危机、环保危机、经济危机可能再次爆发或激化的后危机时代,转变生产方式、生活方式、思维方式、发展方式,推进科技进步,调整管理结构、能源结构、工艺水平,提高能源利用效率,加快创新步伐,发展低碳经济,加快产业升级和优化,打造资源节约型、环境友好型绿色港口和城市迫在眉睫。港口在重视自身可持续发展、科学发展的同时,会更加认清并重视其作为城市组成部分的角色,为城市绿色、低碳发展服务。港城关系发展也必将以港口和城市共同可持续发展为重点,向具体化、细节化、生态化发展。

二、系统动力学理论

系统动力学理论为本书研究提供理论基础和方法论工具。

(一)系统动力学概述

系统动力学(System Dynamics,SD)出现于 1956 年,创始人为美国麻省理工学院(MIT)的 Forrester 教授,起源于其名著《工业动力学》。系统动力学是 Forrester 教授于 1958 年为分析生产管理及库存管理等企业问题而提出的系统仿真方法,以系统思考为理论基础,但更进一步,融进了计算机仿真模型。由于初期它主要应用于工业企业管理,故称为"工业动力学";后来,随着该学科的发展,其应用范围日益扩大,遍及经济社会等各类系统,故改称为系统动力学。

系统动力学是一种研究信息反馈系统动态行为的仿真方法,是认识和处理高阶次、非线性、多重反馈的复杂时变系统极为有效的认识工具和模型方法,有效地把信息反馈的控制原理与因果关系的逻辑分析结合起来,从研究系统内部结构入手,建立系统的仿真模型,并对模型实施各种不同的政策方案,通过计算机仿真展示系统的宏观行为,寻求解决问题的正确途径。从系统方法论来说,系统动力学是结构的方法、功能的方法和历史的方法的统一。它基于系统论,吸收了控制论、信息论的精髓,是一门综合自然科学和社会科学的横向学科。它在企业经营管理方面的应用,自 20 世纪 50 年代开始经久不衰,还以 60 年代城市动力学、70 年代世界动力学和始于 70 年代初而硕果结于 80 年代的美国国家 SD 模型与经济长波理论研究驰名于世。

系统动力学的研究点是那些源自反馈机制的动力学问题,强调系统的行为模式主要根植于系统内的信息反馈机制。运用系统动力学提出并解决的问题有两个共同特点。第一,系统动力学问题是动态的问题,这些问题通常用随时间连续变化的量来表示,可用变量随时间变化的图形曲线来定义。第二,系统动力学问题使用反馈来揭示原因和寻找解决问题的办法。复杂系统中的反馈回路(feedback loop)形成相互联系、相互制约的结构。就社会经济系统而言,反馈回路联结了关键变量(决策的杠杆作点)与其周围其他变量的关系。决策导致行动,行动改变系统周围的状态,并产生新的信息——未来新决策的依据,如此循环作用形成反馈回路。

系统动力学法的步骤 :(1)找出问题;(2)对问题产生的原因形成动态假设;(3)从问题根源出发,建立计算机仿真模型系统;(4)对模型进行测试,确保现实中的行为能够再现于计算机模型系统;(5)设计、测试各选择性方案,减少问题;(6)实施方案。

(二)系统动力学特点

系统动力学具有以下特点:适用于处理长期性和周期性的问题;适用于对数据不足的问题进行研究;适用于处理精度要求不高的复杂的社会经济问题;强调有条件的规范的预测。

因此,系统动力学原理应用于港口与城市产业的研究中是十分契合系统分析要求,满足系统思考观点的。

(1)契合性。系统动力学本身就是研究社会以及经济活动系统方面问题的科学。其研究领域包括资源系统、能源系统、经济管理系统等,港口与产业系统属于经济管理系统中的一个方面,因此从契合性上来说完全可以利用系统动力学原理来尝试解决分析港口与产业问题。

(2)简便性。系统动力学是一种计算机仿真实验,其充分利用计算机技术,从最初的专用软件 Dynamo,经过不断发展到现在的 Vensim PLE 软件,使得系统动力学模型的构思、模拟、分析和优化实现彻底计算机化。Vensim PLE 软件使用起来十分方便,避免了人工计算的烦琐,且拥有十分友好的人机对话界面,大大地提高了系统动力学研究的便捷程度,相应地也提高了系统分析的准确度和政策模拟的实用性。

(3)反馈性。系统动力学的一个重要优点就是强调系统的因果关系和反馈关系,而以往的计量经济模型处理复杂反馈关系的能力较弱。在港口综合竞争力的研究分析中,由于系统范围庞大,影响因素众多,而各个因素之间又存在错综复杂的因果反馈关系。因此,运用系统动力学处理港口与产业问题是适用可行的。

(4)中长期预测。计量经济模型一般主要用于分析短期的经济问题,而系统动力学特别适用于研究中长期的预测,其主要用途在于作政策试验,为决策提供模型模拟检验依据。港口竞争力是一个与时间有着紧密联系的经济动态过程,而且呈一定的趋势或者规律变化。从这点上说,港口竞争力是一种长期性的现象。由于港口竞争力与要素投入有着密切的关系,而要素投入会受到一系列因素的影响,因此,从时间性和系统性两方面来看,可以用系统动力学方法来研究港口与产业间的问题。

(三)系统动力学建模过程

系统动力学的整个建模过程,要采用定性到定量的综合集成的方法。它包括以下几个方面:

(1)确定建模目的。从系统动力学的角度来看,一个模型是为了研究一组具体的问题而设置的,是为了解决问题而建模。确定建模目的,主要是明确解决什么问题。

(2)定性分析与系统边界确定。这里说的系统边界,是指问题研究中的系统变量。其确定原则是:第一,采用系统思考是深度汇淡的方法,根据建模目的,集中系统工程专家,管理专家、经济专家及相关领域专业专家与实际工作者、课题研究者的知识,形成定性分析意见,在此基础上确定边界。第二,尽可能缩小边界的范围,如果没有该变量要素,仍能达到系统研究的目的,那么就不应该把该变量列为边界内。

(3)建立流位流率系。系统动力学模型不同于一般直角坐标系下的模型,不是直接建立直角坐标系下变量曲线方程,而是先建立流位流率系。第一,确定流位变量。流位变量是在系统动力学模型研究中具有积累效应的变量。但必须注意的是,系统动力学中的积累效应与平时社会经济领域中的积累效应的概念是不同的。流位变量的确定主要是根据建模目的。确定为流位变量的变量必须具备一个必要条件:能够获得初始值数据。第二,确定流率变量。当流位变量确定以后,对应的流率变量自然跟随而来。其类型有三种:一是流入率与流出率都不等于零;二是流入率恒等于零或流出率恒等于零;三是流入率与流出率为合成流率。

(4)确定因果关系图、流图或流率基本入树模型。第一,确定辅助变量及必要的其他变量。位于流位变量与流率变量信息通道上的变量统称为辅助变量。在仿真计算时,辅助变量是在流位变量之后,在流率变量计算之前计算。第二,形成整体结构流率基本入树模型或流图模型。上述流位、流率、辅助变量等变量及其相关关系确定了,整个入树模型或流图结构模型就确定了。

(5)进行反馈环分析。进行反馈环分析,就是在已建流图结构模型中,找出所有的或部分重要反馈环,然后找出系统的基模和主要的反馈环,通过系统基模、主导反馈参数调试等方法,对系统模型进行调试、反馈环分析、结果分析、效果检验。

(6)写出全部方程。建立系统动力学模型,写出全部变量方程。这一工作由于出现了可视化的系统动力学建模软件以后,已经变得相当简单了。

(7)通过参数调控,仿真分析得出多个仿真结果方案。

(8)与专家用户多次对话,反复进行计算机调试,实现综合集成。将定量仿真的方案与各种定性分析方案进行比较,进行评价、修改,反复进行计算机仿真调试,揭示系统整体的涌现性,最后形成恰当的决策方案。

第二节　指标体系优化原则

按照不同的统计部门和不同的统计角度,可以得到复杂多样的指标,但是真正对于我们研究问题有意义或者说有作用的可能仅仅只有几个关键性指标。所以在指标搜集的过程中,我们应该结合所要研究的问题和所要研究的角度,甄选出符合自身研究价值的指标体系。指标体系的选择需要科学性的指导,按照研究问题的指引,选择简明的能够反映系统性质的完备指标,这对我们研究问题具有重要的现实意义。

一、科学性

科学性原则主要体现在指标选择的理论和实践相结合,以及所采用的科学方法等方面。在理论上要站得住脚,同时又能反映评价对象的客观实际情况。设计评价的港口和产业指标体系时,首先要有科学的港城关系理论做指导。使指标体系能够在基本概念合理和逻辑结构上严谨，抓住评价对象的实质，并具有针对性。同时，指标体系应该结合港口与产业实际情况，无论采用什么样的定性、定量方法，还是建立什么样的模型，都必须是客观的抽象描述，抓住最重要的、最本质的和最有代表性的东西。对客观实际抽象描述得越清楚、越简练、越符合实际，科学性就越强。这就要求指标体系结构的拟定，指标的取舍，公式的推导等都要有科学的依据。只有坚持科学性的原则，获取的信息才具有可靠性和客观性，评价的结果才具有可信性。

因此，构建港口与产业互动指标体系时应该客观、准确地反映港口产业互动的现状，并能以此揭示二者互动发展的基本规律。港口与产业互动指标体系应当能够准确反映港口与城市产业间内在的、本质的、必然的联系，且各指标间不应存在矛盾。因此，构建港口影响城市发展指标体系必须要有科学的理论依据，与国际惯例接轨，并结合我国港口与产业关系发展的实际情况，来确定指标体系的构造框架和路径。指标要具有独立性、可靠性、代表性和统计性。

二、导向性

构建港口与产业互动指标体系的目的是基于港口和城市产业发展的战略，提出推进港口和产业互动发展的对策。因此，港口指标和产业指标应不仅能够反映港口和产业当前的发展水平，而且能够反映港口和产业互动发展的未来趋势。只有这样，构建的港口与产业互动指标体系才能够引导未来港口与产业的发展。

我国的港城关系发展经历了漫长的历史发展过程。在不同的港城关系时期，港口与产业之间的互动关系也会不同，进而相应的港口与产业互动指标体系也有很大区别。现阶段，我国进入经济转型时期，在产业转型背景下，港口和产业之间的关系必然发生质的飞跃。因此，构建港口与产业互动指标体系，应该立足于经济发展的战略要求，着眼于港口功能的提升和城市产业的转型，提高港口和产业的创新能力，以实现港口与产业互动发展的战略目标。

三、典型性

指标选择的典型性要求所选指标必须反映现实状况，所选指标必须能够代表特征,也有不回避存在问题的指标,更应构建未来和趋势指标,体现短期和长期价值之间的平衡。因此在选择港口与产业发展指标的时候,我们不仅仅挑选了反映较好的指标,同时挑选了反映环境等问题的指标,也选择了促进港口和产业可持续发展的相关指标。

指标在选择的时候尽量做到较为具体、直观并且计算实际数值,可以对指标进行评价,而且可以制定明确的评价标准,通过量化的表述,达到使衡量结果直接、清晰地反映港口和产业之间互动关系。然而,由于指标体系是一个多维的复杂系统,不是所有指标因素都能够量化,需要设计定性指标予以反映,兼顾指标典型选择。这些定性指标所含信息量的宽度和广度要远大于定量指标,使指标衡量结果更具综合性和向导性,更能反映指标体系的典型作用。

四、完备性

由于与港口和产业之间相关指标来源较多,许多指标权重不一,所以指标体系的建立必须保证指标的全面和重要,遵循指标的完备性原则,以使指标体系全面反映各有关要素和各有关环节的关联,能全面评价港口和产业互动的情况。指标体系建立完备性原则还体现在对港口和产业指标来源进行划分与归类的同时,要保证内容的充分性,即不应遗漏重要的指标来源因素。另外,指标的选择在富有代表性时避免了指标之间的重复设置。对指标体系的构建不是罗列一套新的指标结构,而是结合港口和产业互动现状,将指标纳入研究之中。这就要求指标体系自身必须系统、完整,不仅要注意指标体系整体的内在联系,而且要注意整体的功能和目标能全面地反映预测或评价目标。

五、简明性

构建港口和产业互动指标体系的基本目的,就是要把复杂的港口和产业指标体系变为可以度量、计算、比较的数字以及相关数据,以便为港口与产业互动研究提供定量化的依据。在建立指标体系过程中,所选择的指标不可能面面俱到,否则会使指标体系十分繁杂,不便操作,甚至操作失灵。因此,合理、正确地选择有代表性、简明性、独立性、信息量大的指标是构建高效、系统的指标体系的关键。

六、可比性

可比性指的是不同时期以及不同对象间的比较,即纵向比较和横向比较。纵向比较,即同一对象这个时期与另一个时期作比。评价指标体系要有通用可比性,条件是指标体系和各项指标、各种参数的内涵和外延保持稳定,用以计算各指标相对值的各个参照值(标准值)不变。横向比较,即不同对象之间的比较,找出共同点,按共同点设计评价指标体系。对于各种具体情况,采取调整权重的办法,综合评价各对象的状况再加以比较。对于相同性质的部门或个体之间,往往很容易取得可比较的指标。评价指标体系要繁简适中,计算评价方法简便易行,即评价指标体系不可设计得太烦琐,在能基本保证评价结果的客观性、全面性的条件下,指标体系尽可能简化,减少或去掉一些对评价结果影响甚微的指标。

构建港口与产业互动指标体系时,应充分考虑所涉及的影响指标在实践中,不同的港口之间便于获取,统计上易于操作,以保证模型结果的可信。指标不宜过于烦琐,以避免由于个数过多而稀释港口与产业互动的关键指标,从而未能把握港口与产业互动发展的本质,影响指标体系的准确性,不利于研究各港口之间相互比较。

七、实用性

指标的设计要求概念明确、定义清楚,能方便地采集数据与收集情况,要考虑现行科技水平,并且有利于港口和产业现状的改进。而且,指标的内容不应太繁太细,过于庞杂和冗长,否则会给评价工作带来不必要的麻烦。指标要尽量简化,方法要简便。数据要易于获取。评价指标所需的数据易于采集,无论是定性评价指标还是定量评价指标,其信息来源渠道必须可靠,并且容易取得。否则,评价工作难以进行或代价太大。整体操作要规范,各项评价指标及其相应的计算方法,各项数据都要标准化、规范化。要严格控制数据的准确性。能够实行评价过程中的质量控制,即对数据的准确性和可靠性,不同的港口城市的发展历程各不相同,形成了各自的特色。因此,不同城市港口与产业之间的互动关系也不尽相同。在构建港口与产业互动指标体系时,应充分考虑不同港口之间的差别,力求使港口与产业互动指标能够适用于所有的港口城市,具有普遍性。

这样,所构建的港口与产业互动指标体系才具有客观性和科学性。

八、综合性

港口与产业互动指标体系应能从港口规模、港口货物结构、港口基础设施、临港工业、临港服务业、货物进出口等各个方面比较系统地反映我国港口影响产业发展的内在特征。在构建港口与产业互动指标体系时,要从产业组织理论、产业结构理论和产业联系理论出发,兼顾反映港口与产业互动的状况,既要满足港口政策制定的需要,又要满足港口部门行业管理的需要,也要满足港口企业自身经营以及城市产业发展的需要。选用综合性指标不仅能够反映某个局部,更能够全面地反映港口与产业互动发展的总体水平。

第三节　指标体系方法

本节主要介绍指标分析的聚类分析和拟合优度分析方法。按照指标筛选的原则,设计出了城市创新指标体系。在港口方面,主要以港口服务能力为一级指标,以港口管理、经营、处理能力为二级指标;在产业方面,以产业发展为一级指标,派生出传统产业发展和新兴产业发展为两个二级指标;在外部环境方面,以环境资源支撑能力为一级指标,以城市环境发展和港口可持续发展为二级指标。最终在二级指标的基础上逐步得出三级指标,指标体系得以建立。

一、聚类分析

聚类是指按照事物的某些属性,把事物聚集成类,使得类间相似性尽量小,类内相似性尽量大的一个无监督学习过程。聚类分析在经济管理及工程等许多领域有大量的实践背景。在聚类分析中,如果聚类信息(一般指聚类对象特征指标值或相似矩阵以及指标权重)是精确数值的,那么相关的聚类分析方法具有十分丰富的研究成果。但在许多实际问题中,由于被聚类的信息估计不精确或测量的误差以及人为判断等原因,常常以区间数、三角模糊数、语言短语以及不完全信息等这些不确定性信息的形式出现,针对具有不确定性信息的聚类分析问题的研究也有了一些研究成果。但这些研究大多要求聚类信息是同一种形式的信息,而由于聚类问题的复杂性,聚类对象的指标中可能包含有多种形式的信息,针对特征指标值包含确定性信息或多种不确定性信息在内的混合多指标信息聚类分析问题更贴近现实情况,目前,这方面的研究还很少。因此,对此类问题的研究,无论在理论方面,还是在应用方面,都具有重要的意义。

聚类分析的基本思想是,从一批样品中的多个指标变量中,定义能度量样品间或变量间相似程度(或亲疏关系)的统计量,在此基础上求出各样品(或变量)之间的相似程度度量值,按相似程度的大小,把样品(或变量)逐一归类,关系密切的类聚集到一个小的分类单位,关系疏远的聚合到一个大的分类单位,直到所有的样品(或变量)都聚集完毕,把不同的类型一一划分出来,形成一个亲疏关系谱系图,以便更直观地显示分类对象(样品或变量)的差异和联系。

聚类分析的一般方法是,根据已知数据,观察各样品或变量之间亲疏关系的相似程度,依照某种准则,把一些相似程度较大的样品或变量聚合为一类,把另外一些相似程度较大的样品或变量聚合为另外一类,使同一类内差别较小,而类与类之间的差别较大,最终将观察样品或变量分为若干类聚类分析需要处理两个核心问题:用什么统计量来表征样品之间的相似程度;采用何种具体系统聚类方法,或者说采用何种准则确定类与类之间的相似程度。

聚类分析提供了丰富多彩的分类方法,这些方法大致可以归纳为:系统聚类法、模糊聚类法、K—均值法、有序聚类法等。每一类又有若干具体方法。对于聚类分析的第二个问题,即依照何种准则将类与类聚集成一个新类,常用的系统聚类方法有最短距离法、最长距离法、中间距离法、重心法、离差平方和法等。

本书在指标选取过程中,充分地发挥了聚类分析的优势,对能够归类的相关变量采取聚类的方法,例如港口管理能力以及经营能力,都是聚类分析的结果。在聚类分析方法的指引下,我们得出了能够充分反映港口的性能和产业发展能力指标体系,为科研研究提供了科学的理论支撑。

二、拟合优度分析

指标的拟合优度分析是对指标的实际数据与理论数据之间拟合程度的分析,主要通过拟合优度的检验来表明指标模型的实际意义大小。

拟合优度检验是用来检验实际观测数据与依照某种假设或模型计算出来的理论数之间的一致性,以便判断该假设或模型是否与观测数相配合。

该检验包括两种类型:第一种类型是检测观测数据和理论数据之间的一致性;第二种是通过检验观测数据和理论数据之间的一致性来判断事件之间的独立性。这两种类型的问题都使用 χ^2 检验,但这个 χ^2 检验与假设当中的 χ^2 检验是不同的,假设的 χ^2 检验是一个利用正态总体方差差异显著性进行检验的方法。

拟合优度检验的一般方法为:

1. 将观测值分为 k 种不同的类别:如在遗传学中,将两对独立的等位基因自由组合,在 F_2 代可以分为四种类型,即 $k=4$;

2. 共获得 n 个独立的观测值,第 i 类观测值的数目为 O_i,如果共获得 656 个 F_2 代个体,其中双显性性状 F_2 代个体 350 个,即 $O_1=350$;

3. 第 i 类的概率为 p_i,上例中第一类的概率 $p_1=9/16$;

$$\sum_{i=1}^{k} p_i = 1$$

4. 第 i 类的期望数,即理论数为 T_i,$T_i=np_i$;

$$\sum_{i=1}^{k} T_i = n$$

5. O_i 与 T_i 进行比较,判断两者之间的不符合程度是否由于机会或者抽样的随机性造成。

拟合优度检验的一般程序:

1. 对数据按类型进行分组。

2. 根据总体分布类型和样本含量 n 计算理论数 T_i。

3. 有时需用样本数据估计总体参数,记所估计参数的个数为 a。

4. 合并两个尾区的理论数,使每组理论数不小于 5,合并后的组数记为 k。

5. 相应于 2 的自由度为 $k-1$,相应于 3 的自由度为 $k-1-a$。

6. 零假设:因为拟合优度 χ^2 检验不是针对总体参数做的,因而零假设不需提出具体参数值，只需要判断观测数是否符合理论数或者某一理论分布。它的零假设是观测数与理论数相符合。可以记为 $H_0:O-T=0$。

7. 按上述公式计算出 χ^2 值，并与 χ^2 临界值做比较，当 $\chi^2>\chi_a^2$ 时拒绝 H_0；当 $\chi^2<\chi_a^2$ 时接受 H_0。

通过以上对指标的拟合优度分析，我们选取了那些拟合优度较好的指标，摒弃了拟合优度较差的相关指标，使整个指标体系在构建的过程中，既考虑理论意义又考虑实际应用的价值，充分选取了代表港口与产业之间实际互动效果的指标体系。

三、指标筛选

筛选指标时，上述各项原则既要综合考虑，又要区别对待。一方面要综合考虑评价指标的科学性、完备性、主成分性、独立性，不能仅由某一原则决定指标的取舍；另一方面由于各项原则各具特殊性及目前认识上的差距，对各项原则的衡量方法和精度不能强求一致。例如，评价指标的科学性由于受认识水平的限制，目前还难以定量衡量，只能依赖于评价者对可持续发展内涵的理解程度和对评价区域的了解程度；而主成分性和独立性则可采取一定的数学方法定量研究，因而不必要也不可能采用同样的方法和精度。再如，完备性是相对的，它包含了两层含义：一是指所选指标应尽量全面反映区域发展的各项特征；二是指根据评价目的、评价精度决定指标的数目。如果区域范围很大，对评价精度的要求可相应降低，指标数目可相应减少；如果区域范围较小，对评价精度的要求可相应提高，指标数目可相应增多，在指标的完备性方面同样缺乏定量的衡量方法。

在指标体系建立中，关键在于所采用的指标能否反映研究对象的本质，因此必须根据指标权重的大小做出一定的取舍，剔除那些对影响评价结果较小的指标，避免由于指标因素过多而引起专家判断上的失误。具体步骤如下：综合考虑指标体系 $F=\{1,2,\cdots,n\}$ 中每一指标因素的重要性后，采用 AHP 法确定各指标的权重，并建立权重集 $\lambda=\{\lambda_1,\lambda_2,\cdots,\lambda_n\}$。其中 $\lambda_i\in[0,1](i=1,2,\cdots,n)$。再选择取舍权重为 λ_k 对指标进行筛选，通常 $\lambda_k\in[0,0.1]$；当 $\lambda\geqslant\lambda_k$ 时，保留指标 i；当 $\lambda<\lambda_k$ 时，则筛选掉指标 i。需要特别指出的是，取舍权重 $\lambda_k\in[0,0.1]$ 只是一个参考值范围。指标的设计者

应根据研究对象的性质在此范围内确定适当的取舍权重 λ_k。

四、指标体系的确定

通过以上方法,我们初步得到了下面的港口与产业互动的指标体系(见表 2-1)。按照指标体系建立原则和科学的筛选方法,该指标体系能够较好地反映港口能力、产业现状以及外部环境支撑。该指标体系遵循从大到小原则,逐级分析研究,全方位、多层次表述各指标选取意义,全面系统地保证研究的科学性、全面性以及实际应用价值。

在港口方面,从建立港口服务经济发展的初衷出发,选取了港口服务能力作为代表港口具体价值的指标。港口服务能力的实际实现来源于港口自身的管理能力、港口对外的经营能力和港口处理实际业务能力,因此确定管理能力、经营能力和处理能力为二级指标。港口对内管理能力的实现主要依赖于硬件措施即港口的信息化水平,软件即人员素质和创新能力的提升;港口对外的经营能力主要体现在自身业务的经营收入和增值业务的收入方面;港口处理货物的能力主要是货物的吞吐量、集装箱进出口量、码头泊位数和集装箱航线总数。

在产业发展方面,首先对宁波地区产业有一个清晰的认识和高度的概括。按照现行产业划分,产业可以划分为传统产业和新兴产业。传统产业主要指在宁波发展相对比较成熟,相对来说已经发展过一段时间,包括像石化、造纸、汽车和修造船。其中传统产业的转型升级必须要有研发经费的投入,考虑到工业研发经费投入比重相对来说比较大,我们这里选择临港工业研发投入作为代表指标。新兴产业主要是在宁波地区刚刚起步或者规划的产业,它包括新兴的临港工业和新兴的临港服务业。以上产业发展能力的衡量均采用产值来表述,这样能够充分评价产业发展能力。

港口和产业两方面代表了整个港口指标体系主体,它们之间的存在需要一定的载体。为了增加指标的完备性和系统性,我们引入了环境资源支撑能力作为保证港口和产业之间互动的催化剂。支撑性的环境主要来源于现有的城市环境,它包括与港口息息相关的进出口总额,地区发展动力的人才总量,基础设施的城市交通投入,城市货运的铁路货运量。同时支撑性作用的可持续性也是不可忽视的,包括衡量地区发展实力的国内生产总值,环境可持续的单位 GDP 能耗,港口的发展驱动的科技投入,地区发展动力源泉的年度授权专利量和研发经费投入。以上指标充分反映了城市现有基础和未来发展潜力,为港口和产业之间实现良好互动提供了有力的支撑环境。

表 2-1 港口与产业互动指标体系

一级指标	二级指标	三级指标	单位
港口与产业互动指标体系			
港口服务能力	管理能力	信息化水平	—
		创新水平	—
		大专以上人员比例	%
	经营能力	增值业务服务产值	亿元
		港口营业收入	亿元
	处理能力	集装箱航线总数	条
		集装箱进出口量	万标箱
		港口货物吞吐量	万吨
		码头泊位数	个
产业发展能力	传统产业发展	石化产业产值	亿元
		钢铁产业产值	亿元
		造纸产业产值	亿元
		汽车(零部件)产业产值	亿元
		修造船产业产值	亿元
		高新技术企业数量占比	%
		临港工业研发投入占产值百分比	%
	新兴产业发展	新兴临港工业产值	亿元
		新兴临港服务业产值	亿元
环境资源支撑能力	城市环境支撑	进出口总额	亿元
		人才总量	万人
		城市交通投入	亿元
		铁路货运量	万吨
	港口可持续发展	人均 GDP	亿元
		单位 GDP 能耗	吨标准煤/万元
		港口科技投入	亿元
		年度授权专利数量	件
		R&D 投入	亿元

(一)港口管理能力

港口的管理衡量了港口的信息化水平,代表了港口整体人员的文化素养,同时体现了港口整体的创新能力,展现了现代化港口的管理能力。

1. 信息化水平

港口信息化是指信息技术在港口建设、生产、经营、管理和服务中得到普遍应用,信息技术渗透到港口业务的方方面面,实现最大限度的信息共享;形成基于信息技术的新的经营和管理模式,实现管理和经营业务向智能化、网络化和扁平化变革;全面提供基于信息技术支撑的物流服务,最大限度地消除信息不完全和不对称导致的效率损失,优化资源配置和业务流程,增强港口对市场的应变能力,实现港口价值的不断增值。信息化水平是指港口的信息化程度高低。港口信息化水平包括信息技术覆盖率和信息技术应用程度等。港口信息化水平是发展现代物流的前提条件,是衡量港口信息化质量的重要指标。

2. 创新水平

创新水平是指港口运营过程中运用知识和理论,通过科学、艺术、技术和各种实践方式不断提炼出具有经济价值、社会价值、生态价值的新思想、新理论、新方法和新发明的实际价值。创新能力是港口不断进步的力量、港口经济竞争的核心。当今港口的竞争,与其说是人才的竞争,不如说是围绕港口的人的创造力的竞争。港口创新水平集中体现了港口的管理能力和未来可持续发展的潜力。

3. 大专以上人员比例

大专以上人员比例显示了地区人才水平的高低,高素质人才的集聚会增加地区的整体知识水平,知识水平的高低无疑衡量了该地区的管理水平,所以大专以上人员比例高低显示了该地区的管理能力高低。

(二)港口经营能力

港口的经营能力主要体现在港口的主要营收方面以及围绕港口展开的增值业务的产值,集中表现了港口的经营水平。

1. 增值业务服务产值

增值业务服务产值的高低衡量了港口业务创新能力,也反映了港口整体配套措施的完善,港口经营业务的专业化以及经营理念的不断推进,同时也体现了港口在经营方面的层次水平。增值业务服务产值高的港口,说明港口经营模式较先进,港口服务体系较完善,港口业务能满足客户的更高层次需求,对推动港口不断向前发展潜力巨大。

2. 港口营业收入

港口营业收入是指港口从事生产经营等活动所取得的各项收入,包括主营业务收入和其他业务收入。港口的主营业务主要是装卸和仓储业务。港口的营业收入能够反映港口经济规模的发展状况,直观反映了港口的整体经营状况,具有很强的现实意义。

(三)港口处理能力

港口处理能力主要是体现了港口处理来港货物的能力,主要包括体现运输规模的集装箱的航线数,体现港口吞吐能力的集装箱进出口总数和货物的吞吐量,同时也有代表港口硬件水平的码头泊位数。

1. 集装箱航线总数

集装箱航线数反映了港口的集装箱运输规模。现代的物流功能都需要通过集装箱运输来实现,集装箱航线的数量和分布能够体现港口城市国际贸易的地理方向和地区分布。完善的集装箱航线网络有助于城市外向型经济的发展。目前,世界海运集装箱航线主要有:(1)远东—北美航线;(2)北美—欧洲,地中海航线;(3)欧洲,地中海—远东航线;(4)远东—澳大利亚航线;(5)澳,新—北美航线;(6)欧洲,地中海—西非,南非航线。

2. 集装箱进出口量

港口集装箱出口量是指在一定期间经由水运出港区范围并经过港口企业装卸的集装箱数量,以 TEU 为计算单位。集装箱运输是以集装箱作为运输单位进行货物运输的一种最先进的现代化运输方式。它具有"安全、迅速、简便、价廉"的特点,有利于减少运输环节,可以通过综合利用铁路、公路、水路和航空等各种运输方式,进行多式联运,实现"门到门"运输。自从 1801 年集装箱运输诞生于英国,集装箱运输已经经历了 200 多年的发展历史。在过去的 20 多年,世界港口集装箱吞吐量以每年 10% 以上的速度增长,远远超过了散货和液体货物的增长速度。件杂货物集装箱化已经成为港口发展的重要趋势,港口的集装箱吞吐量也成为衡量现代港口竞争力的重要依据。

3. 港口货物吞吐量

港口货物进口量是指在一定时间内经由水运进港区范围并经过港

口企业装卸的货物数量,以吨为计算单位。港口货物吞吐量是衡量港口贡献的重要指标。港口最基本的功能是装卸和仓储,港口货物吞吐量能够体现出港口这一功能的利用水平,同时,也能够体现港口对城市经济发展的货量支持。

4. 码头泊位数

码头泊位数是指港口拥有的适合船舶停靠的泊位数量。泊位的数量与大小是衡量一个港口或码头规模的重要标志。泊位长度一般包括船舶的长度和船与船之间的必要安全间隔。码头泊位数体现了一个港口靠泊船舶的能力,也反映了其对城市货物运输的接卸能力。

(四)传统产业发展

传统产业发展主要体现在以下三个方面:临港传统工业产值,临港传统工业中高新技术企业数量占比,临港工业研发投入占产值百分比。

1. 临港传统工业产值

临港工业总产值是以货币表现的临港工业企业在报告期内生产的工业产品总量。根据计算工业总产值的价格不同,工业总产值又分为现价工业总产值和不变价工业总产值。本书的临港工业产值是指现价临港工业总产值。

本书结合宁波、上海、青岛等港口城市临港工业的特点,选择了石化产业、钢铁产业、造纸产业、汽车(零部件)产业和修造船产业等五种产业作为临港工业的代表性产业。

2. 高新技术企业数量占比

高新技术企业具有自身可持续发展的能力,在技术方面具有很大的优势,能提升产业结构水平。临港传统工业中高新技术企业数量的占比反映了该工业产业的创新发展水平和发展层次水平,可体现对外贸易的竞争力和港口业务发展的带动能力。

3. 临港工业研发投入占产值百分比

研发投入占总产值百分比是运用投入产出分析法对研发活动进行的数据化效益分析方法。从短期来看,研发投入比可以视为研发投入成本占当期产出的比例,用以衡量研发成本在当期对经营成本比重的影响;从长期来看,研发投入比可以视为该项新产品研发过程中所产生的成本额占该产品在生命周期内所有的销售收入的比例,用以衡量产品的运作业绩。临港工业研发投入占产值百分比＝临港工业企业当期研发总成本/当期临港工业企业总产值×100%。

(五)新兴产业发展

新兴临港产业代表了港口未来产业的发展方向,新兴临港产业产值则集中体现了港口产业升级的现状和对相关产业的辐射带动作用。

新兴临港产业包括新兴临港工业产值和新兴临港服务业产值。新兴临港工业和服务业产值是以货币表现的新兴临港工业和服务业企业在报告期内生产的相关产品总量。根据计算工业和服务业总产值的价格不同,总产值又分为现价工业和服务业总产值与不变价工业和服务业总产值。本书的新兴临港产业产值是指现价新兴临港工业和服务业总产值。

(六)城市环境资源支撑

1. 进出口总额

进出口总额代表了城市进口商品总价值和出口商品的总价值,体现了城市的外向型水平。进出口总额越大,说明地区经济对港口的依赖越大,反过来港口才能够更好地发挥自身特点,增加对港口的利用效率,增加地区产业对港口的支撑能力,保证港口利用最大化。

2. 人才总量

城市中具有中专以上的学历人才和初级职称以上的专业技术人才的数量的总和。人才总量不仅仅对城市的产业发展有很大的促进作用,同时对港口的发展提供智慧支撑。

3. 城市交通投入和铁路货运量

城市交通对链接港口与产业发挥着重要的纽带作用,一般来说,交通投入越大,对港口的贡献就越大,同时在空间和时间上缩短了港口对相关产业货物的处理能力和反应时间,并提高了效率。同样,铁路货运量也说明了铁路对港口发展的支撑。

(七)港口可持续发展

1. 人均 GDP

港口所在城市核算期内(通常是一年)实现的生产总值与城市常住

人口相比即得到人均国内生产总值。人均 GDP 是衡量可持续发展水平的基础。

2. 单位 GDP 能耗

单位人均 GDP 能耗,在一定的程度上反映了城市产业发展的环境友好度,间接地反映了产业发展的技术实力,从而不仅仅有利于产业的可持续发展,同时也有利于增强自身的竞争力,从而对港口可持续发展提供强有力的保障。

3. 港口科技投入

港口科技经费的投入,直接体现了对港口研发的投入,包括港口科技人才的培养、港口基础设施的升级、港口业务能力的研发等等,对于港口的可持续发展具有重大的现实意义。

4. 年度专利授权量和 R&D 投入

年度专利授权量和 R&D 的投入,反映了港口城市的科技水平和科技投入。城市科技水平的提高会辐射带动产业升级,增强城市企业的核心竞争力,提高地区人才的科技水平,对港口可持续发展具有间接的推动作用。

第三章　港口与产业互动评估模型研究

　　临港产业的发展是港口发展的重要支撑,而港口对资金、人才、信息的集聚能力将促进临港产业的发展。二者相互依赖,相辅相成。本章将给予系统动力学的相关理论,讨论港口系统、产业系统和外部环境系统的构成及其内部要素的相关关系。在此基础上,建立了港口与产业互动指标体系,并基于系统动力学的相关理论构建港口与产业的系统动力学模型。

第一节　模型改进的基本原则和措施

　　针对原有的港口与产业互动模型,本研究进行了改进。主要目的是简化港口与产业的评价指标。产业划分为传统工业和新兴产业。突出新兴临港工业、新兴临港服务业。港口则强调科技投入和人才建设,并突出集装箱进出口量。改进的目的是体现产业转型背景下港口与产业的互动关系。

一、模型改进的基本原则

(一)系统的完备性与客观性

港口系统、城市产业系统和外部环境系统是构成港口与产业互动的三大系统。在选择指标和构建模型时,应保证所选指标能够反映出三大系统的基本架构,使所建立的模型具有较为完备的系统架构。尤其是体现三者互动的指标,应该重点关注。另外三大系统各个指标之间的关系,应该在模型中加以充分体现。

客观性是指在构建模型的过程中,应该分析各个指标之间的相互关系,确保只有直接相关的指标之间才会建立直接联系,间接相关的指标则通过因果环来表达。指标的数据也要保证客观,各个城市同一指标的统计口径必须统一。只有这样,才能保证模型的评价结果和排序具有客观性。

(二)强调产业转型

产业的转型升级是产业发展的趋势。在本模型的构建中,应重点关注研发的投入,以及高新技术企业和新兴产业,港口增值服务等能体现产业转型的指标。这有利于构建港口与产业之间新型的互动关系,并推动产业和港口的研发投入。

(三)突出重点指标

在强调指标的客观性和完备性的同时,根据本书的研究内容,需要突出重点指标,包括反映创新、科技投入和新兴产业的指标。这样,对港口与产业互动的分析才能够重点突出。而对于具体产业,如具体的新兴临港工业、新兴临港服务业、港口增值业务等,并不需要细化。

(四)便于互动评价与比较

在构建系统动力学模型的基础上,建立港口与产业互动的评价模型,包含港口对城市的影响评价、城市对港口的影响评价以及综合评价。对系统动力学模型进行数据挖掘,从而得到各个城市的评价结果以及排序。

二、模型改进和优化的措施

(一)指标的改进与优化

1. 指标的简化

对新兴临港工业和新兴临港服务业不做细分,一方面可以从宏观上分析港口与产业的互动关系,另一方面可以增强模型的适用性。

2. 增加关键指标

增加了创新性的指标,如"创新水平""高新技术企业占比"等。增加了集装箱指标,如"集装箱航线总数""集装箱进出口量"等。这些调整与经济和产业的转型密切相关。

(二)系统的改进与优化

总体上,仍然采用港口系统、产业系统和环境系统这三大系统来构建港口与产业的互动系统。对于每一个子系统,均通过调整指标的方式进行了优化。同时,对于三大系统之间的关系,也通过投入指标、人均GDP、进出口总额、创新水平和港口货物吞吐量等指标之间的关系进行描述。

(三)计算方法的改进与优化

计算方面,在原有分析的基础上,构建了港口与产业互动效率评价模型,分别建立了港口对产业的推动效率、产业对港口的推动效率和港口与产业互动的效率评价模型,依据港口与产业的系统动力学模型计算获得,具有很强的可操作性。能够对不同城市的港口与产业互动效率进行分析、对比和排序,是该模型的又一重要创新点。

第二节　系统动力学模型

港口与产业相辅相成、相互促进。一方面,港口的发展带动了产业,尤其是临港产业的快速发展;另一方面,城市产业的发展为港口带来了货源和投资,是港口发展的基础。

同时,港口与产业的发展离不开宏观环境,尤其是城市经济环境、基础设施等外部环境的影响。

一、港口系统

港口的基本功能是货物运输,主要是货物的进口、出口及中转。因此,港口系统以运输系统为核心。随着世界经济的全球一体化,国际分工经历了从部门间分工到产业间分工、再到产品间分工的不断深化的过程。当代国际分工实际上已发展成为一个多层次的国际分工体系。多层次的国际分工,使得国际运输业快速发展,港口在经济发展中处于越来越重要的地位,已经形成了完善的相关服务业。而港口的资源集聚能力,也推动港口工业的繁荣。港口系统的基本结构如图 3-1 所示。

（一）港口系统的构成

港口系统可以分为港口运输系统和港口资源与投入系统。港口资源与投入是港口赖以生存和发展的基础。港口资源包括岸线资源、人力资源、资金、临港产业等内容。港口的岸线资源属于自然资源,是港口形成和发展的自然条件,也是港口的根本优势所在。但港口的自然条件在相当长的时期内不会有明显的变化,因此在港口互动系统中可以作为较为稳定的条件,而不作为动态变化的要素。港口基础设施也属于港口资源,且属于港口发展的基础资源,包括码头泊位、集装箱航线等。随着经济发展模式的变化和产业的转型,港口的创新能力成为影响港口发展潜力和未来竞争力的重要因素,而创新能力是依靠人才和科技投入支撑的（见图 3-1）。

信息化水平和创新能力的提升能够增进港口增值服务水平,进而提升港口的盈利水平。

（二）港口系统动力学结构图

根据对港口系统的分析,结合系统动力学的相关理论,可以得到基于系统动力学的港口系统图（见图 3-2）。

（三）港口系统各要素之间的关系

由图 3-2 可以看出,整个系统起始于投入,并以产出为终点。系统中投入的增加将带来产出的增加,符合经济学中的基本规律。

港口的资源投入是港口系统的一个起点。显然,港口的发展是以港口的资源为基础的。因此,模型中设定了人才和科技投入,并保持一定的增长率。这两项指标都重点体现了港口创新能力和核心竞争力。

港口资源还包含码头泊位数、集装箱航线、信息化水平等。这些基

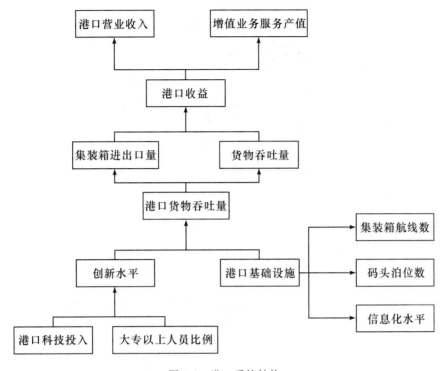

图 3-1　港口系统结构

础设施直接影响港口的货运量。随着经济的转型,对港口增值服务的要求也越来越多。人才、科技水平和创新能力是支撑增值服务的关键因素。同时,随着港口规模的扩大,港口的集装箱航线也会相应增加。

集装箱运输具有较高的经济效益,能够降低包装成本减少货损货差,提高货运质量。装卸效率高。由于集装箱装卸效率很高,受气候影响小,船舶在港停留时间大大缩短,因而船舶航次时间缩短,船舶周转加快,航行率大大提高,船舶生产效率随之提高,从而提高了船舶运输能力。同时,由于集装箱运输在不同运输方式之间换装时,无须搬运箱内货物而只需换装集装箱,这就提高了换装作业效率,适用于不同运输方式之间的联合运输。在换装转运时,海关及有关监管单位只需加封或验封转关放行,从而提高了运输效率。因此,集装箱运输的快速增长是港口物流发展的必然趋势。

二、产业系统

临港产业是依托港口资源或港口相关优势而发展起来的产业。临

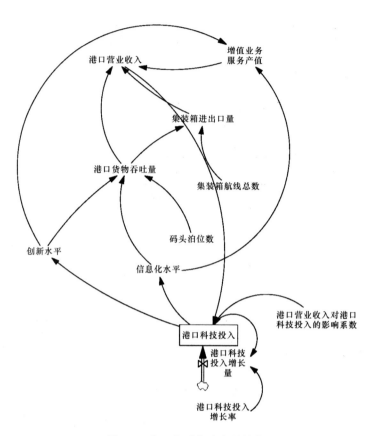

图 3-2　港口的系统动力学结构

港产业的主要优势在于可以减少原材料和产品运输的成本。因此,临港产业的发展与港口的发展息息相关。依托港口发展临港产业是港口城市发展振兴的关键举措,临港产业是港口经济发展的切入点和动力,是现代港口城市经济的重要组成部分。本书所分析的产业系统主要集中于临港产业。结合经济转型的背景,将临港产业划分为临港传统工业、新兴临港工业和新兴临港服务业。为了从宏观角度对港口和产业之间的关系进行分析,本书没有对新兴临港工业和新兴临港服务业进行细分(见图 3-3)。

　　新兴临港工业和新兴临港服务业是未来临港产业新的增长点。而传统临港工业依然是临港工业的基础。只是国际化竞争日趋激烈,传统临港工业需要转型。

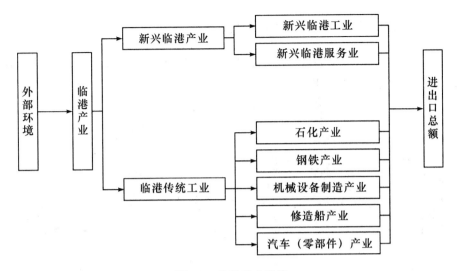

图 3-3　临港产业系统

（一）临港产业系统

临港产业可以分为临港传统工业、新兴临港工业和新兴临港服务业。临港传统工业的构成，国内各个港口城市之间存在差异。不少港口城市专门开辟了临港工业园区，并提供一定的优惠政策。临港工业园区内的产业覆盖非常广泛。本书对临港工业的选择，一方面基于上海、宁波、青岛、天津、广州、深圳、大连等七个城市临港产业的发展现状；另一方面基于临港产业的特点，即集中于重工业。基于此，本书重点选择了石化、钢铁、造纸、修造船和汽车（零部件）等五种产业。

新兴临港工业的含义非常宽泛，主要是指随着科技的发展逐步发展起来的工业，如信息产业、海洋产业等技术含量比较高的产业。

临港服务业在临港产业中的地位日益提升。临港服务业投资的增加将促进港口物流业、港口金融业、港口旅游业和临港服务业的发展，进而提高港口的营业收入。

新兴临港服务业是依托临港产业的发展而发展起来的。新兴临港服务业主要包括港口物流、港口金融、港口旅游和港口服务等。

临港工业和临港服务业的发展相辅相成，相互促进，共同构成了临港产业。临港产业的发展受到外部环境的影响，包括港口、城市经济、社会发展情况等。

(二)临港产业系统动力学结构图

根据对临港产业系统的分析,结合系统动力学的相关理论,可以得到临港产业系统图(见图 3-4)。

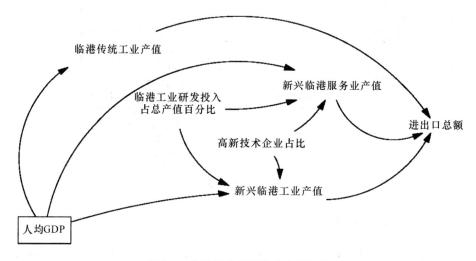

图 3-4　临港产业的系统动力学结构

(三)临港产业系统各要素之间的关系

临港产业的发展受到外部环境的影响。外部环境不仅包括城市的各种资源,还包括港口的资源投入。外部环境对临港产业的影响综合体现于城市经济水平。城市经济水平用人均 GDP 来代表,人均 GDP 将影响临港产业的投入,包括临港服务业投资和临港工业投资。

临港产业的投入将决定临港产业的产出。随着全球化竞争的日趋激烈,我国以依靠成本优势应对国际竞争的经济发展模式已经举步维艰,设施经济转型是我国未来经济发展的重要举措。市场对企业创新能力的要求也越来越高,而创新能力不足一直是我国产业发展的瓶颈。因此,增加临港工业的研发投入,将提高临港工业的创新水平,进而提高临港工业的核心竞争能力,提升临港工业的产值,并提升临港工业产值占城市工业总产值的比例。临港工业的发展和临港服务业的投入增加,将促进港口物流业、港口金融业、港口旅游业和临港服务业的快速发展。

临港传统工业、新兴临港工业和新兴临港服务业的快速发展,必将带动进出口总额的提升。

三、外部环境系统

(一)外部环境系统的构成

外部环境主要是指外部的各种投入和资源,包括城市资源和投入以及港口创新水平两个部分。

城市资源选择了与港口和产业发展较为密切的资源,包括流通类资源——铁路货运量;创新类资源——年度授权专利数量,人才总量;环保资源:单位 GDP 能耗;投入水平——城市交通投入。

流通类资源反映了城市物流能力,是城市对港口物流支撑能力的体现;创新类资源则反映了城市创新能力,重点是城市产业发展的创新能力;环保资源从侧面反映了城市环保投入和环保现状,是城市可持续发展的重要保障。而投入水平,则反映了城市和港口资源增长的速度,是城市和港口发展的基础。

(二)外部环境系统图

根据对外部环境的分析,结合系统动力学的相关理论,可以得到外部环境系统的系统动力学结构图(见图 3-5)。

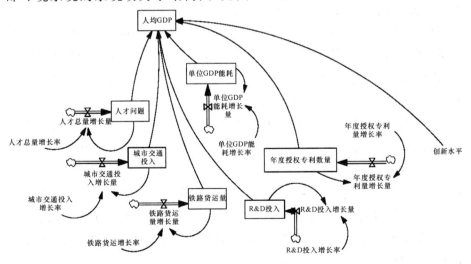

图 3-5　外部环境系统的系统动力学结构

第三节　港口与产业互动的系统动力学模型

本节以系统动力学和区域经济学的相关理论为基础,对港口与产业各要素之间的关系进行因果分析,并构建港口与产业互动的系统动力学模型。

一、因果关系分析

系统动力学的建模过程是:因果关系图→流图→数学建模。如果事件 A(原因)引起事件 B(结果),AB 间便形成因果关系。若 A 增加引起 B 增加,称 AB 构成正因果关系;若 A 增加引起 B 减少,则是负因果关系。两个以上因果关系链首尾相连构成反馈回路,亦分正负反馈回路。因果关系图是反映系统各个要素之间因果反馈关系的框图。本节将运用系统动力学中的因果关系分析,深入探究港口系统与城市系统各要素之间的互动机制。

以上分别对港口、产业系统和环境系统做了分析。然而,港口系统与产业系统之间相辅相成、相互影响,构成了更为复杂的港口与产业互动系统。为了更为深入地分析港口系统与产业系统的相互作用和影响,研究港口与产业互动的基本原理,采用系统动力学中的因果反馈环来分析系统各个组成部分之间的相互关系(见图 3-6)。

港口与产业互动系统的每个子系统都有自己的结构特点和功能,子系统之间彼此相互联系、相互影响。通过反馈环能够清楚表达系统中各个要素之间的定性关系,是系统动力学研究中的关键环节。以下将对主要反馈环进行分析,以探究港口和产业互动系统内部各个因素之间的相互影响。

(1)人均 GDP 与港口营业收入形成正反馈环。人均 GDP 的增加将提高临港传统工业、新兴临港工业和新兴临港服务业的产值。显然,这些临港产业产值的增加将直接带来进出口总额的提升,提高港口货物吞吐量,进而提升临港服务业的产出。临港服务业产值的增加将增加港口的进出口,提高港口的营业收入。人均 GDP 与港口营业收入之间的关系,不仅反映了港口与产业之间的互动关系,而且体现了城市经济环境对临港产业和港口发展的重要影响。

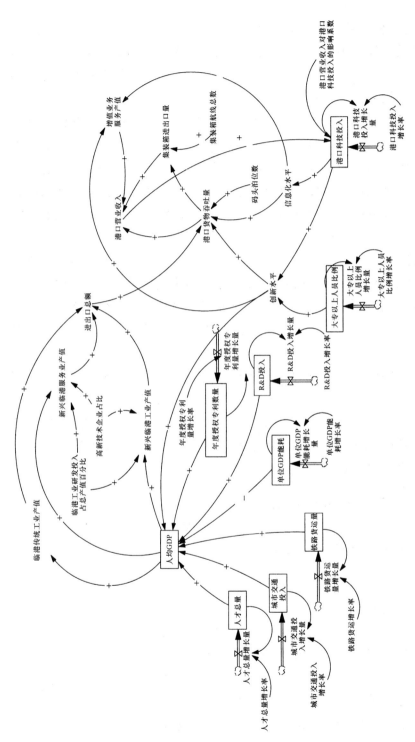

图 3-6 港口与产业因果关系

（2）港口科技投入、大专以上人员比例与人均 GDP 形成正反馈环。港口科技投入和大专以上人员比例的增加，将提升港口的创新能力，进而提高港口的核心竞争力和盈利能力。显然，港口盈利能力的增加必然能够提高人均 GDP 水平。

（3）临港工业研发投入占总产值百分比、高新技术企业占比与新兴临港工业产值和新兴临港服务业产值形成正反馈环。随着创新能力在市场竞争中占据越来越重要的地位，临港工业研发投入的增加，能够提高高新技术企业占比。而高新技术企业比例的增长，则意味着新兴临港工业和新兴临港服务业科技水平的提升，从而提高了新兴临港工业和新兴临港服务业的竞争能力以及产出。

（4）港口基础设施投入与港口营业收入形成正反馈环。港口基础设施是港口增加航线，扩大规模的基础，能够增强港口自身的竞争能力，增加港口的吞吐量，进而增加港口营业收入。当前港口之间竞争日趋激烈，增大投入，扩大规模，提高服务能力，提升服务水平，是众多港口的战略重点。

（5）港口科技投入与增值业务服务产值形成正反馈环。港口科技投入的增加，将促进港口信息化水平和创新水平的提升。一方面，信息化水平的提高，将提升港口的运营效率，拓展增值业务服务范围；另一方面，港口创新水平的提升，将有助于港口开展业务咨询、金融服务等具有较高附加值的增值业务。

二、系统动力学模型的构建

（一）系统动力学建模的步骤

1. 找出问题；
2. 对问题产生的原因形成动态假设；
3. 从问题根源出发，建立计算机仿真模型系统；
4. 对模型进行测试，确保现实中的行为能够再现于计算机模型系统；
5. 运用仿真模型进行预测和分析；
6. 依据分析结果，提出解决问题的方案或对策。

（二）系统动力学模型

本书构建的港口与产业互动模型使用由 Ventana 公司开发的 Vensim 软件。Vensim 是在全球和国内获得最广泛使用的系统动力学建模软件,它具有图形化的建模方法,除具有一般的模型模拟功能外,还具有复合模拟、数组变量、真实性检验、灵敏性测试、模型最优化等强大功能。Vensim 提供对于模型的结构分析和数据集分析。Vensim 有 Vensim PLE,PLE Plus, Professional 和 DSS 版本。本书使用 Vensim PLE。

以上通过相关性分析、因子分析和回归分析确定了港口与产业互动系统中各个要素之间的动态方程。由此可以构建港口与城市的系统动力学模型(见图 3-7)。

第四节　港城互动效率评价模型

考察产业系统和环境系统投入的增加对港口产出的影响,来判断产业对港口的推动效率;同样,我们也可以考察港口投入的增长对产业和环境产出的影响,进而判断港口对产业增长的促进作用。以此建立港口与产业的互动效率评价模型。

一、港城互动效率评价模型的原理

系统动力学是一种研究信息反馈系统动态行为的仿真方法,能够有效地把信息反馈的控制原理与因果关系的逻辑分析结合起来,从研究系统内部结构入手,建立系统的仿真模型,并对模型实施各种不同的政策方案,通过计算机仿真展示系统的宏观行为,寻求解决问题的正确途径。运用系统动力学提出并解决的问题有两个共同特点。第一,系统动力学问题是动态的问题,这些问题通常用随时间连续变化的量来表示,可用变量随时间变化的图形曲线来定义。第二,系统动力学问题使用反馈来揭示原因和寻找解决问题的办法。复杂系统中的反馈回路(feedback loop)形成相互联系、相互制约的结构。就社会经济系统而言,反馈回路联结了关键变量(决策的杠杆作点)与其周围其他变量的关系。决策导致

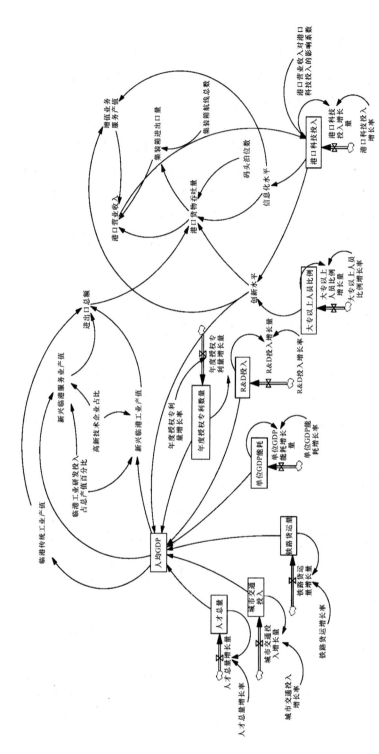

图 3-7　港口与产业系统动力学模型

行动,行动改变系统周围的状态,并产生新的信息——未来新决策的依据,如此循环作用形成反馈回路。

因此,通过建立港口与产业的系统动力学模型,能够刻画港口系统、产业系统和环境系统中各个指标之间的关系,也确立了投入和产出之间的系统联系。如果对系统的投入进行调整,则产出也会相应发生变化,变化的幅度则能够反映系统之间互动的效率。基于此,我们可以考察产业系统和环境系统投入的增加对港口产出的影响,来判断产业对港口的推动效率;同样,我们也可以考察港口投入的增长对产业和环境产出的影响,进而判断港口对产业增长的促进作用。二者的综合,则能够评价港口与产业的互动效率。

二、港口与产业互动效率的评价模型

港口与产业互动效率评价模型包含三个模型:

(1)EPI 表示港口对产业的推动效率。其计算方法为:将港口与产业的系统动力学模型中的"大专以上人员比例"和"港口科技投入"同时增加 1%,"临港传统工业产值""新兴临港工业产值"和"新兴临港服务业产值"五年增长率均值为 EPI_1;将"创新水平"增加 1%,"临港传统工业产值""新兴临港工业产值"和"新兴临港服务业产值"五年增长率均值设为 EPI_2。则 $EPI = 1/2(EPI_1 + EPI_2)$。

(2)EIP 表示产业对港口的推动效率。其计算方法为:将"临港传统工业产值""新兴临港工业产值"和"新兴临港服务业产值"分别增长 1% 以后,"港口营业收入"的五年平均增长率。

(3)CE 表示港口与产业互动的效率

$$CE = 1/2 \times (EPI + EIP)$$

三、港口与产业互动效率评价的步骤

1. 构建每个城市的港口与产业的系统动力学模型;
2. 对五年内港口与产业的发展进行预测;
3. 依据模型计算各个城市的 EPI/EIP/CE 指标;
4. 分别依据 EPI/EIP/CE 指标对港口城市进行排序。

第四章 港口与产业互动运算与评价研究

优化后的港口与产业互动评价指标体系主要从港口服务能力、产业发展能力与环境资源支撑能力三个层面对二者的互动关系进行理论与实证分析,由 7 项二级指标、27 项三级指标构成,这些指标之间的因果关系则由上一章建立的港口与产业间的系统动力学模型进行了理论模拟。本章以宁波、上海、广州、深圳、大连、青岛和天津等七大港口城市为典型,在收集、整理相关数据的基础上,利用 Vensim PLE 软件对港口与产业互动的系统动力学理论模型进行运算,揭示港口与产业之间相互影响的数量关系,评价港口与产业的互动效率。

第一节 系统动力学模型运算

数据整理是港口与产业系统动力学模型运算的重要基础,利用 Vensim 软件将数据代入港口与产业系统动力学模型进行计算。

一、数据整理

根据港口与产业系统动力学模型变量汇总表,收集了上海等七大港口城市的 27 项三级指标数据,时间区间为 2006—2011 年。数据以可获得的权威二手数据为主,主要是国家或市级层面的统计年鉴、行业报告,如中国港口年鉴与物流年鉴等,以及中国口岸协会、统计局、海关、外经贸、经信委、环保局等网上数据库。

收集到大量的数据后,就要进行数据预处理,包括对调查收集数据的审核、历史资料的审核。对于原始数据,主要审核资料的完整性和准确性,确保数据的质量,常用的审核方法有逻辑检查和计算检查等。对于次级数据,除了检查其完整性和准确性外,还要检查其适用性和时效性,即弄清其来源、口径和有关背景,判断是否需要再加工等。在利用历史资料(或其他间接资料)时,应审核资料的可靠程度、指标含义、所属时间与空间范围、计算方法和分组条件与规定的要求是否一致。

由于有些数据无法获取一手资料,如不可能或者没必要进行直接的调查,本研究运用了科学的统计推算如比例推算法、比例插值法、抽样推断法、概率推算法等,对所缺的数据进行了合理的估算来获得所需要的数据。

二、宁波港港城互动分析

利用 Vensim 软件将数据代入港口与产业系统动力学模型进行计算,系统运行的初始数据为七大港口城市 2011 年度的相应数据,预测期为 2013—2017 年。如上一章所述,主要从研发投入、高新技术企业和新兴产业、港口增值服务等能够体现产业转型的指标层面,对港口与产业之间的互动关系进行敏感性分析与数据预测。下面对七大港口城市港口与产业的互动情况逐一进行系统动力学模型的运算与数量分析。

(一)临港产业产值对投入要素的敏感度分析

宁波临港传统工业产值、新兴临港工业产值与新兴临港服务业产值的增长趋势如图 4-1 所示。

由图 4-1 可知,从绝对数量来看,未来五年,宁波临港传统工业产值要大于新兴临港工业产值,而新兴临港服务业在临港产业中所占的比例依然较小。从未来的增长趋势来看,新兴临港服务业的增长速度远超临港传统工业和新兴临港工业的增长速度。因此,未来新兴临港服务业的快速发展,将是临港产业发展的重要支撑。

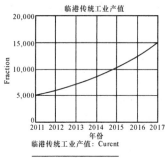
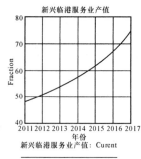
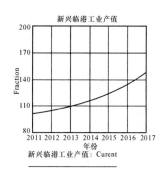

图 4-1   宁波临港产业产值增长趋势预测

表 4-1   临港传统工业产值对投入要素的敏感度分析

年份	投入要素分别增长 1% 后的临港传统工业产值增长比例			
	人才总量 （万人）	R&D 投入 （亿元）	年度授权专利量 （件）	创新水平
2013	7171.72	7172.87	7171.83	7229.32
2014	8511.44	8514.42	8513.55	8566.29
2015	10172.94	10179.22	10179.92	10224.00
2016	12264.10	12275.92	12280.99	12310.04
2017	14932.30	14952.99	14967.62	14971.46
临港传统工业产值 增长比例	0.14%	0.22%	0.25%	0.61%

注:数据来自课题组预测。

表 4-1 展示了临港传统工业对各投入要素的敏感程度。即影响临港传统工业的各个投入要素每增加 1% 时,临港传统工业产值增加的比例。从预测结果来看,在所分析的人才总量、R&D 投入、年度授权专利量、创新水平等四种要素中,对临港传统产值最大的是创新水平。即创新水平提升 1%,带动临港传统工业产值的增长比例达到 0.61%。充分说明创新在产业发展中的重要作用,也体现了宁波港口创新水平对临港产业发展的巨大推动作用。而 R&D 投入、年度授权专利量等两种体现创新能力的要素对临港传统工业的推动也分别达到 0.22% 和 0.25%,人才总量的推动达到 0.14%。可见,创新能力对于临港传统产业的发展具有较大的推动作用,是未来临港传统工业转型的基础。因此,要想推动宁波临

港传统工业的转型升级,就要继续加大研发和科技投入、继续培养和使用高素质人才,从而使临港传统工业和港口发展实现良性互动。

表 4-2 新兴临港工业产值对投入要素的敏感度分析

年份	投入要素分别增长 1%后的新兴临港工业产值					
	临港工业研发投入占产值比重(%)	人才总量(万人)	创新水平	R&D投入(亿元)	年度授权专利量(件)	高新技术企业占比(%)
2013	109.16	109.09	109.38	109.10	109.10	110.66
2014	115.75	115.71	115.98	115.72	115.72	117.26
2015	123.93	123.90	124.16	123.94	123.94	125.43
2016	134.21	134.22	134.45	134.28	134.31	135.72
2017	147.34	147.39	147.58	147.49	147.57	148.85
合计	630.39	630.32	631.55	630.53	630.64	637.92
新兴临港工业产值增长比例	0.07%	0.06%	0.25%	0.09%	0.11%	1.26%

注:数据来自课题组预测。

表 4-3 新兴临港服务业产值对投入要素的敏感度分析

年份	投入要素分别增长 1%后的新兴临港服务业产值					
	临港工业研发投入占产值比重(%)	人才总量(万人)	创新水平	R&D投入(亿元)	年度授权专利量(件)	高新技术企业占比(%)
2013	53.99	53.94	54.08	53.94	53.94	54.73
2014	57.42	57.38	57.52	57.39	57.39	58.16
2015	61.68	61.65	61.78	61.67	61.67	62.42
2016	67.04	67.03	67.15	67.06	67.07	67.78
2017	73.88	73.89	73.99	73.94	73.98	74.62
合计	314.02	313.88	314.52	313.99	314.04	317.71
新兴临港服务业产值增长比例	0.10%	0.06%	0.26%	0.09%	0.11%	1.28%

注:数据来自课题组预测。

相对于临港传统工业,显然,人才总量、R&D 投入、年度授权专利量对宁波新兴临港工业与新兴临港服务业产值增长的影响并不如临港传统工业那样明显。临港工业研发投入占产值比重对宁波新兴临港工业和新兴临港服务业产值的带动比例分别为 0.07% 和 0.10%,说明宁波临港工业研发投入转变为生产能力以及核心竞争力的效率还有待于进一步提高。从侧面反映出宁波新兴临港工业和新兴临港服务业的发展仍依赖大量投资,要想提升新兴临港工业与临港服务业的竞争力,不仅需要加大研发与科技、高素质人才、高新企业、知识产权等高级要素的投入力度,还要提升各要素的使用效率。

值得注意的是,创新能力对宁波新兴临港工业与新兴临港服务业产值增长的影响明显高于其他要素,充分体现出提高港口创新能力的重要性,也说明宁波港口的发展对于临港产业发展的巨大推动力。

高新技术企业占比每增加 1%,对宁波新兴临港工业与新兴临港服务业产值增长的影响高达 1.26% 和 1.28%,远远超过其他要素,这进一步说明了产业转型的必要性。而提升创新能力,提高企业产品的技术水平和竞争能力,培育更多的高新技术企业,是实现产业转型的重要途径。

(二)港口收入对影响因素的敏感度分析

宁波港口营业收入与增值业务服务产值的增长趋势如图 4-2 所示。

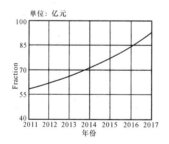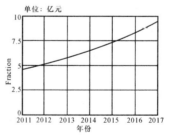

图 4-2   宁波港口营业收入与增值业务服务产值增长趋势预测

未来五年,宁波港口营业收入的年均增长率为 8.85%,增值服务业产值的年均增长率为 13.22%。增值服务业的增长超过了港口营业收入的增长。这一方面说明当前增值业务服务仍处于快速增长期,有较大的发展空间;另一方面也意味着增值业务服务的发展将是未来港口营业收入增长的重要支撑。

表 4-4　港口营业收入对影响因素的敏感度分析

年份	影响因素分别增长 1% 后的港口营业收入			
	增值业务服务产值（亿元）	集装箱进出口量（万标箱）	港口货物吞吐量（万吨）	进出口总额（亿元）
2013	66.23	65.89	66.10	65.98
2014	71.45	72.07	71.29	71.17
2015	77.54	76.61	77.35	77.22
2016	84.66	85.18	84.45	84.31
2017	93.04	92.90	92.79	92.64
合计	392.92	392.65	391.98	391.32
港口营业收入增长比例	0.49%	0.42%	0.25%	0.09%

年份	影响因素分别增长 1% 后的港口营业收入			
	信息化水平	创新水平	大专以上人员比例（%）	港口科技投入（亿元）
2013	66.32	66.95	65.96	65.99
2014	71.53	72.15	71.15	71.21
2015	77.62	78.21	77.21	77.31
2016	84.74	85.30	84.31	84.47
2017	93.11	93.64	92.65	92.88
合计	393.32	396.25	391.29	391.86
港口营业收入增长比例	0.59%	1.34%	0.07%	0.22%

注：数据来自课题组预测。

　　表 4-4 反映了港口营业收入对各项影响因素和投入要素的敏感度。影响最为明显的是创新水平。创新水平增长 1%，将带动港口营业收入增长 1.34%，充分体现出创新对推动港口发展的重要作用，也意味着当前宁波港口创新还有非常大的发展空间。其次是信息化水平。信息化水平增长 1%，将带动港口营业收入增长 0.59%，体现了港口信息化水平提升的迫切需求。显然，创新水平与信息化水平对港口营业收入的影响远远超过其他要素，充分说明当前港口提升创新能力、进行信息化建设的重要性，与当前我国经济转型的发展战略高度一致。

　　另外，港口科技投入对港口营业收入增长的带动为 0.22%，则说明增加科技投入是提升港口创新能力的重要途径。而人才的增长（大专以上人员比例)对港口的影响仅有 0.07%,说明人才的增长并未有效提升港口的科技水平和创新能力,体现出宁波港口人才引进中,存在高科技人才不足、人才利用效率偏低等问题。

增值业务服务产值对港口营业收入的带动达到 0.49%,超过集装箱进出口量,说明增值业务服务对港口发展推动作用大于集装箱进出口量的增长。显然,对于宁波港口发展来说,提升港口服务水平,提高港口创新能力,要比单纯追求集装箱进出口量或者是货物吞吐量更加重要。而集装箱进出口量对港口发展的推动作用(0.42%)大于港口货物吞吐量的推动作用(0.25%),则体现了现代港口的发展趋势。

进出口总额对于宁波港口营业收入的带动作用仅为 0.09%,则说明宁波港并未能够成为宁波进出口的主要渠道,许多新增进出口需求并未通过宁波港,而是通过周边港口,尤其是上海港得到释放。

表 4-5   港口增值业务服务产值对影响因素的敏感度分析

年份	影响因素分别增长 1%后的增值业务服务产值			
	信息化水平	创新水平	大专以上人员比例	港口科技投入(亿元)
2013	5.94	6.04	5.88	5.88
2014	6.69	6.79	6.63	6.64
2015	7.57	7.66	7.50	7.52
2016	8.58	8.67	8.51	8.53
2017	9.75	9.83	9.67	9.71
合计	38.53	38.99	38.19	38.28
增值业务服务产值增长比例	1.01%	2.23%	0.12%	0.38%

注:数据来自课题组预测。

表 4-5 反映了宁波港口增值业务服务产值对各影响要素的敏感度。与港口营业收入相一致,在各影响要素中,创新水平对港口增值业务服务的推动最为突出,高达 2.23%。这意味着宁波港口创新水平每提升 1个百分点,将带动宁波增值服务产值提升 2.23 个百分点,其重要作用不言而喻,也大大超过了创新水平的提高对宁波港口营业收入的带动作用。

信息化水平对于宁波港口增值业务服务的影响也达到 1.01%,体现出港口信息化水平的提升对于港口信息化对于增值服务发展的基础性作用和巨大的推动力。

　　港口科技投入对宁波港口增值业务服务的影响(0.38％)以及大专以上人员比例对宁波港口增值业务服务的影响(0.12％)也都超过了这两项要素对于港口营业收入的影响,一方面说明这两项要素对于增值服务的发展更加重要,另一方面也说明当前的大专以上人员比例和港口科技投入并不能适应宁波港口增值业务服务发展的需要。

　　根据以上分析可知,为了促进宁波港口增值业务服务的发展,当务之急是努力提高港口的创新能力和信息化水平。同时,提高人才引进的质量,尤其是高层次人才的引进。而信息化建设,则是促进港口增值业务服务发展的基础。

(三)临港产业对港口的推动作用分析

　　表 4-6 描述了宁波临港传统工业的发展对港口的影响,包括港口营业收入、港口货物吞吐量和集装箱进出口量。显然,宁波临港传统工业

表 4-6　临港传统工业对港口的影响

	年份	港口营业收入 (亿元)	港口货物吞吐量 (万吨)	集装箱进出口量 (万标箱)
原值	2013	65.93	81044.41	1426.07
	2014	71.11	87983.16	1518.35
	2015	77.16	96288.13	1628.80
	2016	84.24	106322.82	1762.25
	2017	92.56	118565.96	1925.07
	合计	391.00	490204.49	8260.54
临港传统工业 产值增加 1％后的值	2013	65.97	81218.15	1428.38
	2014	71.16	88189.29	1521.09
	2015	77.21	96534.41	1632.07
	2016	84.30	106619.65	1766.20
	2017	92.63	118927.27	1929.88
	合计	391.27	491488.77	8277.62
	增长率	0.07％	0.26％	0.21％

注:数据来自课题组预测。

对港口货物吞吐量的影响最大，其影响系数达到 0.26%，对集装箱进出口量的影响系数也达到了 0.21%。但宁波临港传统工业对港口营业收入的影响系数却只有 0.07%。这说明虽然临港传统工业是宁波港口货源的重要支撑，但对于港口收入的影响要小于业务量的影响，体现出临港传统工业货物量大，但运输利润较低的特点。

表 4-7　新兴临港工业对港口的影响

	年份	港口营业收入（亿元）	港口货物吞吐量（万吨）	集装箱进出口量（万标箱）
原值	2013	65.93	81044.41	1426.07
	2014	71.11	87983.16	1518.35
	2015	77.16	96288.13	1628.80
	2016	84.24	106322.82	1762.25
	2017	92.56	118565.96	1925.07
	合计	391.00	490204.48	8260.54
新兴临港工业产值增加1%后的值	2013	65.94	81072.96	1429.45
	2014	71.62	88013.45	1519.75
	2015	77.17	96720.55	1629.23
	2016	84.24	106357.93	1762.92
	2017	92.56	118604.49	1926.58
	合计	391.53	490769.38	8267.93
	增长率	0.14%	0.12%	0.09%

注：数据来自课题组预测。

表 4-7 是宁波新兴临港工业的发展对港口的影响，包括港口营业收入、港口货物吞吐量和集装箱进出口量。可以看出，宁波新兴临港工业对宁波港口货物吞吐量和集装箱进出口量的带动作用要小于宁波临港传统工业，这显然是由于新兴临港工业与临港传统工业的产品规模和性质差异造成的。但是，宁波新兴临港工业对于宁波港口营业收入的影响达到 0.14%，是宁波临港传统工业的 2 倍，也充分说明，虽然新兴临港工业作为宁波港口货源的规模不及临港传统工业，但货物运输成本高，相应的利润也比较高。这是由新兴临港工业产品较高的技术含量和附加

值决定的,也反映了新兴临港工业和临港传统工业的不同特点。

表 4-8 新兴临港服务业对港口的影响 （单位:亿元）

	年份	港口营业收入	增值业务服务产值
原值	2013	65.93	5.98
	2014	71.11	6.73
	2015	77.16	7.49
	2016	84.24	8.49
	2017	92.56	9.65
	合计	391.00	38.34
新兴临港服务业产值增加1%后的值	2013	66.93	5.98
	2014	71.51	6.73
	2015	77.16	7.59
	2016	83.23	8.49
	2017	92.55	9.65
	合计	391.38	38.44
	增长率	0.10%	0.26%

注:数据来自课题组预测。

表 4-8 反映了宁波新兴临港服务业的发展对港口的影响,包括港口营业收入和增值业务服务产值。宁波新兴临港服务业对宁波港口营业收入的影响系数为 0.1%,小于宁波新兴临港产业对港口收入的影响,但高于临港传统产业对港口收入的影响。从发展速度来看,宁波新兴临港服务业也是最快的。这说明宁波新兴临港服务业还处于成长阶段,未来对于宁波港口发展的影响将不断增大,逐步超过宁波新兴临港产业。

宁波新兴临港服务业对宁波港口增值业务服务产值的影响系数为 0.26%,体现了新兴临港服务业的发展对港口增值业务服务发展的重要推动作用。二者都在各自的体系中处于辅助地位,但在产业转型背景下,随着新兴产业的兴起,宁波新兴临港服务业必将迎来快速发展期。相应地,宁波港口的增值业务也必将得到快速发展。

(四)港口对临港产业的推动作用分析

当体现港口创新水平的两项指标——大专以上人员比重与港口科技投入同时增加 1% 时,临港传统工业产值、新兴临港工业产值与新兴临港服务业产值分别增长 0.04%、0.02% 和 0.02%(参见表 4-9),可知港口人才及研发投入的增加对于产业发展的推动作用并不明显。但港口创新水平的提升对于临港传统产业的推动较为明显,其对临港传统工业、新兴临港工业和新兴临港服务业的影响系数分别达到了 0.60%、0.25% 和 0.26%。这一方面说明港口创新能力对于推动城市产业的发展至关重要;另一方面也说明当前港口人才和研发的投入对于创新能力的提升作用有限,效率不高。如何调整港口人才结构,提高研发投入的效率和产出,进而更为有效地提高港口的创新能力,将是未来港口发展的重要课题。

表 4-9　港口对临港产业的影响　　　　　(单位:亿元)

	年份	临港传统工业产值	新兴临港工业产值	新兴临港服务业产值
原值	2013	7166.99	109.07	53.92
	2014	8503.10	115.66	57.36
	2015	10159.84	123.84	61.62
	2016	12244.83	134.13	66.98
	2017	14905.09	147.26	73.82
	合计	52979.85	629.96	313.70
大专以上人员比重与港口科技投入增加 1% 后的值	2013	7168.57	109.08	53.93
	2014	8505.71	115.68	57.37
	2015	10163.68	123.86	61.63
	2016	12250.13	134.16	66.99
	2017	14912.12	147.29	73.84
	合计	53000.21	630.07	313.76
	增长比例	0.04%	0.02%	0.02%

	年份	临港传统工业产值	新兴临港工业产值	新兴临港服务业产值
创新水平增加1%后的值	2013	7229.32	109.38	54.08
	2014	8566.29	115.98	57.52
	2015	10224.00	124.16	61.78
	2016	12310.04	134.45	67.15
	2017	14971.46	147.58	73.99
	合计	53301.10	631.57	314.52
	增长比例	0.60%	0.25%	0.26%

注:数据来自课题组预测。

第二节 港城互动比较分析

利用构建的系统动力学模型,上一节对宁波港口与产业的互动情况进行了逐一运算与数量分析。本节将把根据系统动力学所计算出的七大港口的相关数据进行比较分析,以期探究七大城市在港口和产业互动发展中各自的特点并预测其未来的发展状况,并对上一章构建的重要反馈环进行验证。

一、临港产业产值对投入要素的敏感度比较

(一)临港传统工业产值对投入要素的敏感度

由表4-10列出了各投入要素增加1%后临港传统工业的增长比例。从纵向来看,在四类投入要素中,影响最大的是年度授权专利量。如青岛,年度授权专利量的影响系数高达0.98%。其他城市的年度授权专利量的影响系数也高于其他投入要素。其次是创新水平和R&D投入要素,影响系数在0.07%~0.38%之间。而人才总量的影响系数普遍较低,分布在0.04%~0.15%之间。这充分说明创新对于临港传统工业的发展至关重要,而年度授权专利是最能体现企业创新能力的指标。

表 4-10　投入要素分别增长 1% 后的临港传统工业产值增长比例　（单位:%）

城市	人才总量	创新水平	R&D 投入	年度授权专利量
宁波	0.14	0.22	0.25	0.61
上海	0.15	0.12	0.38	0.63
广州	0.10	0.11	0.09	0.17
深圳	0.09	0.17	0.14	0.31
大连	0.01	0.24	0.07	0.19
青岛	0.06	0.14	0.13	0.98
天津	0.04	0.22	0.17	0.26

从横向来看,可以对四类投入要素分别进行分析。

（1）人才总量

对于人才总量指标的影响力,上海和宁波该指标的影响系数较高,广州、深圳和青岛处于第二梯队,而天津和大连最低。这反映出上海和宁波人才对于临港传统工业发展的推动力在企业城市中较高,体现了人才利用的实效。

（2）创新水平

大连、宁波和天津创新水平对于临港传统工业的推动作用较强,体现了港口对于产业的重要影响。而上海和广州的影响较低,原因之一可能是上海和广州对于腹地的辐射力较强,而产业对于港口的依赖程度也比较低。

（3）R&D 投入

R&D 投入对临港传统工业影响较大的城市是宁波和上海。其中上海达到了 0.38,体现了研发投入所形成的创新能力对于临港传统工业的巨大推动力。在经济转型的背景下,作为港口发展重要支撑的传统工业,必须提高对研发的投入水平,进而提升产品的科技含量和企业的核心竞争能力,实现传统工业的转型升级。

（4）年度授权专利量

年度授权专利对临港传统工业的影响中,青岛、上海和宁波远高于其他城市,说明这三座城市专利转化效率相对较高,能够利用专利形成新的生产能力,尤其是技术含量较高的产品,进而提升临港传统工业的核心竞争力。

(二)新兴临港工业产值对投入要素的敏感度

表 4-11 列出了各投入要素分别增长 1%后,新兴临港工业产值的增加比例。从各个指标的纵向对比来看,高新技术企业占比、创新水平对于新兴临港工业的发展影响较大。尤其是高新技术企业占比,其对新兴临港工业的影响远远高于其他要素,体现出高新技术企业在新兴临港工业发展中的重要地位。与传统工业相一致,创新水平依然具有较大影响,体现了当前经济发展的新趋势,即由"资本密集"向"知本密集"转变。其次,临港工业研发投入对新兴临港工业的发展也有较大影响,但与高新技术企业占比和创新水平两项指标有较大差距。这说明研发投入的产出效率还有待于进一步提升。

横向来看,高新技术企业指标影响最大的是宁波,其次是大连和青岛。体现出在三个城市中新兴临港工业中高新技术企业较大的盈利能力。而创新水平对于新兴临港工业的影响较为平均,各个城市间的差别不大,说明创新已经成为临港工业发展的必然要求。值得注意的是,临港工业研发投入影响系数最大的是上海(0.31%),远远超过其他城市,体现出上海临港工业研发的独特优势。相比之下,宁波仅有 0.07%,使得提高研发投入水平和提升投入产出效率成为宁波新兴临港工业发展亟待解决的问题。

表 4-11 投入要素分别增长 1%后的新兴临港工业产值增长比例 (单位:%)

城市	临港工业研发投入占产值比重	人才总量	创新水平	R&D 投入	年度授权专利量	高新技术企业占比
宁波	0.07	0.06	0.25	0.09	0.11	1.26
上海	0.31	0.02	0.21	0.14	0.13	0.34
广州	0.14	0.02	0.14	0.02	0.02	0.34
深圳	0.10	0.03	0.20	0.04	0.03	0.47
大连	0.05	0.04	0.33	0.10	0.12	0.91
青岛	0.18	0.02	0.42	0.06	0.06	0.79
天津	0.08	0.04	0.44	0.09	0.09	0.56

（三）新兴临港服务业产值对投入要素的敏感度

表 4-12 描述的是各投入要素分别增长 1％后新兴临港服务业产值的增长比例。纵向来看，与新兴临港工业基本一致，影响较大的要素包括高新技术企业占比，创新水平和临港工业研发投入占产值的比重。其中，高新技术企业占比依然是影响最大的要素，尤其是宁波，其影响系数高达 1.28％，进一步体现出在宁波新兴临港产业发展中，高新技术企业具有举足轻重的核心地位。创新水平位居第二位，说明对于新兴临港服务业，注重提升科技含量，提高企业的创新能力，依然是新兴临港服务业发展的重要途径。

横向来看，高新技术企业占比影响系数较高的是宁波和青岛。这两座港口具有一定的相似性，辐射能力均受制于上海，与上海港存在着紧密的合作竞争关系。创新水平指标各个城市依然非常平均，但都比较高，体现了创新能力对于推动新型临港服务业发展的重要作用。在临港工业研发投入占产值比重指标中，上海一枝独秀，影响系数高达 0.88％，远远超过其他城市，进一步证明上海在临港工业研发投入中的高效。而宁波排名靠后，说明宁波在研发投入的实效上，还有很大的提升空间。

表 4-12　投入要素分别增长 1％后的新兴临港服务业产值增长比例　（单位：％）

城市	临港工业研发投入占产值比重	人才总量	创新水平	R&D 投入	年度授权专利量	高新技术企业占比
宁波	0.10	0.06	0.26	0.09	0.11	1.28
上海	0.88	0.02	0.36	0.08	0.09	0.23
广州	0.50	0.05	0.23	0.06	0.05	0.22
深圳	0.24	0.04	0.32	0.05	0.03	0.35
大连	0.19	0.04	0.29	0.12	0.09	0.18
青岛	0.06	0.02	0.34	0.05	0.05	0.71
天津	0.06	0.07	0.20	0.11	0.10	0.41

二、临港产业对港口的影响分析

根据上述计算得出各临港产业分别增长 1％后的港口营业收入增长比例表格。

由表 4-13 可知,各个城市临港产业对港口营业收入的带动作用相差不大。从横向来看,临港传统工业、新兴临港工业和新兴临港服务业等三个影响要素中,并没有哪个要素占有绝对优势。这说明在不同的港口城市中,各类临港产业所处的地位各不相同。多数城市中,新兴临港产业对港口的影响系数超过临港传统工业,包括宁波、上海、广州、青岛。说明在这些城市中,新兴产业对港口的边际推动力已经超过了临港传统工业。而天津则相反,临港传统工业对港口的影响远高于新兴临港产业,一方面说明天津临港传统工业具有较好的基础,另一方面也说明天津新兴临港工业的发展还有待于进一步加强。深圳和大连传统工业和新兴临港服务业的影响系数远高于新兴临港工业的影响系数,表明深圳新兴临港服务业发展势头迅猛,但新兴临港工业的发展乏力。

表 4-13　各临港产业分别增长 1% 后的港口营业收入增长比例　　（单位:%）

年份	临港传统工业产值	新兴临港工业产值	新兴临港服务业产值
宁波	0.07	0.14	0.10
上海	0.04	0.06	0.07
广州	0.08	0.10	0.15
深圳	0.10	0.05	0.17
大连	0.12	0.03	0.11
青岛	0.05	0.11	0.13
天津	0.13	0.03	0.05

注:数据来自课题组预测。

三、港口对临港产业的影响分析

从上述计算得港口投入增加 1% 后各临港产业的增长比例表格。

由表 4-14 可以看出,港口投入增加后,对于临港产业的影响普遍不高,这是所有港口城市面临的问题。一方面,临港产业对于港口的影响较为直接,因为临港产业的发展必然带来港口运输需求的增加,进而推动港口提高运能,提升服务水平,从而促进了港口的发展。但港口投入的增加,对于临港产业的影响是被动的,而且具有较长的周期。尤其是大专以上人员比例和港口研发投入,这两项指标的提升能够提升港口的服务水平,进而提高港口对于人流、物流、资金流和技术流的集聚能力,从而间接推动临港产业的发展,但需要较长的周期。另一方面,本项目所选取的港口投入比较注重港口的科技和创新能力,对于基础设施考虑较少,这也是影响通过模型得到的港口对临港产业影响系数较低的一个重要原因。

表 4-14　港口投入增加 1% 后各临港产业的增长比例　　　（单位:%）

城市	临港传统工业产值	新兴临港工业产值	新兴临港服务业产值
宁波	0.04	0.02	0.02
上海	0.08	0.03	0.03
广州	0.05	0.03	0.10
深圳	0.01	0.02	0.05
大连	0.02	0.02	0.02
青岛	0.03	0.05	0.07
天津	0.01	0.02	0.04

从结果来看,港口对产业推动力较强的是上海、广州和青岛。其后是宁波。对宁波港来说,作为离上海最近的港口,面临着上海的强有力的竞争,如何通过提升港口的信息化水平和创新能力来促进宁波临港产业的发展,一直是宁波港发展面临的重要课题。

表 4-15 描述的是创新水平增加 1% 以后各临港产业增长的比例。与港口其他要素不同,创新水平对于各个城市的临港产业的影响力非常明显。

表 4-15　创新水平增加 1% 后各临港产业的增长比例　　　（单位:%）

城市	临港传统工业产值	新兴临港工业产值	新兴临港服务业产值
宁波	0.60	0.25	0.26
上海	0.63	0.31	0.26
广州	0.17	0.24	0.23
深圳	0.19	0.31	0.20
大连	0.28	0.19	0.32
青岛	0.97	0.42	0.34
天津	0.37	0.26	0.20

（1）临港传统工业产值

青岛、上海和宁波在七个城市中处于第一梯队。这三个城市的创新水平对于临港传统工业的影响系数都超过了 0.5%。这意味着港口创新水平的提升，对于临港传统工业的发展具有较大的推动作用，也体现了港口与临港传统工业的良性互动。其他四个城市，包括广州、深圳、大连和天津，处于第二梯队。其港口与临港传统工业之间的互动效果有待提高。

（2）新兴临港工业产值

相比临港传统工业，各个城市创新水平对于新兴临港工业的影响更加平均，且都比较高。这也体现了创新水平对于新兴临港工业发展的重要性。只有大连（0.19%）稍低，意味着大连港口与新兴临港工业的互动水平相对较低。

（3）新兴临港服务业产值

与新兴临港工业一致，各城市的创新水平对新兴临港服务业的影响也都比较高，而且较为平均。相对较高的是大连和青岛，均超过 0.3%。

总体上看，创新水平对于临港工业的发展至关重要，是港口所有要素中对临港工业发展影响最大的要素。因此，加快港口的信息化建设，加大港口的科技投入和人才引进力度，进而提高港口的创新水平，是推动港口与城市协同发展，促进临港产业快速发展的重要途径。

第三节　港城互动效率评价

根据上一章构建的港口与产业互动效率评价模型，要想计算港口与产业互动效率 $CE = 1/2 \times (EPI + EIP)$，首先要分别计算港口对产业的推动效率（EPI）和表示产业对港口的推动效率（EIP）。需要整理的数据包括：（1）"大专以上人员比例"和"港口科技投入"增加 1% 后的"临港传统工业产值""新兴临港工业产值"和"新兴临港服务业产值"的五年平均增长率；（2）"创新水平"增加 1% 后的"临港传统工业产值""新兴临港工业产值"和"新兴临港服务业产值"的五年平均增长率；（3）"临港传统工业产值"、"新兴临港工业产值"和"新兴临港服务业产值"分别增长 1% 以后

"港口营业收入"的五年平均增长率。

首先根据构建的七大城市港口与产业互动的系统动力学模型,对五年内计算互动效率所需的港口与产业数据进行预测(该预测可以通过模型直接获取);接着依据模型计算各个城市的 EPI/EIP/CE 指标。计算结果汇总见表 4-16。

表4-16　七大城市港口与产业互动效率汇总　　　　　(单位:%)

城市	EPI	EIP	CE
青岛	0.312	0.095	0.204
宁波	0.198	0.103	0.151
上海	0.222	0.057	0.139
广州	0.136	0.112	0.124
深圳	0.130	0.107	0.118
大连	0.142	0.087	0.114
天津	0.150	0.070	0.110

注:根据系统动力模型预测值计算得出。

一、港口对产业的推动效率(EPI)分析

从上述计算得七大城市港口对产业的影响表格。

表4-17　七大城市港口对产业的影响汇总　　　　　(单位:%)

城市	港口投入综合影响系数	创新能力影响系数	EPI
青岛	0.049	0.575	0.312
上海	0.045	0.400	0.222
宁波	0.024	0.372	0.198
天津	0.023	0.277	0.150
大连	0.020	0.263	0.142
广州	0.057	0.215	0.136
深圳	0.027	0.233	0.130

7 座城市港口对产业的推动效率(EPI)排序结果见表 4-17。就港口对产业的推动效果来讲,排名靠前的是青岛、上海和宁波。青岛依赖港口,电子产业等临港产业的发展非常迅速,其创新能力的影响系数在各城市中排第一位。上海港口在全国独一无二的优势地位,充分发挥了港

口的集聚能力,有力地推动了临港产业的发展。宁波在国内港口中具有一定优势,包括紧邻上海,因此与上海港存在着合作与竞争的关系,为临港产业的发展带来一定的优势。

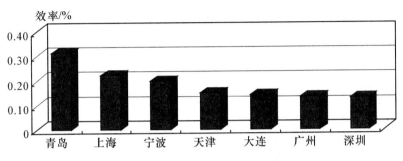

图 4-3　港口对产业的推动效率排序

二、产业对港口的推动效率(EIP)比较

从上述计算得七大城市产业对港口的影响表格。

7 座城市产业对港口的推动效率(EIP)排序结果见表 4-18。就产业对港口的推动效果(EPI)来讲,排名靠前的是广州、深圳和宁波。这 3 座城市都是较早对外开放的城市,对外贸易在城市中占据重要地位。对于广州和深圳来说,其工业在国内也具有相当的影响力,因此广州和深圳临港产业的发展对港口的发展具有较大的推动力。宁波作为以外向型经济为主的城市,临港产业对外贸易的发展,对于宁波港口的发展至关重要。较为意外的是上海排在最后一位。一方面是因为上海港口的辐射能力很强,货源来自全国各地,港口的发展很大程度上并不依赖于本地产业;另一方面是由于统计口径的问题,对于上海来说,许多产业与港口有着千丝万缕的联系,但并不在我们所统计的临港产业范围内。青岛、大连和天津较为接近,都属于区域经济发展中心,港口的辐射能力有限,对外贸易在地方经济发展中所处的地位不如宁波高,临港产业对于港口的支撑能力比较有限。

表 4-18　七大港口城市产业对港口的影响汇总　　　　　（单位：%）

城市	临港传统工业产值增加1%后港口营业收入的增长比例	新兴临港工业产值增加1%后港口营业收入的增长比例	新兴临港服务业产值增加1%后港口营业收入的增长比例	EIP
广州	0.08	0.10	0.15	0.112
深圳	0.10	0.05	0.17	0.107
宁波	0.07	0.14	0.10	0.103
青岛	0.05	0.11	0.13	0.095
大连	0.12	0.03	0.11	0.087
天津	0.13	0.03	0.05	0.070
上海	0.04	0.06	0.07	0.057

注：根据系统动力模型预测值计算得出。

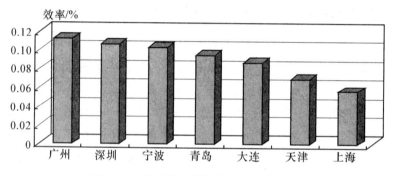

图 4-4　产业对港口的推动效率（EPI）排序

三、港口与产业互动效率（CE）比较

从上述计算得七大城市港城互动综合指数 CE。

港口与产业互动效率排名参见图 4-5。青岛港口与产业互动效率最高，达到 0.204%。这得益于青岛港与产业之间的互动比较平均；第二梯队城市包括宁波、上海和广州，CE 落在 0.12%～0.1% 区间里，互动效率中等，主要原因是港口与产业的互动不平衡，影响了互动效率的提升；第三梯队包括深圳、大连和天津，CE 均在 0.11% 左右，这些城市港口与产业之间的互动效率不高，与城市产业结构关系密切。

值得一提的是，以港口与城市要素之间的边际影响系数来评价各港口城市港城互动的效率，是本书的一个创新。但由于本项目所构建的港

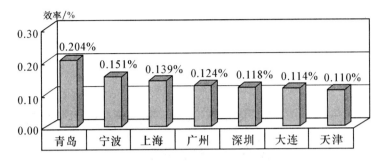

图 4-5　产业对港口的推动效率排序

城互动体系较多地关注了经济转型背景下的产业和港口的发展,尤其是科技投入和创新水平的提高,对于基础设施投入考虑较少,因此得到的评价结果所考虑的要素并不十分全面,城市间的排名也更多地体现了产业转型的效率及其对港口的影响,以及港口的科技投入、信息化水平等创新要素对产业发展的推动作用。综上所述,本书所形成的排名仅仅是为了本书对于经济转型背景下港城互动的比较研究,并非出于对港口城市发展进行排名的目的,特此说明。

第五章　主要沿海城市港口与产业互动现状研究

当前,宁波、上海、广州、深圳、大连、青岛、天津等沿海主要港口城市正处于加速转型发展之中。本章坚持定性分析与定量分析相结合,对上述 7 个港口城市港口与产业互动现状进行全面分析,有助于更深入把握港口城市发展趋势。

第一节　宁波港口与产业互动现状研究

宁波,简称甬,浙江省第二大城市,地处东南沿海,位于中国大陆海岸线中段,长江三角洲南翼,东有舟山群岛为天然屏障,北濒杭州湾,西接绍兴市的嵊州、新昌、上虞,南临三门湾,并与台州的三门、天台相连。

一、宁波港发展现状

宁波港是中国大陆重点开发建设的四大国际深水中转港之一。宁波港目前已建成功能齐全、配套完善的深水泊位群,港口设施先进,装卸高效,集疏运便捷,口岸通畅,服务完善,已成为中国最繁忙的港口之一。

(一)宁波港口发展演进的历史

宁波港起源于古老的河姆渡,有 1200 多年历史。公元 752 年唐天宝年间宁波港正式开埠。新中国成立后,宁波港发展蒸蒸日上。改革开放以来,特别是经过"九五"时期的发展,宁波港进入了历史上发展最快的时期。至 2003 年,全港货物吞吐量 1.85 亿吨,集装箱吞吐量 277.2 万标准箱。是全国大陆港口中发展最快的港口之一。又经过十年的快速发展,到 2013 年宁波港货物吞吐量完成 4.96 亿吨,同比增长 9.5%,位居中国大陆港口第三、世界前四位;集装箱吞吐量完成 1677.4 万标准箱,同比增长 7%,箱量排名大陆港口第三位、世界港口前六强。

(二)宁波港口发展现状

宁波港现有生产性泊位 315 座,其中万吨级以上深水泊位 74 座,5万吨级以上至 30 万吨级的特大型深水泊位就有 33 座,是中国大陆大型和特大型深水泊位最多的港口。宁波港拥有目前国内最大的 30 万吨级原油码头,是全国最大的海上原油中转港之一。

1. 港口基础设施

(1)码头

2005 年宁波港共有经营性泊位 292 个,其中,万吨级以上大型泊位 43 个(内含万吨级至 25 万吨级大型深水泊位 29 个)。经过几年的快速发展,至 2012 年,港口已拥有万吨级以上生产性泊位 92 个,10 万吨级以上大型深水泊位 23 个,泊位最大靠泊能力达 45 万吨级。梅山国际集装箱码头几大泊位项目陆续完工,新增集装箱年通过能力达 180 万标箱。

(2)航线

至 2012 年,宁波港集装箱航线总数达到 235 条,其中远洋干线 120条,近洋支线 63 条,内支线 20 条,内贸线 32 条。内支线箱量首破百万标箱,达 100.6 万标箱,增长 83.9%。宁波港 2013 年增开三条集装箱铁水联运线路,全年铁水联运箱量首次突破 10 万标准箱,同比增长 76.6%。与此同时,宁波港口集装箱作业效率和服务质量进一步提升,马士基"天天班"和 1.8 万 TEU 集装箱船作业效率位居全球第一。

2. 港口规划布局

宁波港口由老港区、北仑港区、镇海港区、大榭港区、穿山北港区等组成,是一个集内河港、河口港和海港于一体,大中小泊位配套的多功能、综合性的现代大港。

各港区的功能定位:宁波老港区位于市老三区甬江沿岸,主要为内河散货和沿海通岛短途客运;北仑港区的深水岸线包括大榭岛、梅山岛和穿山半岛,达 121 公里,是多元化的大型综合性深水港区;镇海港区主要功能为浙江省煤炭、全国液化品、宁波及周边地区散杂货中转基地,近期仍是宁波港的内贸集装箱基地;大榭港区现已建成原油、液化码头,将来将建成为综合性多功能的港区;穿山北港区主要承担远洋和沿海集装箱的运输中转任务。

3. 港口腹地

根据经济地理学的划分方法,宁波港腹地的内层圈为宁波大市。中层圈以宁波港为中心,涵盖宁波、台州和温州三市所辖的经济带及舟山、绍兴、金华、丽水和杭州八个小经济体,囊括了浙江省的绝大部分地区。外层圈包括浙江内陆边远地区、江苏、安徽、江西、福建等省,实际上主要是浙江部分边远地区和安徽、江西两省。

4. 集疏运情况

(1)水路:向外直接面向东亚及整个环太平洋地区。海上至香港、高雄、釜山、大阪、神户均在 1000 海里之内;向内可连接沿海各港口,通过江海联运,货物可直达武汉、重庆,并沟通长江、京杭大运河,直接覆盖整个华东及经济发达的长江流域。

(2)公路:宁波市公路网四通八达,为货物运输提供了便捷的门到门服务。杭州湾环线高速、沈海高速等构成了宁波高速公路网络的主骨架。通过"一环六射"高速公路主骨架的建设,将实现以城区为中心的"213"高速交通圈,上海、杭州等城市将进入 2 小时交通圈,市域内实行 1 小时交通圈、都市区 30 分钟交通圈。

(3)铁路:港区铁路直通码头前沿,接入全国干线网,已被铁道部列入 50 个铁路枢纽城市和 18 个集装箱中心站之一。

(4)航空:栎社国际机场挂牌,使宁波机场成为长三角地区继上海、南京、杭州之后第四个国际机场。

5. 吞吐量

从 2006 年到 2011 年,宁波港货物吞吐量由 3.1 亿吨增加到 4.33 亿吨,集装箱吞吐量由 706 万标准箱增加到 1451 万标准箱。集装箱吞吐量排名跃升至中国大陆港口第三位、世界港口第六位。历年数据见表5-1、

表 5-2。

表 5-1　宁波港货物吞吐量相关指标统计数据　　（单位：万吨）

主要指标	2005 年	2006 年	2007 年	2008 年	2009 年	2010 年	2011 年	2012 年
宁波港吞吐量	26881	30969	34519	36185	38385	41217	43339	49600
外贸吞吐量	12845	14769	15785	16888	18179	23034	23034	27600
内贸吞吐量	14036	16200	18734	19297	20206	18183	20305	22000

资料来源：根据宁波市统计年鉴整理。

表 5-2　宁波港集装箱吞吐量相关指标统计数据　　（单位：万标准箱）

主要指标	2005 年	2006 年	2007 年	2008 年	2009 年	2010 年	2011 年	2012 年
宁波港集装箱吞吐量	520.8	706.8	935.0	1084.6	1042.3	1300.4	1451	1567
集装箱吞吐量增长率（%）	30	35.92	32.29	16	—4	24.76	11.62	8

资料来源：根据宁波市统计年鉴整理。

6. 港口软实力

（1）宁波港口政策环境

在 20 世纪 80 年代初期，宁波就提出了"以港口促工业、促内外贸易，以港口带动全市国民经济"的总体要求。90 年代初实施"以港兴市，以市促港"发展战略，确定了建设现代化国际港口城市的战略目标。"十五"期间，又实施"港桥海联动"战略，构建完善对外通道，扶持港口和临港工业发展。中华纸业、镇海炼化等国内外大型企业先后落户宁波，形成了多种经济成分、多种经营主体、市场开放程度较高的发展格局，被业界称为港口民营化典范。30 多年来，伴随一系列配套发展政策的相继推出，以港口发展优化产业结构，产业发展反哺港口增长，"港城共荣"的局面已经出现。

（2）宁波港口服务水平

2001 年 3 月，宁波市在国内率先提出"大通关"的理念，重点抓好口岸通关环境建设，及时解决影响通关效率的有关问题。2003 年，宁波成立电子口岸，推动了口岸通关的发展，也推动了宁波港口物流电子化进程。2009 年，宁波市政府推动物流供应链的信息服务，建立了第四方物流市场。在几年的不断发展中,第四方物流市场平台已经成为宁波的一张名片。

(3)宁波港信息化水平

1991 年,宁波港二期码头生产作业软件上线应用,是最早进行信息化建设的项目。1995 年,宁波港口 EDI 中心建成。2000 年,宁波港 3 期码头信息化建设项目是宁波港智慧港口建设的里程碑,大幅度地提升了当时的管理水平。2007 年,宁波港集团注资 1000 多万投资研发 CBOS 系统即生产业务协同管理系统投入使用,是宁波港集团迄今为止涉及面最广的信息系统,极大提升了各方的工作效率和集团对客户的服务水平。2008—2013 年是宁波港信息化高速发展阶段。宁波港集团生产管理、经营管理、通信与监控管理、信息服务和综合管理这五大信息系统建成。

2011 年,宁波港成为东北亚物流信息服务网络首批试点港口。2012 年 7 月,宁波港集装箱海铁联运物联网应用示范工程又成为国家物联网重大应用示范工程。目前,宁波港的信息化水平已处于国内沿海港口领先,达到国际港口先进水平。

二、宁波港临港产业发展现状

从行业分布来看,宁波港已初步形成以石化、钢铁、机械设备、造纸、汽配及修造船、能源六大行业为主的临港工业体系,涉及造纸、石油加工及炼焦业等十二大产业门类。产业区对外影响力日趋增强,"临港制造"品牌效应开始显现,呈现出"又好又快"和谐发展的良好态势。

(一)宁波临港产业布局情况

"十二五"期间,宁波市政府推行大港向强港转变战略,确定了宁波"一核十区"临港产业空间功能布局框架。

一核:以宁波—舟山港宁波港区及其依托的海域和城市为核心区,具体包括穿山半岛、梅山保税港区以及中心城区。重点建设"三位一体"的港航物流服务体系。

十区:以培育经济增长点和竞争制高点为目标,重点建设宁波杭州湾产业集聚区、梅山国际物流产业集聚区、余姚滨海产业集聚区、慈东产业集聚区、宁波石化产业集聚区、北仑临港产业集聚区、象山港海洋产业集聚区、大目湾海洋产业集聚区、环石浦港产业集聚区和宁海三门湾产业集聚区。

（二）宁波临港产业发展特点

1. 宁波临港传统产业发展特点

（1）钢铁：拥有最大铁矿石中转港优势，生产能力逐渐扩大

"十一五"期间，宁波充分利用宁波港作为全国最大铁矿石中转港这一独特优势，通过项目合资合作和先进技术的引进与研发，积极推进钢铁产业发展，产值累计达到5868.4亿元。2011年全年总产值为1512.4亿元，比2010年提高了3.73%。宁波正不断地加大与上海宝钢和国外优质钢铁企业的合作，积极推进宁波钢铁项目建设力度，力争到2015年，形成800万吨/年钢铁生产能力。

（2）石化产业：华东地区重要的石化产业基地之一，产业集聚区形成

宁波是华东地区重要的石化产业基地之一。近年来依托中国石油化工股份有限公司镇海炼化分公司（下称镇海炼化），石化产业发展迅速，初步形成了宁波石化经济技术开发区、宁波经济技术开发区、宁波大榭开发区三大石化产业集聚区。目前，宁波石化企业生产的成品油、PTA等多种石化产品在国内市场中占有重要地位。2010年年底，全市共有规模以上石化企业400多家，从业人员49110人，石化产业总资产1211.4亿元，全年完成工业总产值2045.3亿元，实现利税总额380.7亿元、利润总额为156.5亿元。到2015年年末产值将超过4000亿元，使宁波成为国内最大、亚洲领先的石化产业基地。

（3）造纸产业：轻工产业的主要支柱产业，亚洲最大的高档包装纸生产基地

宁波造纸产业作为全市轻工产业的主要支柱产业，在近几年取得了突飞猛进的进展。2002年年底，宁波市仅有造纸企业18家，总资产68.5亿元，实现工业总产值38.2亿元。而到2008年，全市规模以上造纸企业190家，实现总产值142.7亿元，占全市规模以上工业总产值的1.6%。到2011年，宁波市造纸业实现总产值156.78亿元。以宁波中华纸业为主要依托，宁波已成为亚洲最大的高档包装纸生产基地，并由此带动了

宁波印刷业制品、包装制品等产业的发展。

(4)汽车及零部件产业:十大重点优势制造业之一,发展势头良好

宁波市十大重点优势制造业之一。据统计,2010年年底全市规模以上整车及零部件企业共有671家,全部从业人员98504人,实现工业总产值489.6亿元,实现利润总额46.3亿元。其中,乘用车产品以吉利汽车集团的基本型轿车为主,2010年产量为14.7万辆,完成工业产值76亿元。2011年宁波市汽车总产值511.73亿元,其中汽车零部件规模以上生产企业341家,全市汽车零部件规模以上企业累计完成工业总产值402.16亿元,同比增长14.77%,全年实现销售收入390.98亿元。

(5)宁波修造船产业:产业集聚基地形成,配套园区及配套交易市场日趋完善

自20世纪90年代以来,宁波的船舶产业飞速发展,目前初步形成了北仑、象山港与石浦港三大修造船产业集聚基地、两个船舶配套园区以及两个船舶配套交易市场的良好发展格局。2007年年底,宁波造船企业和渔船修造企业65家,造船能力达到250万载重吨,建造万吨以上船舶的企业有20家。到2010年,宁波造船业产值达到112亿元,宁波已具备建造11.8万吨级船舶和4250箱集装箱船的能力。

2. 宁波临港新兴产业发展特点

(1)宁波临港新兴工业发展现状

①生物医药制造业初具规模,增速居八大战略性新兴产业之首。经过多年发展,宁波生命健康产业已具有一定基础。截至2012年年底,宁波市生命健康产业共有规模以上企业332家,实现产值153.3亿元,产值增幅达15%,增速居八大战略性新兴产业之首。其中,生物制药和医疗及健身器械产业增势迅猛,同比增幅均超过21%。2013年9月,宁波市出台《宁波市生命健康产业三年行动计划(2013—2015年)》,明确锁定生物制药、医疗及健身器械、健康食品和生物农业四大重点领域,力争到2015年,产业总产值达到350亿元,实现规模倍增。

②战略新兴产业产值快速增长,新能源产业发展势如破竹。2012年,宁波市战略性新兴产业规模以上产值达3132.5亿元,占全市规模以上工业总产值的26.1%。从产业来看,节能环保和新材料产业产值最高,分别超过1000亿元和800亿元,其次是新装备和新一代信息技术。

从增加值增速上看,生命健康、创意设计、新材料等产业增速较快。宁波市新能源产业发展势如破竹。统计显示,截至 2013 年 9 月,全市新能源产业总产值达到 174.19 亿元。就光伏产业来说,宁波是我国重要的光伏生产基地,光伏设备制造产业链较为完整。当前,全市光伏设备制造业总产值已达 70 亿元。

（2）宁波临港新兴服务业发展现状

①物流产业高速发展,成为宁波新的经济增长点。近年来,宁波物流企业蓬勃发展,物流运作能力显著提高。截至 2011 年年底,全市实际从事物流相关业务的企业超过 5000 家,注册资本 600 万元以上的第三方物流企业超过 100 家。世界排名前 20 位的船公司和 FedEx、UPS、TNT、DHL 等国际知名物流企业落户宁波,形成了一批物流企业总部和跨国公司的职能型分支机构。2011 年宁波市全社会物流增加值达到 600多亿元,占宁波市 GDP 总量的 10% 左右。物流产业体系逐步完善,初步形成以港口物流为龙头,制造业物流、城乡配送物流、航空物流、专业物流等为配套的发展格局。[①]

②航运金融业初具规模,发展规模与日俱增。宁波航运金融业已经初具规模,到 2010 年年底宁波航运业从银行融资总额已达 150 余亿元,是 2008 年的 2.5 倍。浙江金融租赁公司宁波分公司船舶融资租赁投放量已超过 6 亿元,船舶融资租赁业务已占其全部业务规模 50% 以上。航运保险业务规模初步形成。目前,宁波市船舶险业务保费收入累计已超8 亿元。

③滨海旅游业快速增长,成为新兴临港服务业的支柱产业。近年来,宁波充分发挥海洋资源优势及地理区位优势,依托象山、北仑、宁海、镇海等当地的海洋风光、海洋文化、历史传统、人文风情等,大力发展旅游业,2013 年全市实现旅游总收入 953.5 亿元,比上年增长 10.5%。接待入境旅游者 127.3 万人次,增长 9.3%;旅游外汇收入 7.96 亿美元,增长 8.2%;接待国内旅游者 6225.8 万人次,增长 8.3%;国内旅游收入904.2 亿元,增长 10.8%。旅游业已经成为宁波新兴临港服务业的支柱产业。

---

① 宁波市委、市政府:《宁波市"十二五"物流业发展规划》,2011 年 12 月。

三、宁波城市环境资源支撑

(一)城市环境

1. 进出口总额

2013 年全市实现口岸进出口总额 2119.0 亿美元,比上年增长 7.3%。外贸自营进出口总额首次突破 1000 亿美元,成为浙江首个、长三角地区第三个外贸总额超千亿美元的城市。[①]

表 5-3　宁波市近年来(2006—2012 年)进出口货物详细情况

年份	2006	2007	2008	2009	2010	2011	2012
宁波进出口货物总额 (亿美元)	864.9	1177.6	1401.9	1169.2	1613.4	2004.4	195.8
同比增长(%)	28.2	29.2	25.5	−16.7	38.0	24.2	−1.4
自营出口货物总额 (亿美元)	422.1	565.0	678.4	608.1	829.0	981.9	965.7
同比增长(%)	26.0	33.9	20.1	−10.4	36.3	18.4	−1.6

资料来源:宁波市历年统计年鉴。

2. 人才总量

至 2013 年宁波全市人才总量达 148.3 万人,比上年增长 12.2%。院士工作站累计达 69 家;博士、博士后总数近 3800 人。高技能人才总量达 23.4 万人。

3. 城市交通投入

"十一五"期间宁波市综合交通实际完成投资 1111.7 亿元,较"十一五"规划投资增长 10.6%。2011 年完成交通基础设施投资 205.6 亿元,同比增长 6.8%,2012 年宁波市交通基础设施建设投资完成 181.5 亿元,2013 年,宁波完成交通固定资产投资 230 亿元,继续稳居全省第一,2014 年宁波交通计划安排固定资产投资 228.8 亿元,其中交通基础设施建设投资 181.8 亿元。

---

① 宁波市统计局、国家统计局宁波调查队:《2013 年宁波市国民经济和社会发展统计公报》,2014 年 1 月。

4. 铁路货运量

2006 年货物周转量 869.7 亿吨。在"十一五"期间,宁波铁路货运量增长迅速,累计增长 7320 亿吨,和 2006 年相比增长了近 9 倍。近两年来除 2012 年略有回落,2013 年仍保持迅猛增长势头,2013 年铁路货物发送量 2168.2 万吨,增长 13.6%。历年宁波铁路货运量增长情况如表 5-4 所示。

表 5-4　2005—2013 年宁波铁路货运量增长情况

年份	2006	2007	2008	2009	2010	2011	2012	2013
铁路货运量(万吨)	869.7	1329.8	1354.8	1705.8	2059.9	2168.9	1924.1	2168.2
增长率(%)	27.8	8.3	1.9	25.9	20.8	5.3	−11.3	13.6%

资料来源:宁波市历年统计年鉴。

(二)港口持续发展

1. 宁波市近年地区生产总值

2013 年全市实现地区生产总值 7128.9 亿元,按可比价格计算,比上年增长 8.1%。三次产业增长之比为 3.9∶52.5∶43.6,第三产业增加值占地区生产总值比重比上年提高 1.1 个百分点。按常住人口计算人均生产总值为 93176 元(按年平均汇率折算为 15046 美元)。

表 5-5　宁波市近年来(2005—2012 年)地区生产总值(GDP)

年份	地区生产总值(亿元)	第一产业(亿元)	第二产业(亿元)	第三产业(亿元)	人均生产总值(元)
2005	2446.4	128.8	1353.5	964.1	38733
2006	2864.5	139.5	1575.9	1149.1	51285
2007	3433.1	153.6	1888.7	1390.8	60774
2008	3964.1	167.4	2196.7	1600	69997
2009	4214.6	183.8	2247.8	1783.0	73998
2010	5125.82	218.43	2848.23	2059.16	68162
2011	6010.48	255.76	3335.37	2419.35	77983
2012	6524.7	270.0	3516.7	2738.0	85475

资料统计来源:宁波市历年统计年鉴。

2. 单位 GDP 能耗

GDP 能耗指标是万元生产总值综合能耗的简称。到 2011 年年初,宁波已经完成了"十一五"节能减排目标:主要污染物总量减排监测体系和运行考核结果名列全省第一,同时,二氧化硫排放量为 11.1 万吨,比 2005 年下降 48%,消减率居全国首位。2012 年,宁波市单位 GDP 能耗下降 6%,能耗总量增长 1.3%。"十二五"期间,宁波市计划将实现万元 GDP 综合能耗比 2010 年下降 18.5%,到"十二五"末实现 500 万吨标准煤左右的节能总量。

3. 港口科技投入

宁波港积极推进"科技强港"战略,扎实推进信息化建设,打造数字港、信息港和智能港。从 2005 年到 2011 年,宁波港累计投资近 10.6 亿元,新一代 EDI 系统、集装箱智能闸口系统等信息化平台全面投入运行,基本形成了生产管理协同作业的五大信息化体系。宁波港至 2011 年就已拥有软件著作版权 10 个,软件产品证书 6 个,并成为东北亚物流信息服务网络首批试点港口。

4. 年度授权专利数量

宁波市非常重视城市科技创新能力的培养,多年来科技能力一直在不断地增长,科技创新能力和成果也在不断提高。2013 年,宁波市省级科学技术奖 33 项,其中一、二等奖 15 项,"HP2-52C 全自动电脑针织横机"列入国家战略性创新产品。全年专利授权量 5.8 万件,其中发明专利授权量 2246 件,比上年增长 8.8%。全年认定省级高新技术企业研发中心 45 家,省级企业工程中心 13 家,市级企业工程(技术)中心 116 家。

5. R&D 投入

宁波"十一五"期间科技研发增长迅猛,R&D 投入从 2005 年的 19.9 亿元增加到 2010 年的 85.7 亿元,2010 年与 2005 年相比增长了 4 倍。2011 年宁波市全社会研究与试验经费(R&D)总额达到 115 亿元,比 2010 年(85.7 亿元)增长 34.2%,占 GDP 的比重达到 1.85% 以上,比 2010 年(1.66%)提高 0.2 个百分点,增幅高于全国全省平均水平。

四、宁波港口与产业互动现状分析

宁波港口和产业互动发展历史悠久,尤其在"十一五"期间,港口和产业的互动发展成效更加明显:港口货物吞吐量跃居世界第四,杭州湾跨海大桥建成通车,宁波的传统临港产业和新兴产业都取得了不俗的成绩。"十二五"

期间宁波又提出了"六个加快"的发展战略,其中重点强调港口和产业的互动发展,即"六个加快"中的加快打造国际强港、加快推进产业升级。

(一)宁波港口与产业发展数据预测

通过对宁波近几年的临港产业总产值和港口营业收入曲线做对比分析(见图 5-1),发现宁波近几年港口与产业发展不仅仅是正向拟合的,而且发展的趋势线也是吻合的,说明宁波港口和产业的发展是同步的。在今后规划宁波港口与产业发展的时候,必须同时考虑到港口和产业同步发展,制定利于港口和产业协同发展的策略。

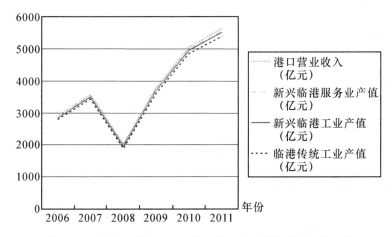

图 5-1　宁波港口营业收入与港口临港产业历年发展趋势分析

根据历史数据,利用科学的方法对宁波未来几年港口和临港产业的发展做了科学的预测,具体的数值如表 5-6 所示。

表 5-6　2013—2017 年宁波港口营业收入和临港产业产值预测　(单位:亿元)

年份	临港传统工业产值	新兴临港工业产值	新兴临港服务业产值	港口营业收入
2013	7166.99	109.07	53.92	65.93
2014	8503.10	115.66	57.36	71.11
2015	10159.84	123.84	61.62	77.16
2016	12244.83	134.13	66.98	84.24
2017	14905.09	147.26	73.82	92.56

资料来源:课题组整理。

从以上分析可以看出,宁波港口未来五年预期平均年营业收入为

78.2亿元,年增长比例大约为5.61%,发展势头强劲。临港传统工业比重依然最大,按未来五年累计额计算,临港传统工业约占98.25%,新兴临港产业约占1.168%,新兴临港服务业约占0.582%。上述数据表明,宁波港传统临港工业的基础较好,可以大力提高科技手段,创新产业发展,加大宁波港口与产业相关人才引进与培养,促进传统临港工业的转型升级。与此同时,也要大力地发展新兴临港服务业,即宁波的港航服务体系建设,为宁波的港口和产业发展保驾护航。

(二)宁波港口与产业相关性分析

宁波港口近几年快速发展,从2005年以520万标箱世界港口集装箱吞吐量第十五位,到2012年宁波—舟山港实现了货物吞吐量世界第一、集装箱吞吐量世界第二的骄人业绩。宁波港历年的吞吐量如图5-2所示。

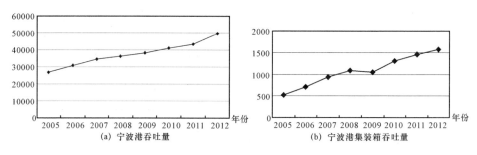

图5-2　宁波港口吞吐量与集装箱吞吐量趋势

从图5-3可以看出,宁波港近几年港口吞吐量一直保持上升态势,在2008年到2012年间,由于国际金融危机的影响,港口吞吐量上升趋势平缓,2011年到2012年上升趋势有很大的提高,而集装箱吞吐量虽然在2008年、2009年呈现出下降趋势,但是2010年后很快恢复上升趋势。

分析看出,2006年到2007年港口临港产业发展态势较好,2008年受国际金融危机的影响,临港产业出现很大的回落。但这没有止住宁波临港产业的发展,梅山岛的建设、杭州湾大桥的开通,都成为宁波港和其临港产业发展强劲的推动力,2009年后宁波临港产业逆势发展,2009年到2010年各产业发展速度均超过之前,2011年临港产业发展态势平稳。

通过软件对2006年至2011年港口营业收入和临港传统产业、临港新兴产业的相关性进行了分析,发现港口营业收入与临港传统产业发展的相关系数为 0.8512,而与临港新兴工业为 0.9560,与临港新兴服务业的相关指数为 0.9547。数据分析显示,宁波港在过去的几年中与港口发展相关性最高的是临港新兴产业,其次是新兴临港服务业,最后是传统临港工业,这个分析与目前宁波市政府大力推行的创新性发展相一致。

（三）宁波港口与产业敏感性分析

根据前面章节模型分析与运算的方法,我们对模型的变量做了相对性分析,在变量上增加了 1%,进行运算。

表 5-7　宁波港与临港产业发展敏感度分析

城市	临港传统工业产值	新兴临港工业产值	新兴临港服务业产值
宁波	0.04%	0.06%	0.07%

资料来源:课题组测算。

通过上面对宁波港与临港产业发展敏感度分析,可以看出,港口投入对临港服务业产值影响最大,达到 0.07%。2011 年,宁波就已经提出着力打造集大宗货物贸易港、海铁联运物流港、网络支撑智慧港于一体的现代物流业基地,大力推进港口现代服务业。充分地体现了宁波市政府已经注意到新兴临港服务业未来的发展空间和潜在的价值。

第二节　上海港口与产业互动现状研究

上海,简称沪,中国第一大城市,四大直辖市之一,位于中国大陆海岸线中心的长江入海口,东临东海,隔海与日本九州岛相望,南濒杭州湾,西与江苏、浙江两省相接,共同构成以上海为龙头的中国第一大经济区"长三角经济圈"。

一、上海港发展现状

上海港位于我国海岸线与长江"黄金水道"交汇点,毗邻全球东西向国际航运主干线。是我国沿海的主要枢纽港,我国对外开放,参与国际经济大循环的重要口岸。上海市外贸物资中 99% 经由上海港进出,每年完成的外贸吞吐量占全国沿海主要港口的 20％左右。作为世界著名港口,全港货物吞吐量和集装箱吞吐量多年领先全球。

(一)上海港口发展演进的历史

上海港历史始于唐代,当时唐朝政府在青龙镇设立镇治(今青浦区东北,苏州河南岸)发展港口。进入宋代后,青龙镇有"江南第一贸易港"的称号。此后,因河道变迁,几易其址后于 15 世纪迁至黄浦江畔,上海港凭借黄浦江的优良航道而日益壮大。

1840 年鸦片战争后,上海港被迫对外开放。在纷乱发展中,仅用十年时间,上海就超过广州成为全国最大的外贸口岸。19 世纪 70 年代后,上海港成为全国的航运中心,黄浦江和苏州河两岸逐渐形成了近代工业聚集区。经过河段整治和疏浚,到 20 世纪 30 年代,上海港已经成为远东航运中心,船舶进口吨位居世界第七位。

上海解放后,经过三年恢复期、20 世纪 70 年代大建港特别是党的十一届三中全会以后的建设,上海港有了很大的发展。在黄浦江内新建了张华浜、军工路、共青、朱家门、龙吴五个港区,在长江口南岸建了宝山、罗泾和外高桥港区。此外,宝钢等一些大型集团也各自建了专用码头,上海港吞吐能力不断扩大。

1995 年 12 月,上海开始了国际航运中心的建设。2005 年 6 月,洋山保税港区成立。2008 年 12 月,洋山深水港区的建设正式竣工,上海港实现了从河口港向海港的真正跨越。经过半个多世纪的建设和发展,上海港已成为一个综合性、多功能、现代化的大型主枢纽港,并跻身于世界大港之列。

(二)上海港口发展现状

根据最新统计数据,2013 年上海客运总量 63.56 亿人次,同比增长 2.1％;上海港货物吞吐量完成 7.76 亿吨,同比增长 5.5％;集装箱吞吐量完成 3361.7 万标准箱,同比增长 3.3％。全港货物吞吐量连创历史新高,集装箱吞吐量继续保持世界第一,已连续四年成为世界第一大集装箱港口。

1. 港口基础设施

(1)码头:20 世纪 90 年代以来,上海港码头快速发展。截至 2011 年年底,海港拥有各类海港码头泊位 1164 个,码头总延长 119.7 公里,年综合吞吐能力4.6亿吨,其中集装箱专用泊位43个,年综合吞吐能力2002万吨。各类内河码头泊位(规模以上)1179个,码头总延长60.1公里,年综合通过能力1.4亿吨(见表5-8)。

(2)航线:上海港是全国最早(20世纪70年代初)进行国际集装箱装卸的港口。经过30多年的快速发展,至2010年,上海港新开集装箱班轮航线65条,集装箱远洋航线151条,近洋航线134条,航线覆盖全球主要港口。

表5-8　上海港港口码头泊位数(2005—2011年年底)

年份	总计			生产用			非生产用	
	码头长度(米)	泊位个数(个)	万吨级泊位数(个)	码头长度(米)	泊位个数(个)	万吨级泊位数(个)	码头长度(米)	泊位个数(个)
2005	23580	183	78	20069	121	78	3511	62
2006	24561	175	80	22194	121	80	2367	54
2007	24468	174	80	22194	121	80	2274	53
2008	114931	1141	137	68191	604	137	46740	537
2009	116834	1145	148	72274	614	148	44560	531
2010	119248	1160	150	72537	602	150	46711	558
2011	119704	1164	150	72742	606	150	46962	558

资料来源:中国港口历年统计年鉴。

2.港口规划布局

根据发展需要,上海港在1990年起从黄浦江中下游向长江口南岸扩展,2005年开始使用位于杭州湾口的洋山港以满足超巴拿马级货船的停靠要求。港区布局为:

(1)黄浦江沿岸:设立了东昌港区、民生港区以及朱家门港区。货物依港区特点进行分类。

(2)长江口南岸:设立了宝山港区、罗泾码头以及外高桥港区。

(3)洋山港位于杭州湾口的填海形成的港口,是为上海准备具有深水港功能而开发的。2013年10月15日洋山深水港主航道正式实行双向通航,全程约28海里。目前集装箱吞吐量已占上海港整个集装箱吞吐量的43%以上,每年进出集装箱大型船舶近9800艘次,挂靠洋山港区的主要国际航班共89班,航线遍布世界各大港区。

3.经济腹地情况

上海港地处长江三角洲沿海与长江交汇处。以上海港为中心,北起连云港,南至温州港,西溯南京港,已形成规模大、功能全、辐射广的长江三角洲港口群。核心腹地长江流域是我国经济总量规模最大、极具发展潜力的经济带。

4. 集疏运情况

上海港的交通发达便捷,集疏运条件良好。

铁路有京沪、沪杭两条干线连接全国各地,且港内有铁路与沪杭沪宁铁路干线相连,其中沪宁线与津浦线联结,成为中国东部纵贯南北的运输大动脉;沪杭线与浙赣、萧甬线相衔,可通达中南、西南及浙东地区。

公路有沪宁、沪杭、沪青平、沪乍、嘉浏等高速公路与江苏和浙江对接,并连通全国高速公路网;有 204、312、318、320 等 4 条国道分别通往烟台、乌鲁木齐、拉萨和昆明。

水路有长江和大运河等内河通道,便于江海转运。上海港利用江海转运的有利区位,目前编织起了贯通全国南北 60 多个港口、有 20 多家航运公司加盟的内贸集装箱水运网,确立了上海港内贸集装箱枢纽港地位。

航空运输:上海的虹桥国际机场是我国最大的航空枢纽之一,空中航线国内遍及除台湾省以外的全国 30 多个大中城市,国际航线可通往美国、日本、加拿大、法国、新加坡等国家以及我国香港地区的 10 多个主要城市。

其他:内河航道共有 225 条,其中通往外省市的干线航道有 8 条;海上客、货运航线遍及沿海各主要港口,其中客运航线可达大连、青岛、宁波、温州、福州、厦门、广州等地。

5. 吞吐量

2005 年至 2012 年上海港货物吞吐量、集装箱吞吐量持续领先,一直排名世界第一。从发展态势看,世界第一地位稳固,而且发展空间很大(见表 5-9、表 5 10)。

表 5-9　上海港货物吞吐量相关指标统计数据　　　　　(单位:万吨)

主要指标	2005 年	2006 年	2007 年	2008 年	2009 年	2010 年	2011 年	2012 年
上海港吞吐量	44317	53748	56144	58170	59205	65339	72758	73600
外贸吞吐量	18492	21268	25570	27377	25811	30235	33778	36000
内贸吞吐量	25825	32480	32574	32793	33394	35104	38980	37600

资料来源:根据上海市统计年鉴整理。

表 5-10　上海港集装箱吞吐量相关指标统计数据

主要指标	2005 年	2006 年	2007 年	2008 年	2009 年	2010 年	2011 年	2012 年
上海港集装箱吞吐量(万吨)	1625.0	1959.5	2385.0	2599.20	2461.9	2799.2	2257.07	3253.13
集装箱吞吐量增长率(%)	18.61	14.04	14.20	1.53	−14.78	23.34	0.30	2.6

资料来源:根据上海市统计年鉴整理。

6. 港口软实力

近年来,上海港注重港口政策环境、服务水平等软实力建设,不断提升港口对外吸引力。

(1)上海港口政策环境。上海港的快速发展得益于一系列的政策支持。2005 年通过的《上海港口条例》,为上海港口规划建设及管理做出了明确规定。2009 年 3 月国务院审议并原则通过了在上海建设国际金融中心和国际航运中心的意见。2013 年 8 月 22 日上海自由贸易实验区经国务院正式批准设立。试验区总面积为 28.78 平方公里,范围涵盖上海市外高桥保税区、外高桥保税物流园区、洋山保税港区和上海浦东机场综合保税区等 4 个海关特殊监管区域。对于上海而言,自由贸易试验区获批推行,获得机会的不仅是贸易领域,对于航运、金融等方面均有"牵一发而动全身"的作用。

(2)上海港口服务水平。为进一步提高服务品质,上港集团 2009 年开展"客户服务年"活动,郑重向社会公开七项服务承诺。主要包括:实行"一门式"服务。统一对外窗口服务标准,集中业务受理,限时办结,业务时间不超过半小时。实行"首问责任制",各码头公司实行"码头代表制"。保证作业效率。2000 标准箱船舶靠泊后 12 小时内完成作业,集装箱卡车进入港区送箱或提箱在 30 分钟内完成。通过这些措施,大大提高了客户满意度。

目前,上海港生产效率非常高。据不完全统计,泊位平均利用效率为 87%,最高达到 100%;船舶平均效率为 180TEU/船时,最高为 690.93TEU/船时;装卸机械平均效率 28TEU/台时,最高可达到 93 TEU/台时。

(3)上海港信息化水平。上海港信息系统建设始于 1980 年,起步早,发展水准高。外高桥码头是国内第一座全集装箱专用码头,配置了技术先进的集装箱装卸机械及码头营运计算机控制操作系统。上海港也是最早进行电子数据交换 EDI 试点的四大港口之一。2000 年上海港启动"大通关"工程,主要包括通关单证电子化和统一数据处理平台("大通关"平台架构如图 5-3 所示)。目前,上海港的口岸业务单证的电子化率是全国最高的,达到 75%。管理信息系统、全球定位、标准化立体仓库、自动拣选设备等物流信息系统和技术装备逐步推广和应用。物流标准化工作稳步推进,累计研究各类物流标准达 20 多项。

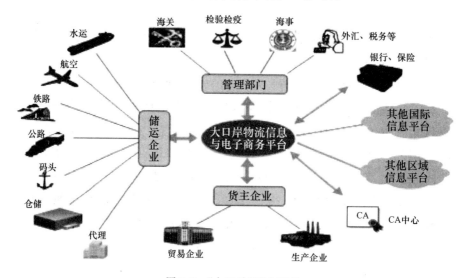

图 5-3　"大通关"平台架构

二、上海港临港产业发展特点

近年来,上海临港产业呈现出良好的发展态势。目前已经形成了由发电及输变电设备、大型船舶关键件、海洋工程装备、汽车整车及零部件、大型工程机械制造等五大装备产业群。现代航运物流、保税展示与贸易、服务贸易与服务外包等现代服务业框架基本形成,产业区对外影响力日趋增强,"临港制造"品牌效应开始显现。

(一)上海临港产业布局情况

2010 年上海建立了上海临港产业区,总面积约为 200 平方公里,由重装备产业区、国际物流园区、综合产业区、三新园区以及四个与产业区配套的生活镇构成。作为承载上海转型发展的重要区域,临港产业区正在重点培育和发展节能环保及关键件设备、新一代信息技术、数控机床与智能设备、新材料等四大战略性新兴产业。目前,一大批国内外著名产业集团和物流企业已经入驻临港产业区。作为中国最具国际竞争力的高端装备产业区,临港产业区正崛起成上海先进制造业的一张"新名片"。

(二)上海临港产业发展特点

1.上海临港传统产业发展特点

(1)钢铁:行业竞争力水平国内最高,产业链体系完整

钢铁工业是上海六大支柱产业之一,在全市工业经济发展中发挥了重要的基础作用,满足了上海工业实际钢铁产品需求量的 45% 左右(按产值计算)。产业总体呈现大集团主导、资本高度股份化、代表国内本行业竞争力最高水平、拥有与钢铁制造高度协同的产业链体系的发展特征。

(2)石油化工及精细化工:产业结构不断优化,产业集聚效果明显

作为上海六大重点发展产业之一,"十一五"期间工业总产值、利润都大幅上升。到 2011 年年末,上海石油化工产业总产值为 3954.01 亿元,占全市工业总产值的 11.69%,实现税收 246.90 亿元,从业人员数量为 12.56 万人。产业结构不断优化,形成了石油化工、化工原料、煤基化工、精细化工、橡塑制品五大板块,其中石油化工占 41%,其他板块占 59%。具体比例如图 5-4 所示。

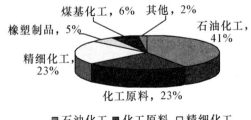

图 5-4　上海石油和化工产业产值构成

目前已形成了金山石化地区、吴泾化工基地、高桥化工基地、上海化

学工业区、上海化学工业区奉贤分区及金山分区、上海精细化工园区等集聚区,总占地约80平方公里。总产值已超过上海行业总产值的50%。产业节能减排能力不断提高,能源消耗总量占全市工业总能耗的16%左右。

(3)船舶与海洋工程装备产业:盈利能力强,科技创新不断突破

"十一五"期间,上海造船完工总量达到3800万载重吨,是"十五"期间的3.2倍,年均增长45.2%。上海外高桥造船有限公司2010年造船完工量达706万载重吨,连续创造中国船厂造船完工新纪录。在此期间,上海船舶与海洋工程装备产业总计实现工业总产值2136亿元,实现销售收入2106亿元,实现利润超过180亿元。其中,销售收入是"十五"期间的3.7倍。上海外高桥造船有限公司成为国内盈利能力最强的"第一船厂"。

表5-11　2006—2010年上海船舶产业主要指标汇总

指标	2006年	2007年	2008年	2009年	2010年
造船完工量(万吨)	516	522	694	857	1211
出口完工量(万吨)	506	443	606	774	1083
新承接船舶订单量(万吨)	1831	826	874	288	1190
手持船舶订单量(万吨)	2743	3668	3884	3360	3300

资料来源:上海船舶与海洋工程装备"十二五"规划。

表5-12　2006—2010年上海船舶产业主要经济指标汇总

指标	2006年	2007年	2008年	2009年	2010年
工业总产值(亿元)	260	325	484	481	586
出口交货值(亿元)	169	219	344	362	383
销售收入(亿元)	258	333	471	455	589

资料来源:上海船舶与海洋工程装备"十二五"规划。

在科技创新方面卓有成效。在船型研发领域,打造了"中国江南型""中国沪东型""中国外高桥型"等若干品牌船型;突破了高端船舶的设计技术和关键制造技术,自主研发的多款主流船舶赢得市场大批订单;海

洋工程装备关键系统和配套设备的研发取得突破并实现了产业化。

(4)汽车工业:品牌优势凸显,汽车现代服务业迅速发展

在国家汽车产业调整和振兴规划及各项利好政策的推动下,我国汽车制造业发展迅猛,汽车产量从 2005 年到 2010 年增长了 2.3 倍,成为全球第一大汽车生产国。2011 年上海汽车产销分别为 191.91 万辆和190.12 万辆,同比分别上升 12.46% 和 12.54%,高于全国 10 个百分点。

上海拥有几个国内顶尖级汽车公司:上汽集团是全国三大汽车集团之一,上海大众是全国最大的中德轿车合资企业,上海通用也是投资最大、成长最快的中美轿车合资企业,还开发了荣威、MG 以及华普等自主品牌产品。

汽车现代服务业迅速发展。上海国际汽车城内二手车交易市场已经建成并营运;汽车零配件出口基地硬件建设已完成;汽车金融服务已初步形成了结算、融资、资本运作三大功能;汽车会展中心、汽车展示贸易区已建成使用;上海国际赛车场成功举办 F1 大奖赛等国际赛事;汽车博物馆、汽车主题公园建成营业且运行良好。

此外,在循环经济方面的探索也取得了新成果。上海世博会"零排放"的用车理念带来了崇尚低碳、崇尚绿色的用车环境。2010 年,上海汽车制造业增加值综合能耗比 2005 年下降 35%。

2. 上海临港新兴产业发展特点

(1)上海临港新兴工业发展特点

①电子信息产品制造业:六个重点工业产业之一,产业体系日趋完整

电子信息产品制造业是上海市六个重点工业产业之一。经过几年的快速发展,已经形成以计算机、通信和网络设备、电子元器件为主的产业体系,并在部分重点技术上取得了突破性进展。到 2011 年销售产值达7166.68 亿元,销售产值占全国的 7.7%。历年主要指标见表 5-13 所示。

目前,电子信息制造业已经初步形成以国家级信息产业园区为骨干、市级工业园区为补充的产业布局体系。一批国家级产业基地已相继在上海落户,初步形成以"一带(由张江、金桥、外高桥组成的浦东微电子产业带)两区(漕河泾新兴技术开发区和松江科技园区)"为核心的上海微电子产业集聚区。

表 5-13　2005—2011 年上海市电子信息产品制造业主要指标值

年份	单位数	从业人员（万人）	工业总产值（亿元）	工业销售产值（亿元）	利润总额（亿元）	税收金额（亿元）
2005	1481	41.57	3989.48	3926.98	100.56	34.22
2006	1467	46.16	4560.53	4526.63	118.21	32.14
2007	1554	54.95	5744.25	5661.59	143.53	30.87
2008	1954	54.55	6127.85	6006.38	90.43	26.01
2009	1846	48.87	5598.16	5515.16	31.92	31.47
2010	1117	55.33	7022.46	6953.06	209.22	28.25
2011	1084	59.93	7166.68	7076.71	172.53	36.13

资料来源：根据上海市 2005—2012 年统计年鉴整理。

②生物医药制造业：产值稳步增长，科技推动能力不断增强

2005 年以来上海生物医药制造业快速发展，到 2011 年，规模以上企业 329 家，从业人员 8.43 万人。销售收入过 2 亿元的企业有 59 家。同时，科技创新不断取得突破。多个项目获国家科学技术进步奖和国家技术发明奖。历年具体数据见表 5-14 所示。

表 5-14　2005—2011 年上海市生物制药业主要指标值

年份	单位数	从业人员（万人）	工业总产值（亿元）	工业销售产值（亿元）	利润总额（亿元）	税收金额（亿元）
2005	364	7.32	281.83	271.86	20.90	16.56
2006	342	7.46	312.03	301.69	22.89	16.86
2007	410	8.83	388.96	371.18	34.29	19.36
2008	489	8.69	432.60	425.39	47.99	25.30
2009	480	9.04	502.12	484.69	61.85	27.04
2010	464	9.15	591.20	559.38	79.64	32.08
2011	329	8.43	641.06	610.40	77.44	35.

资料来源：上海 2005—2012 年统计年鉴。

③战略新兴产业：产业增速迅猛，示范作用突出

2009 年 5 月，上海市政府把新材料确定为推进高新技术产业化发展的九个重点领域之一。经过三年快速发展，到 2011 年，全市新材料产值 1731.72 亿元，和 2005 年相比增长了近 3 倍。

上海明确将核电、风电、光伏发电和智能电网等作为战略性新兴产业发展的重点领域。技术科研方面也取得了新的突破，如东海大桥 10 万

千瓦海上风电场并网发电,成为亚洲首座大型海上风电场,全市风电装机达到 21 万千瓦,是"十五"期末的 9 倍左右。在世博园建成国内第一个智能电网示范工程。

新能源汽车产品逐步上市。超级电容、电池电容和二甲醚公交车进行示范运行。华普甲醇汽车做好了量产准备。上海世博会 1538 辆 20 多款新能源汽车实现了规模最大、品种最多、水平最高、运行最集中、频次最强的示范运行。

(2)上海临港新兴服务业发展特点

①物流业:吞吐量世界第一,国际竞争力强

"十一五"期间,上海物流业增加值年均增长 10%,保持了快速增长的良好势头。货物吞吐量、集装箱吞吐量连续几年均位居世界第一。历年具体数据见表 5-15 所示。

表 5-15　2005—2011 年上海物流业规模

指标	2005 年	2006 年	2007 年	2008 年	2009 年	2010 年	2011 年	平均增长率
物流业增加值(亿元)	1175	1339	1573	1760	1694	2037	2240	0.1
货物运输量(万吨)	68741	72617	78108	84347	76968	81023	93318.10	0.030
航空货邮吞吐量(万吨)	222	253	290	305	298	370	356.22	0.111
港口货物吞吐量(万吨)	44317	53748	56145	58170	59205	65339	72758	0.089
集装箱吞吐量(万标准箱)	1808	2172	2615	2800	2500	2907	3174	0.12

资料来源:上海物流业发展"十二五"规划。

上海口岸物流实现了海、陆、空港保税物流功能全覆盖。物流基础设施不断完善,功能性、枢纽型、网络化的综合交通基础设施建设取得重大突破,国际竞争力进一步提升。企业主体在不断壮大,国际著名物流企业纷纷进入上海,大型中央企业、本地国有物流企业以及一批民营物流企业纷纷落户上海。

②航运金融业:处于起步阶段,发展前景可观

从目前看,上海航运金融业还处于起步阶段,航运金融规模小,处于

产业链低端市场。据统计,全球每年与航运相关的金融交易规模高达数千亿美元,上海在这些领域涉足甚少,占全球航运金融服务市场的份额不足1%。上海的航运服务业主要集中在产业链的下游,如码头、仓储、货运、报关、物资供应等港口服务业。

国际航运中心和国际金融中心特别是自贸区的建立,使航运金融业的发展空间广阔。国务院在两个中心建设意见中提出了加快发展航运金融服务的许多具体措施。尤其是上海自贸区建立后,将极大地推动金融业的改革。

③旅游业:产业规模不断扩大,产业地位不断提升

截至2011年年底,上海共有各类旅馆约6710家,床位约55万张,其中星级饭店297家,旅行社1037家。2011年,上海旅游业总收入达到3053.23亿元人民币,较"十五"期末增长90.3%。2012年实现旅游收入3650亿元。

产业地位不断提升。"十一五"期间,上海旅游产业增加值年平均增长率为26.58%,高于同期上海第三产业和GDP的年平均增长率。旅游业已成为上海的支柱产业。同时,产业空间不断扩展,新增旅游景点不断涌现,初步构建了旅游大空间的整体布局。

三、上海城市环境资源支撑

(一)城市环境

1. 进出口总额

从2005年到2011年,上海口岸进出口总额除个别年份外一直保持增长势头。历年数据见表5-16所示。2012年出现进出口双下降趋势,就具体贸易伙伴而言有升有降。

2. 人才总量

几年来,上海市人才总量和高层次人才数量不断提升,人才发展的环境不断改善。目前,上海市人才资源总量近400万人,在沪两院院士161人,425名海外高层次人才入选中央"千人计划",310名海外高层次人才入选上海"千人计划",其中13人入选外国专家"千人计划"。来沪工作和创业的留学人员已超过10万人,留学人员在沪创办企业4500余

家。常住上海的外国专家 8.5 万余人。上海市已连续两年被评为"外籍人才眼中最具吸引力的中国城市"之一。

表 5-16　2005—2011 年上海市进出口货物详细情况

年份	2005	2006	2007	2008	2009	2010	2011
上海口岸进出口货物总额（亿美元）	3506.8	4287.5	5209.09	6065.57	5154.61	6846.45	8123.4
同比增长（%）	24.10	22.26	12.15	16.44	−15.12	32.82	18.61
出口货物总额（亿美元）	2124.3	2665.6	3284.8	3936.5	3251	4233	5000
进口货物总额（亿美元）	1382.5	1621.9	1924.29	2129.07	1903.61	2613.05	3123.4

资料来源：上海市历年统计年鉴。

3. 城市交通投入

上海地铁，第一条线路于 1993 年 5 月 28 日开始运营，截至 2013 年 12 月 29 日，上海地铁全网运营线路总长超 500 公里（增至 567 公里），车站共计 331 座（均含磁浮在内），运营规模列世界第一。2005 年，上海规划在 2005 年至 2012 年间，新建十个轨道交通项目，新建线路近 400 公里，计划总投入 2000 多亿元人民币。2007 年，上海出台《上海市 2007 至 2009 年优先发展城市公共交通三年行动计划》，计划投入约 1100 亿元。

4. 铁路货运量

由于公路门对门服务的便捷性，挤占了很多铁路的货运量，使得铁路货运量绝对量和相对量都在不断地减少。2006—2011 年，上海铁路完成的货运量在货运总量中的占有率呈逐年下降趋势，而同期公路货运量和水路货物周转量在全社会货运总量中的占有率有一定幅度的提高。各种交通方式货运量数据如表 5-17 所示。

表 5-17　2006—2011 年上海各种交通方式货物运输量　　（单位：万吨）

年份	铁路	公路	水运	航空	货物运输量
2006	1223	33799	37342	253	72617
2007	1143	35634	41041	290	78180
2008	1012	40328	42729	305	84347
2009	941	37745	37983	298	76967
2010	959	40890	38803	371	81023
2011	888	42685	49389	356	93318

资料来源：上海交通局相关网站。

(二)港口持续发展

1. 上海市近年地区生产总值

从 2005 年到 2012 年,上海实现生产总值持续增长(见表 5-18)。
2012 年上海实现生产总值 20101.33 亿元,按可比价格计算,比上年增长
7.5%。其中第三产业增加值 12060.76 亿元,增长 10.6%,第三产业占
全市生产总值的比重首次达到 60%,比上年提高 2 个百分点。2012 年,
包括科教文卫、旅游会展等在内的其他服务业增长了 11.4%。

表 5-18　上海市近年来(2005—2011 年)地区生产总值(GDP)

年份	地区生产总值 (亿元)	第一产业 (亿元)	第二产业 (亿元)	第三产业 (亿元)	人均生产总值 (元)
2005	9247.66	90.26	4381.2	4776.20	52535
2006	10572.24	93.18	4969.95	5508.48	58837
2007	12494.01	107.84	5571.06	6821.11	68024
2008	14069.87	111.80	6085.84	7872.23	75109
2009	15046.45	113.82	6001.78	8930.85	78989
2010	17165.98	114.15	7218.32	9833.51	76074
2011	19195.69	124.94	7927.89	11142.86	82560

资料来源:上海市统计年鉴。

2. 单位 GDP 能耗

作为一个典型的能源消费型特大城市,近年来上海一直致力建设一
个"多样、安全、清洁、高效"的城市能源系统。万元国内生产总值能耗持
续下降。从 1990 年的 4.08 吨标煤下降至 2005 年的 0.8225 吨标煤,比
国家的 1.22 吨标煤/万元要低 27.9%。2005 年到 2011 年数据显示节能
降耗成效处于国内领先水平(见表 5-19)。2012 年,上海市单位 GDP 能
耗下降超过 6%。

表 5-19　2005—2011 年上海市单位 GDP 能耗情况

年份	2005	2006	2007	2008	2009	2010	2011
上海能源消费总量 (万 t 标煤)	8225	8876	9670	10207	10367	11201	11270
上海市能源消费增长比 例(%)	7.91	8.95	5.55	1.57	7.65	6.29	6.16

续表

年份	2005	2006	2007	2008	2009	2010	2011
全国能源消费总量	235997	258676	280508	291448	306647	325000	362000
上海占全国能源消费比例(%)	3.485	3.431	3.473	3.329	3.434	3.434	3.113
上海市生产总值(亿元)	9248	10572	12494	14070	15046	17166	19196
上海市生产总值增长的倍数		0.1432	0.1818	0.1261	0.0694	0.1409	0.1825

资料来源:根据上海历年社会与统计公报整理。

根据上述资料对上海市单位 GDP 能耗进行评价,评价结果见表5-20 所示。

表 5-20　累计单位 GDP 能耗下降率及完成情况　　　　　(单位:%)

城市＼年份	2006	2006—2007	2007—2008	2008—2009	2009—2010	2010—2011	评价
上海	−5.61	−9.6	−12.95	−15.71	−18.48	−18.20	良好
全国	−6.29	−12.36	−18.24	−21.59	−25.49	−24.38	完成

资料来源:根据上海历年社会与统计公报整理。

3. 港口科技投入

近年来港口科技投入的力度越来越大,港口科技投入资金由 2005 年的 24.65 亿元,增长到 2011 年的 56.68 亿元,增长一倍多,每年投入的资金增长比例接近于 20%。

4. 年度授权专利数量

2011 年,全市专利申请量 80215 件,比上年增长 12.7%。其中发明专利申请量 32142 件,比上年增长 22.8%;发明、实用新型、外观设计专利申请量的比例为 40∶39∶21。至年底,全市有效发明专利量共有 31117 件,居全国第三位;每万人口发明专利拥有量为 13.5 件(按照常住人口 2300 万人计算)。

5. R&D 投入

《2005 上海科技进步报告》显示,当年用于研究开发(R&D)的经费占全市生产总值的比重达 2.34%,超出国际惯例 2%,上海踏入创新驱动期。到 2011 年,我国 R&D 经费投入超过 300 亿元的有江苏、广东、北京、山东、浙江、上海、辽宁和湖北 8 个省(市),共投入 5774.7 亿元,占全国 R&D 经费总额的 66.5%。R&D 经费投入强度达到或超过全国水平的有北京、上海、天津、江苏、陕西、广东、山东和浙江 8 个省(市)。其中,上海投入强度达 3.11%。

四、上海港口与产业互动现状分析

上海港的发展史就是港口与产业良性互动的历程。在港口与产业互动上,上海谋划早,起点高。几年前,上海市就提出了"港为城用、城以港兴"的指导思想。依托港口优势进行临港新城建设,提升产业能级、提高城市国际竞争力的实践为其他城市起到了很好的示范作用。

(一)上海港口与产业发展数据预测

利用科学的方法对上海港口营业收入和临港产业未来的产值做科学的预测,具体数值参看表 5-21。从表中数据可以看出,如果没有特殊的情况发生,从未来发展趋势看,港口与产业还是正向相关,同时表现为不断递增的势头。

表 5-21　2013—2017 年上海港口营业收入和临港产业产值预测 (单位:亿元)

年份	临港传统工业产值	新兴临港工业产值	新兴临港服务业产值	港口营业收入
2013	12004.50	229.96	160.77	201.05
2014	13222.97	236.64	166.79	212.21
2015	14559.82	243.96	173.38	224.85
2016	16040.07	252.07	180.69	239.19
2017	17692.42	261.12	188.84	255.50

资料来源:课题组预测。

(二)上海港口与产业相关性分析

近几年,上海港港口的生产能力迅猛提高,表现在港口的吞吐量和港口的集装箱产量的快速增长上(如图 5-5 所示)。

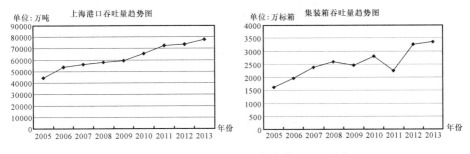

图 5-5　上海港口吞吐量与集装箱吞吐量趋势

从图 5-5 可以看出,上海港近几年港口吞吐量一直呈现稳步上升趋势,而集装箱吞吐量虽然在 2008 年受到国际金融危机的冲击,在 2009 年呈现出下降趋势,但是总的增量和增速并没见放缓,仍然是高速增长态势。

同期,上海港的临港产业产值也在不断增加。从图 5-6 可以看出,目前临港传统产业的比重还比较大,并且传统产业产值增长的速率比较快。新兴产业快速发展且发展的空间还很大。在世界港口竞争日趋激烈的今天,必须重视传统产业的转型升级,加快推进新兴产业的发展。

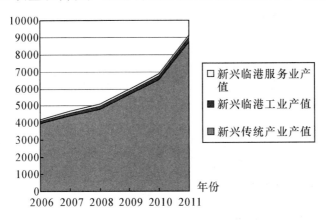

图 5-6　上海港产业总产值面积占比

从图 5-5、图 5-6 可以看出,临港产业和港口的发展是呈现正向相关关系。也就是说,随着临港产业的发展,港口的生产能力也会不断地提高,反之亦然。利用 SPSS 软件,对 2006 年至 2011 年港口营业收入和临港传统产业、临港新兴产业的相关性进行分析,发现港口营业收入与临港传统产业发展的相关系数为 0.8814,而与临港新兴工业的相关指数为

0.9607,与临港新兴服务业的相关指数为 0.94。**数据分析显示,上海港未来发展应该是在继续发展临港传统产业保持港口营业收入不断增长的情况下,投入更多的力量发展临港新兴产业。**

(三)上海港口与产业敏感性分析

根据前面章节模型分析与运算的方法,我们对模型的变量做了相对性分析,在变量上增加了 1%,进行运算。

计算后发现,上海新兴临港服务业对上海港口的敏感度最大。也就是说,港口的发展在未来一段时间内对临港新兴服务业的推动最大,港口投入应该更多地倾向于临港新兴服务业,而未来临港新兴服务业在临港产业中的地位和份额也将不断地提高,进而影响港口营业收入的不断增长(见表 5-22)。

表 5-22 上海港与临港产业发展敏感度分析

城市	临港传统工业产值	新兴临港工业产值	新兴临港服务业产值
上海	0.04%	0.06%	0.07%

资料来源:课题组测算。

第三节 天津港口与产业互动现状研究

天津港地处渤海湾西端,位于海河下游及其入海口处,现有水域面积近 260 平方公里,陆域面积 7100 平方公里,是我国最大的人工港,也是我国对外贸易的重要口岸。

一、天津港发展现状

从历史上看,天津是一个因港而建、由港而兴的城市。由于天津地区特殊的自然地理环境以及政治、经济的历史变革,天津港催生了天津城。

(一)天津港口发展演进的历史

天津港的岸线大概形成于四千年前。大唐时将位于永济渠、滹沱河和潞河三水汇流的入海处,称为三会海口,这里成为天津最早的海港。1161—1860年,由于历史与政治的原因,天津港主要发展内河运输为主。1860年,天津被辟为通商口岸,使天津港口以河运为主逐渐被海运取代,主权港口沦为殖民性港口。新中国成立后,天津港得以恢复发展。但因体制原因,港口与城市的互动较弱。1984年6月,实行体制改革后进入快速发展时期;1991年5月,天津港保税区成立;1994年2月,天津市决定到2001年把滨海新区建设成以港口为中心的国际贸易区;2004年6月,天津港集团有限公司成立,天津港进入跨越式发展时期。

(二)天津港口发展现状

天津港地处渤海湾西端,位于海河下游及其入海口处,是环渤海中与华北、西北等内陆地区距离最短的港口,是首都北京的海上门户,也是亚欧大陆桥最短的东端起点。天津港目前已同世界上的180多个国家和500多个港口有贸易往来,开辟了100余条集装箱航线,2011年完成集装箱吞吐量1230万标准箱,货物吞吐量4.48亿吨,成为中国北方第一、全球第四的世界大港。目前,天津港已成为环渤海地区规模最大的综合性港口。

1. 港口基础设施

(1)码头及泊位情况:到2011年,天津港拥有各类泊位154个,其中万吨级泊位98个,泊位岸线长度32714米,年通过能力369亿吨,其中集装箱年通过能力1075万吨(见表5-23)。

表5-23　2005—2011年天津港港口码头泊位数

年度	总计			生产用			非生产用	
	码头长度(米)	泊位个数(个)	万吨级泊位数(个)	码头长度(米)	泊位个数(个)	万吨级泊位数(个)	码头长度(米)	泊位个数(个)
2005	20906	116	54	18962	100	54	1944	16
2006	24584	132	65	22871	119	65	1713	13
2007	27320	142	71	25607	129	71	1713	13
2008	27715	139	75	26357	128	75	1358	11
2009	28004	134	80	26736	124	80	1268	10
2010	31915	151	95	30567	140	95	1348	11
2011	32714	154	98	31366	143	98	1348	11

资料来源:历年港口统计年鉴。

(2)航线：天津港远洋航线已通达欧、亚、非、中北美等各大洲，正在成为我国重要的集装箱物流集散基地。到 2009 年年底，天津港航线已达 65 条。2012 年，天津港加大航线的开发力度，新增了外运万海台湾二线、神原日本线、达飞波斯湾线等航线的运营。

2. 港口布局

天津港目前由北疆、南疆、东疆、海河四大港区以及临港经济区南部区域、南港港区东部区域等组成。北疆港区以集装箱和件杂货作业为主；南疆港区以干散货和液体散货作业为主；东疆港区以集装箱码头装卸及国际航运、国际物流、国际贸易和离岸金融等现代服务业为主，其东部区域正在完善城市配套功能；临港经济区南部区域以重装备制造业、新能源、粮油轻工业为主要发展方向；南港港区东部区域是以煤炭、矿石等大宗散货为主的新港区。

3. 集疏运网络

天津港是我国华北、西北和京津地区的重要水路交通枢纽，对外交通十分发达，已形成了颇具规模的立体交通集疏运体系。

(1)公路方面。天津公路四通八达，京津塘高速公路、丹拉高速公路、京津塘公路(103 国道)、津晋高速、海防公路等形成辐射状公路网络，连接北京、天津及华北、西北地区各省市。

(2)铁路方面。天津铁路京哈、京沪、京津三条铁路干线在此交汇，并外接京广、京九、京包、京承、京通、京佗、石德、石太、陇海、包兰、兰新等干线与全国铁路联网，北达北京、内蒙古和东北，南抵华东、华南各地，西连西部和西北部内陆地区，进而连通蒙古、俄罗斯及欧洲各国。

(3)水路方面。上天津港已与 10 个国际港口结为友好港：日本神户港、东京港、澳大利亚墨尔本港、美国费城港和塔科玛港、意大利德里亚斯特港、荷兰阿姆斯特丹港、法国马赛港、比利时布鲁日港、韩国仁川港。

(4)航空方面。天津已经与日航、韩亚、全日空、荷兰马丁等航空公司开通了天津的国际客货运航线。天津—首尔航线每周客货运航班总计达到 60 班次。客运方面，滨海国际机场通航 66 个城市，开辟 116 条航线。天津至首尔、广州、深圳、青岛、香港等城市航班增长势头强劲，更多的空中新快线正在形成。

(5)管道方面。天津有直通北京的航空煤油管线，有连接大港油田和天津石化的原油和成品油管线,并可通过天津至沧州的管线与中石化原油管网相通。

4. 港口吞吐量

2005 年,天津港集团实现货物吞吐量 24069 万吨,完成集装箱吞吐量 480 万标准箱。2011 年和 2005 年相比较,货物吞吐量增长近一倍,集装箱吞吐量增长两倍多。

表 5-24　天津港货物吞吐量相关指标统计数据　　　　（单位:万吨）

主要指标	2005 年	2006 年	2007 年	2008 年	2009 年	2010 年	2011 年
天津港吞吐量	24069	25760	30946	35593	38111	41325	45338
外贸吞吐量	12310	13966	16803	18245	19633	20178	22162
内贸吞吐量	11759	11794	14143	17348	18478	21147	23176

资料来源:根据天津市统计年鉴整理。

表 5-25　天津港集装箱吞吐量相关指标统计数据　　　　（单位:万吨）

主要指标	2005 年	2006 年	2007 年	2008 年	2009 年	2010 年	2011 年	2012 年
天津港集装箱吞吐量	480	595.00	710.20	850.30	870.00	1000.00	1158.76	1230.00
集装箱吞吐量增长率(%)	25.80	23.96	19.36	19.73	2.32	14.94	15.88	6.15

资料来源:根据天津市统计年鉴整理。

5. 港口腹地情况

天津港的经济腹地以北京、天津及华北、西北等地区为主,横跨我国东、中、西部地区,地域辽阔、人口众多、资源丰富,腹地面积约 454 万平方公里,总人口 2.4 亿人。其中,直接经济腹地包括京、津、冀、晋四省,土地面积 373 万平方公里,人口 1.24 亿人。间接经济腹地通过综合运输网延伸至陕西、甘肃、宁夏、青海、新疆、内蒙古、四川、西藏等省区和蒙古国的部分地区。

6. 港口发展软环境

(1)政策环境:天津的滨海新区建设现已被正式纳入国家的“十二五”规划和国家战略总体布局中,同时着重将港口功能定位为“三港两中心”,即天津港要建设成为面向东北亚、辐射中西亚的国际集装箱枢纽港、中国北方最大的散货主干港、中国北方最大的自由港、中国北方国际物流中心和国际航运中心。

(2)金融环境:2009 年 12 月 29 日天津设立了我国第一只船舶产业投资

基金。坐拥 725 亿元规模的股权投资基金,为建设北方国际航运中心、发展航运金融提升服务能力提供了平台。东疆保税港区在国内率先推出融资租赁业务。此外,融资租赁公司船舶出口退税试点也在天津成功开展。

(3)信息化程度:天津港一直积极推进信息化建设。引进了比利时的集装箱码头操作管理系统,投入使用了 TCT 集装箱码头生产过程控制、可视化管理系统,又相继建立了较完善的经营管理、服务体系信息系统。2011 年,完成了天津港信息系统备份中心和程控交换机建设。实现了客户服务中心平台、物流信息平台和 EDI 平台的融合,创新应用了预约集港、网上结费等业务平台,进一步提升了信息化水平。

二、天津港临港产业发展特点

天津港临港产业主要集中在滨海新区内。天津滨海新区位于天津东部沿海,环渤海经济圈的中心地带,是亚欧大陆桥最近的东部起点,也是中国邻近内陆国家的重要出海口。还是东北亚地区通往欧亚大陆桥铁路运输距离最近的起点。

(一)天津临港产业布局

滨海新区建设目标是:成为中国北方经济发展的"龙头",具有国际化程度高、技术含量高、聚集效益高的现代化工业基地,具有自由港功能、与国际接轨的先行区,现代化国际港口大都市的标志区。具体规划为"一核双港九区"。

"一核"——指滨海新区商务商业核心区,由于家堡金融商务区、响螺湾商务区、开发区商务及生活区、解放路和天碱商业区、蓝鲸岛生态区等组成。重点发展金融服务、现代商务、高端商业,建设成为滨海新区的标志区和国际化门户枢纽。

"双港"——指天津港的北港区和南港区。

"九区支撑"——指通过滨海新区九个功能区的产业布局调整、空间整合,形成产业特色突出、要素高度集聚的功能区,如图 5-7 所示:临空产业区主要发展临空产业、航空制造产业;滨海高新区主要发展航天产业、生物、新能源等新兴产业;先进制造业产业区主要发展海洋产业、汽车、电子信息产业;中新生态城主要发展生态环保产业;海滨旅游区主要发

图 5-7　滨海新区临港产业

展主题公园、游艇等休闲旅游产业；海港物流区主要发展港口物流、航运服务产业；临港工业区主要发展重型装备制造产业及研发、物流等现代服务业；南港工业区主要发展石化、冶金、装备制造产业。

（二）天津临港产业发展特点

1. 天津临港传统产业发展特点

（1）钢铁：产值增长迅速，调整升级任务繁重

2006 年到 2011 年，天津钢铁产业总产值从 1159.41 万亿元增加到 3585.80 万亿元，增长了 3 倍。而"十二五"期间，天津市将在海河下游形成上下游紧密衔接、配套完善的现代冶金工业基地。天津市钢铁工业将按照总量适度、精品扩大、消耗下降、加快重组的原则，继续对产品、工艺结构进行整体调整和优化升级。目前，在环境要求压力下，调整和优化升级任务繁重。

（2）石化产业：产值占全市 GDP 半壁江山，大项目带动作用强

"十一五"期间投资 2000 亿元，天津陆续建成了 1250 万吨炼油、100

万吨乙烯等一批重大项目。2010年,原油开采量达到3600万吨,炼油能力突破2200万吨,乙烯生产能力120万吨。天津石油化工产值年均增长13.3%。2010年,天津市GDP为9224.46亿元,其中石化产业总产值4000亿元,相当于半壁江山。2012年石油化工产业实现利润724.34亿元,占全市工业的37.3%,销售利润率达到18.6%,高于全市平均水平10.4个百分点。

"十二五"期间,天津石化产业将新增投资4000亿元,重点建设千万吨级原油储备和千万吨级炼油、10套百万吨级化工新材料项目。到2015年,天津石油化工产业将实现工业总产值8000亿元,年均增长23.3%。

(3)轻纺工业:传统出口大户,调整中产值快速增长

1949年到1986年,纺织业的工业总产值在天津市各工业部门中始终居首位。作为传统出口大户,入世以来,至2010年,不断转变增长方式,整体进出口额比入世初期增加了3.24倍。2012年年末,天津市规模以上纺织服装、服饰业企业达161家,总资产达291.9亿元,同比增长32.03%;全年实现销售收入达273.33亿元,同比增长26.61%;利润总额为7.15亿元,同比下降52.16%;行业毛利率为29.1%。2012年,轻纺工业产值3097.59亿元,增长31.2%,增速高于全市平均水平16.3个百分点。

(4)装备制造业:第一大支柱产业,全系列机车生产基地

多年持续保持第一大支柱产业地位。中国重要的高铁、动车、轻轨、地铁全系列机车生产基地。长城汽车一期建成后,轿车生产能力达到200万辆。造修船基地加快推进,已初步具备建造30万吨级和50万吨级世界最大载重船舶能力。2012年装备制造业产值规模达到8725.11亿元,占全市工业的37.5%,同比增长11.9%,对全市工业增长的贡献率为30.7%,实现利润531.9亿元,增长15.1%,占全市工业的27.4%;正在向万亿产业迈进。

2. 天津临港新兴产业发展特点

(1)天津临港新兴工业发展特点

①电子信息产品制造业:产值连续多年持续增长,产业规模全国领先。2006年至2010年,电子信息产品制造业销售收入年均增长14%左右。产业规模在全国同行业持续保持领先地位。2011年实现产值2612.5亿元,增长34.7%,比上年同期提高18个百分点,增速达到"十一

五"以来的最好水平。2012 年电子信息产业实现产值 3293.34 亿元,增长 21.9%,增速高于全市平均水平 7 个百分点。

②生物医药产业:全国重要的产业基地,整体实力有待提高。经过"十一五"时期的发展,2010 年工业总产值已达到 273.35 亿元,较"十五"末翻一番,成为全国重要的生物医药产业基地和中药现代化科技产业基地。2012 年完成产值 755.02 亿元,增长 36.8%。虽增势明显,但从总体水平看,仍存在产业规模偏小、产业结构不合理问题,自主创新能力有待提高。

③新能源新材料:特色鲜明、重点突出,增长势头强劲。新材料新能源是战略性新兴产业,也是天津重点发展的支柱产业。"十一五"期间,天津开发区新能源新材料产业产值增长了 1.5 倍,年均增长率为 26%,远远高于同期全区工业总产值 15% 的年均增长率。2011 年新能源新材料产业增长 34.8%,高于全市工业平均水平 5.6 个百分点;2012 年新能源新材料产业规模超过 1000 亿元,达到 1019.38 亿元,增长 14.6%。逐步形成了以太阳能电池、储能设备、金属材料、风电装备制造为代表的优势产业群体。一批大项目的陆续落户,已形成了特色鲜明、重点突出的产业发展态势。

(2)天津临港新兴服务业发展特点

①物流业:产值稳步增长,综合建设能力增强。"十一五"时期,天津物流业增加值年均增长 20%。2012 年,全市物流业产值 635.14 亿元、年均增长 10%,占全市服务业比重达到 23%、占全市国内生产总值的比重达到 10.7%。全市社会物流总额达到 15266.1 亿元,年均增长 10.5%。此外,完成 4 个综合物流园区、13 个物流中心和 9 个配送中心规划建设。

②航运金融业:服务产品不断增加,服务能力快速提升。截至 2011 年 6 月末,全市金融机构中长期贷款中,交通运输设备制造业贷款余额 15.5 亿元,比 2009、2010 年同期分别增长 106% 和 91%,高于贷款平均增速 61 和 79 个百分点;水上运输业贷款余额 185.8 亿元,比 2009、2010 年同期分别增长 53% 和 34%,高于贷款平均增速 8 和 22 个百分点。据调查,截至 2011 年 7 月末,滨海新区银行业金融机构已为 114 家航运企业提供了航运金融服务,推出了船舶融资、船舶按揭贷款等多款特色融资产品,航运贷款余额达 92 亿元,同比增长 38%。

③滨海旅游业:新项目不断推出,滨海旅游区特色初步形成。近年来,天津为打造滨海旅游区特色,依托宝龙欧洲公园项目、航母主题公

园、妈祖文化经贸园、海斯比游艇城等大项目,重点发展旅游交通工具、酒店用品、旅游纪念品、休闲娱乐和旅游活动用品,鼓励发展旅游装备、露营设施等,同时加快建设客运码头、游艇保税港、大型商贸等设施,构建具有旅游特色的轻工产业集群。

2012年接待入境旅游者234.11万人次,比上年增长16.8%。北塘古镇开街纳客,凯旋王国主题公园、七里海湿地走廊等新的旅游景点建成。年末全市有星级宾馆111家,旅行社388家,其中国际旅行社29家。A级景区85个,工农业旅游示范点14个。

三、城市环境资源支撑情况

(一)城市环境

1. 进出口总额

2011年全年外贸进出口总额达到1033.91亿美元,增长25.9%,其中进口快于出口增速13.3个百分点。2012年天津市对外贸易进出口总额达1156.2亿美元,比2011年增长11.8%,超全国平均增幅5.6个百分点。近年天津市进出口货物详细情况见表5-26所示。

表5-26　2005—2011年天津市进出口货物详细情况

年份	2005	2006	2007	2008	2009	2010	2011
天津进出口货物总额(亿美元)	533.87	645.73	715.5	805.39	639.44	822.01	1033.91
同比增长(%)	27.1	21	10.8	12.6	−20.6	28.8	25.9
出口货物总额(亿美元)	274.15	335.4	381.61	422.29	299.85	375.17	444.98
进口货物总额(亿美元)	259.72	310.33	333.89	383.1	339.59	446.84	588.93

资料来源:天津市历年统计年鉴。

2. 人才总量

到2012年年末全市人才总量达到214万人,其中专业技术人才114万人,312人入选国家和本市"千人计划",在津院士37人,国家突出贡献专家、特贴专家、百千万人才工程等高层次人才4726人。新建博士后工作站11个,年末博士后流动站、工作站229个,在站博士后850人。全市高级以上技术工人36.7万人,占全市技工队伍的比重为27.5%。

3. 城市交通投入

2011 年城市全年交通基础设施投资完成 1567.78 亿元,增长 8.8%。滨海国际机场二期开工建设。西站综合交通枢纽、铁路南站投入运营,京沪高铁天津段建成通车,津保铁路、津秦客运专线、地下直径线加快建设。津宁、国道 112 等高速公路和团泊快速路竣工,全市高速公路通车里程达到 1100 公里。地铁 9 号线试运行,2、3 号线装修调试,5、6 号线加快建设。年末城市铺装道路长度 5764.56 公里,增长 6.0%;铺装道路面积 9986.12 万平方米,增长 9.0%。建成人行天桥 20 座,增设交通安全岛 45 处,新增停车泊位 2 万个。

4. 铁路货运量

2010 年,天津铁路枢纽承担的地方运量为 13573 万吨,其中发送量为 3952 万吨,以金属矿石、钢铁、石油、化肥、农药为主;到达量为 9621 万吨,以煤炭、焦炭、钢铁、矿建为主。截至 2013 年 12 月 31 日,作为全国地方铁路排头兵的天津市铁路集团有限公司,年货运量再度攀升,比上年同期增长 50%,突破 3000 万吨大关,并顺利实现了安全生产 20 年。

(二)港口持续发展

1. 天津市近年地区生产总值

2006 年至 2012 年,全市地区生产总值持续增长,其中第三产业增长尤为明显,见表 5-27。

表 5-27　2006—2012 年天津市地区生产总值(GDP)

年份	地区生产总值(亿元)	第一产业(亿元)	第二产业(亿元)	第三产业(亿元)
2006	4337.73	118.97	2485.83	1732.93
2007	5018.28	102.86	2891.33	2024.09
2008	6354.38	122.58	3821.07	2410.73
2009	7500.80	131.01	4110.54	3259.25
2010	9108.80	149.48	4837.57	4121.78
2011	11190.99	159.09	5878.02	5153.88
2012	12885.18	171.54	6663.68	6049.96

资料来源:天津市历年统计年鉴。

2. 能耗

2011 年天津港集团建设用物资总额 25873.66 万元,为上年度 20572.73 万元的 125.76%,物资总额增长的主要原因是国家对燃料油价格的增调和材料用量的增长。资源耗用增长 25.76%。

天津港的综合能源单耗指标从 2001 年的 7.425 吨标准煤/万吨吞吐量,到 2005 年的 6.656 吨标准煤/万吨吞吐量再到 2011 年完成 2.08 吨标准煤/万吨吞吐量,呈逐年下降的趋势,如表 5-28 所示。

表 5-28 天津综合能源单耗指标变化

年份	2001	2005	2008	2010	2011
吞吐量(万吨)	10386.1	22083.6	35642.1	42034.4	45013.1
综合单耗(t标煤/万吨)	7.425	6.656	3.881	2.189	2.08
环比增减(%)		−10.3	−41.6	−43.6	−5

资料来源:天津市历年统计年鉴。

3. 港口科技投入

2006 年港口科技投入 0.8 亿元,"十一五"期间累计投入 4.9 亿元,2011 年投入 1.5 亿元。2013 年天津港已完成科技经费投入 2.69 亿元,科技项目达到 260 项。共申请国家专利 92 项,其中发明专利 21 项;授权国家专利 103 项,其中发明专利 5 项;获得天津市专利优秀奖 3 项,政府知识产权奖励资金 40 万元;获省部级以上科技立项 5 项,其中国家智能交通物联网专项 1 项,天津市科技支撑计划重点项目 1 项,天津市"科技兴海"计划项目 2 项等,有效地推动了天津港可持续发展。

4. 年度授权专利数量

2011 年知识产权水平达到新高度。当年专利申请 36258 件,同比增长 44.2%;专利授权 13982 件,增长 30%;年末有效专利拥有量突破 4 万件,增长 34.9%。拥有专利的企业达到 4366 家。全市每万人口发明专利拥有量达到 6.3 件,居全国第三位。2012 年专利申请 41500 件,增长 14.5%;专利授权 20003 件,增长 43.1%;年末有效专利 52338 件,增长 30.8%。

5. R&D 投入

2011 年天津市综合科技水平继续位居全国第三位。全市 16 项科技成果获得国家科学技术奖,涉及新能源新材料、生物医药、电气工程、水利水电等多个领域,获奖数量为近三年来最多。全年完成市级科技成果 2020项,其中达到国际先进水平 331 项。2012 年全市 16 项科技成果获得国家科学技术奖。全年完成市级科技成果 2030 项,达到国际先进水平 338 项。

四、天津港口与产业互动现状分析

2012 年天津港的货物吞吐量在世界港口中的排名由第 17 位提升到第四位,集装箱吞吐量在世界集装箱港口中的排名由第 23 位提升到第十一位,成功跻身世界一流大港行列。天津港 2012 年 4.76 亿吨的吞吐量拉动全市 57.1 万个就业岗位,占全市从业人员人数的 6.9%;贡献增加值 982 亿元,占全市 GDP 的 7.6%。天津临港产业的产值占据了工业总产值的一半,可以看出天津市是非常注重港口和产业的协同发展的。

(一)天津港口与产业发展数据预测

通过天津港口营业收入和临港产业产值的预测(见表 5-29),港口与产业增长呈现正向推进增长关系,从数据测量推算可以看出天津港增长速率列在国内七大港口的第二位,仅慢于上海,天津港后五年的港口营业收入预计可保持平均 5.25% 的快速增长。

表 5-29　2013—2017 年天津港口营业收入和临港产业产值预测

年份	临港传统工业产值(亿元)	新兴临港工业产值(亿元)	新兴临港服务业产值(亿元)	港口营业收入(亿元)
2013	10479.37	171.34	101.10	150.18
2014	12599.05	177.24	104.77	158.75
2015	15109.10	184.23	109.11	168.11
2016	18111.89	192.58	114.32	178.36
2017	21735.73	202.66	120.59	189.58

以上临港产业数据观测显示,临港传统工业对港口贡献率依然是最大,第二位的是临港新兴服务业,临港新兴服务业增长是 3.857%,比临港新兴产业高 0.2%,所以从推演的数据可以看出,天津港在大力发展传统临港产业的同时,要大力发展临港服务业,这和 2013 年天津港提出的“提升产业结构、促进港口转型”的目标相一致,天津要大力发展东疆服务带。

（二）天津港口与产业相关性分析

天津港港口的生产能力提高的速率比较快，从图 5-8 中可以看出，天津港吞吐量的增长略高于集装箱吞吐量增长的速率。

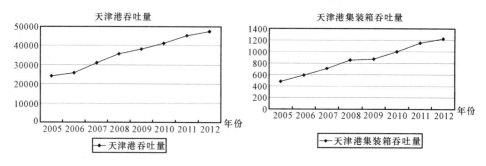

图 5-8　天津港口吞吐量与集装箱吞吐量趋势

天津临港产业虽然快速发展，但是呈现的总体态势和上海港口相似，都是传统产业占比较多，新兴临港工业和新兴临港服务业发展空间较大。从分析中可以看出，临港服务业对未来天津港发展的作用要大于临港新兴工业。

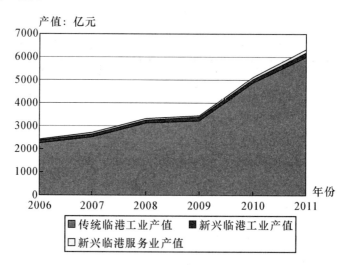

图 5-9　天津产业总产值面积占比

通过对天津港 2006 年至 2011 年港口营业收入和临港传统产业、临港新兴产业的相关性分析，发现港口营业收入与临港传统产业发展的相关系数为 0.8511,而与临港新兴工业的相关指数为 0.9380,与临港新兴服务业的相关指数为 0.9506。从上述数据可以看出,天津港临港新兴服务业对天津港口营业收入的相关性更高,所以营业收入增加,对港口新兴服务的推动作用更大一些。

(三)天津港口与产业敏感性分析

根据前面章节模型分析与运算的方法,我们同样对天津港与临港产业发展敏感度做了分析,分析结果(见表 5-30)。

表 5-30　天津港与临港产业发展敏感度分析

城市	临港传统工业产值	新兴临港工业产值	新兴临港服务业产值
天津	0.13%	0.03%	0.05%

资料来源:课题组测算。

计算后发现,天津临港传统工业对港口的敏感性最大,也就是说未来一段时间内天津临港工业仍然是天津港口发展最主要的推动力量。第二位的是新兴临港服务业。推演的结果显示,天津在港口和产业互动发展上必须坚持持续发展传统临港工业,并在短时间内完成转型升级,同时不断加大新兴临港服务业的发展力度,使服务业的发展略快于传统工业转型的速度,只有这样才能实现天津港向自由贸易港区转型的发展需要。

第四节　深圳港口与产业互动现状研究

深圳,副省级城市,计划单列市,华南第二大城市。中国改革开放以来第一个经济特区,中国四大一线城市之一,国际重要的空海枢纽和外贸口岸,市域边界设有全国最多的出入境口岸。深圳已经成为中国经济最发达的城市之一,2012 年经济总量居中国大陆第四位。

一、深圳港发展现状

深圳港位于珠江口以东,南海大亚湾以西的深圳市两翼。位于广东省珠江三角洲南部,珠江入海口伶仃洋东岸,毗邻香港。深圳港是我国沿海主要港口和集装箱干线港,是国家综合运输体系的重要枢纽;未来将与香港港口共同构筑高质量、高效率、高效益的现代化国际航运中心和物流中心。

(一)深圳港发展演进历史

深圳的前身是明代设的新安县,最早的港口仅仅以渔业生产和渔业辅助生产为主。特区建立伊始,深圳港蛇口港区的建设主要为特区提供货运,当时是典型的第一代港口。随着蛇口港区后续工程以及赤湾和妈湾港区的建设,特别是大规模临港工业的发展,深圳港开始向第二代港口发展。到 1990 年,基本形成第二代港口的框架。1991 年年底蛇口集装箱码头一期工程建成投产,深圳港开始向第三代港口方向发展,到 2003 年集装箱吞吐量一举跨过 1000 万 TEU 门槛,排到世界第四位。深圳港的性质和功能也发生了根本变化。港口不再局限于传统的运输方式的转换场所,而成为国际物流的组织者。"港口经济圈"庞大的产业体系,覆盖社会生产、商品流通以及为它们服务的各个领域,港口与城市融为一体。

(二)深圳港口发展现状

近年来,以外贸依存度为主的深圳港经受住了世界经济持续低迷的严峻考验,2012 年全年累计完成货物吞吐量 2.28 亿吨,增长 2.16%;外贸吞吐量 1.77 亿吨,增长 1.16%;集装箱吞吐量 2294.13 万标箱,增长了 1.64%;旅客吞吐量 432.57 万人次,增长 12.73%。港口四项吞吐量指标均创历史新高。深圳港全年箱量比香港少 15.57 万标箱,连续 10 年排名全球第四。2013 年超越香港排在第 3 位。

1. 港口基础设施

(1)码头:至 2011 年年底,深圳港累计投资 600 多亿元人民币建设港口设施,共建成 500 吨级以上泊位 172 个(160 个生产性泊位和 12 个非生产性泊位),其中万吨级以上泊位 69 个,集装箱专用泊位 44 个,生产性码头泊位岸线总长度 31.38 公里。货物年吞吐能力 20035 万标箱,其中集装箱吞吐能力 1925 万 TEU。客运泊位 19 个,年设计通过能力 550 万人次。

(2)航线:至 2011 年年底,深圳港已开辟通往全球各地的国际集装箱班轮航线238条,其远近洋国际班轮航线覆盖世界十二大航区主要港口,形成了庞大的航线网络。现有北美洲航线52条,南(中)美航线14条,欧洲航线56条,非洲航线14条,澳洲航线8条,亚洲航线70条,中东航线13条,其他航线12条。

2. 港口产业布局规划

深圳港已形成"两翼、六区、三主"的总体格局:"两翼"指东、西部两大港口群,"六区"指东部的盐田、龙岗港区和西部的南山、大铲湾、大小铲岛和宝安港区,"三主"指以集装箱运输为重点,体现深圳港核心竞争力的盐田、南山和大铲湾三大主体港区。

根据港口总体规划设想,深圳港未来仍以集装箱运输为主,散杂货运输为辅。集装箱运输将主要集中在以南山港区、大铲湾港区为主的西翼和盐田为主的东翼。

3. 经济腹地情况

深圳港口的直接腹地为深圳市、惠州市惠阳区、东莞市和珠江三角洲的部分地区,转运腹地范围包括京广和京九铁路沿线的湖北、湖南、江西、粤北、粤东、粤西和广西的西江两岸。货物以集装箱为主。

4. 集疏运网络

深圳港已形成"东西两翼"共同发展的格局,与之相匹配的公、铁、水立体道路支撑体系格局基本建立。

(1)公路:深圳的公路已经发展成为布局合理、层次分明、功能完善、协调发展的一体化道路网体系。形成了较完善的公路网布局,包括高快速路网、城市干道网和区级道路网3个层次。全市道路规划总里程4833公里,道路网密度247公里/百平方公里。

(2)铁路:广深铁路与京广、京九铁路沟通并延伸至香港九龙成为我国重要的南北铁路主干线之一。广梅汕铁路和三茂铁路直接与广深铁路相接,成为深圳市直接辐射粤东、粤西地区的重要铁路网络。深圳港通过平南铁路和平盐铁路与广深铁路相连,形成了深圳港铁路集疏运网络。

目前,已经开展铁路集装箱运输的线路有:深圳—成都、深圳—长沙、深圳—南昌、深圳—昆明、深圳—大朗(广州)、深圳—赣州,还有深圳经我国二连浩特市,途经6个国家,行程1.2万公里,最终到达捷克的国际集装箱班列。2011年,深圳港共完成海铁联运10.8万标准箱。

（3）水运：目前，深圳西部港区的"进口中转"业务已经扩展到了泛珠三角的17个城市39个码头，有27个关区与蛇口海关签订进口中转备忘录。

（4）管道运输：中国石化投资建设珠三角成油品管道工程，于2006年9月建成并投油运转。珠三角成品油管道深圳段工程投资5亿元，线路全长约115公里。广东省天然气（LNG）战线项目一期工程于2006年5月竣工，占地约40公顷，设计规模370万吨/年，设两座16万立方米储罐，二期工程设计规模700万吨/年。"十二五"规划提出将完善一体化油品输送管网，协调深圳市境内管道运输与珠三角区域管道运输系统，近期将主要完善珠三角东岸成品油管道，建设惠州—东莞、惠州—粤东、惠州—深圳等成品油输送管道。

5. 货物吞吐量

深圳港货物吞吐量连续15年排行内地沿海港口第八，集装箱吞吐量连续10年排行内地沿海港口第二、连续4年排行世界集装箱港口第四。2013年，跃居第三。2012年全港货物总吞吐量和集装箱吞吐量分别达到2.28亿吨和2294万TEU，占全港货物总吞吐量的70%以上。和2005年相比，货物吞吐量和集装箱吞吐量增长了48.56%和50.96%。具体数据见表5-31、表5-32所示。

表5-31　深圳港货物吞吐量相关指标统计数据　（单位：万吨）

主要指标	2005年	2006年	2007年	2008年	2009年	2010年	2011年	2012年
深圳港吞吐量	15351	17598	19994	21115	19365	22097	22316	22806
外贸吞吐量	10600	12700	15354	16200	14344	17106	17480	17706
内贸吞吐量	4751	4898	4640	4915	5021	4991	4836	5100

资料来源：根据深圳市统计年鉴整理。

表5-32　深圳港集装箱吞吐量相关指标统计数据　（单位：万吨）

主要指标	2005年	2006年	2007年	2008年	2009年	2010年	2011年	2012年
深圳港集装箱吞吐量	1619.67	1847.03	2109.38	2141.63	1825.01	2251.00	2257.07	2294.13
集装箱吞吐量增长率	18.61%	14.04%	14.20%	1.53%	−14.78%	23.34%	0.30%	1.64%

资料来源：根据深圳市统计年鉴整理。

6. 港口软实力

(1)深圳港口政策环境

1980 年以来中国在 13 个地区开放了 15 个保税区,其中深圳有 3个:福田保税区、沙头角保税区(是中国创办最早的保税区)以及盐田保税区。2000 年 4 月又增加了深圳出口加工区,围网面积 3 平方公里。吸引来自多个国家和地区几十个项目进入。深圳港的保税港区政策,不仅有利于增强深圳港的竞争力,而且有利于带动"珠三角"地区的产业升级,加快外贸发展方式的转变。

国家发展和改革委员会于 2012 年 6 月 29 日在香港公布了前海深港现代服务业合作区开发开放政策,内容涉及金融、财税、法制、人才、教育医疗以及电信等六个方面共 22 条。其中金融创新方面着墨最多,共 8 条内容。随着政策的推进,金融改革创新将有重大突破。

(2)深圳港口服务水平

由于港口设施和集疏运条件的改善,码头操作效率屡创新高。深圳港实行每周 7 天、每天 24 小时装卸作业制度,平均每艘集装箱船舶在码头停泊时间不超过 12 小时。深圳港自动化、专业化、智能化服务全国领先。

(3)深圳港科技研发能力

深圳港快速发展和港口的科技投入是分不开的。从历年的统计数据可以看出,2006 年深圳港口科技投入金额大概是 3.8 亿元。在此过程中形成了一个抛物线:2008 年达到最高 4.6 亿元,而后因为受到金融危机的影响,港口科技投入也有所下降,2009 年降至 3.3 亿元,后面两年都呈现增长趋势,和港口营业收入比值基本保持在 3%。

二、深圳港临港产业发展特点

(一)深圳临港产业布局情况

南山区产业布局是"一带五圈"。"一带"指大沙河创新走廊,这一区域将打造为核心的战略性新兴产业带和国际知识创新村试点区。"五圈"包括前海现代服务业经济圈、后海总部经济圈、蛇口转型升级示范圈、华侨城创意文化产业圈、科技园高新技术产业圈。第一增长点定位在高新技术产业。盐田区产业布局是做好"世界级三张名片"即全球知名港口物流枢纽、国际高端休闲旅游胜地、世界前沿的生物科技研发基地。龙岗区主要以工业为主导,发展现代物流、商贸、运输、文化产业、房地产、海滨旅游等现代服务业。

(二)深圳临港产业发展特点

1. 深圳传统临港产业发展特点

(1)黄金珠宝:著名品牌多,规模化、集约化程度高

从 1981 年 12 月东方首饰来料加工厂成立开始,经过 30 年的发展,已进入规模化、集约化发展时期。截至 2012 年全市共有注册的珠宝及配套类法人企业超过 3260 家,个体工商经营户 2000 多家,大中小型珠宝交易批发市场 18 家,从业人员约 15 万人,注册资金超过 100 亿元,行业制造加工产值超过 900 亿元人民币,个体工商经营批发及零售额约 160 亿元人民币。同时,全市共拥有"中国名牌"产品约 26 个,"中国驰名商标"产品 22 件,"广东省名牌"产品 24 个,"广东省著名商标"产品 20 个。

(2)仪器仪表:中国行业老大,世界数字万用电表王国

深圳在仪器仪表行业素有"世界数字万用电表王国"和"中国南方仪表仪器生产及研发基地"的美誉。据统计,深圳仪器仪表占世界市场份额的 85%。"深圳华谊"一家就差不多占 30%,公认的中国仪器仪表行业的老大。

(3)纺织服装:市场占有率高,自主创新能力强

深圳服装产业经过 20 多年的发展,已经拥有一批具有核心竞争力的国内一线服装品牌,行业自主创新能力逐步提高。2011 年深圳服装行业实现产值 1000 多亿元,出口近百亿美元,产值和出口额均创历史新高。目前,深圳服装在全国大城市商场的市场占有率达六成,深圳服装产业基地建设进展顺利,预计全部建成投产后,年产值将超过 300 亿元。

2. 深圳临港新兴产业发展特点

(1)深圳临港新兴工业发展特点

①高新技术产业:增加值高速增长,全国领先地位突出

2012 年高新技术产品产值达 1.29 万亿元,同比增长 9%;高新技术产品实现增加值 4100 亿元,同比增长 9.7%。到 2013 年 1 月止,深圳获国家认定的高新技术企业超过 2800 家。

电子信息产业:2012 年,深圳市 IT 发展产值 11360 亿元,占高新技

术产品产值的 87.9％。相当于我国规模以上电子信息业收入的七分之一左右,IT 出口 1194 亿美元,占深圳出口总额的 40％,占我国电子信息出口的 17.1％。深圳高技术企业当中,79％的企业从事 IT 行业。

LED 产业:作为国家半导体照明产业化基地,深圳的半导体照明产业居全国之首,2012 年产值逾 400 亿元,已形成完整的产业链,在背光源、显示屏、室内外及特种照明等应用领域引领市场方向,呈现成倍增长势头。

②战略性新兴产业:产业优势、特色明显,发展后劲足

深圳在 2009 年就确定生物、互联网、新能源为三大战略性新兴产业。2011 年,又增加新材料、文化创意和新一代信息技术三大产业。过去几年,在企业的合力作用之下,深圳战略性新兴产业已逐渐表现出领涨 GDP 的强劲势头。六大产业的规模由 2010 年的 8091 亿元,增加到 2012 年的 12480 亿元,产业规模年均增长 24.3％,增加值年均增长 19.5％。实现超常规发展。2013 年深圳经济总量突破 2300 亿美元,人均 GDP 达 2.2 万美元,战略性新兴产业增加值达到 5000 亿元,对 GDP 增长贡献率首次突破五成,成为经济发展的主引擎。

(2)深圳临港新兴服务业

①金融业:连续 5 年全国第三,领先优势突出。2009 年至 2013 年,深圳金融业实现增加值连续 5 年全国第三。和前两名北京上海的差距在逐步缩小。与排名在后面的广州、天津、杭州等相比,仍具较大领先优势。

②物流业:服务模式加速转变,一批行业领军企业涌现。"十一五"期间物流产业年均增长 14.74％,比同期 GDP 增速高出 1.7 个百分点;物流业增加值占 GDP 的比重达到 9.74％,比"十五"期末提高 0.29 个百分点。传统物流服务加速向综合第三方物流和供应链管理服务转变,涌现出了华南城、顺丰、怡亚通、飞马、越海、腾邦等一批以深圳为总部的现代化、规模化、品牌化物流领军企业。

③旅游业:企业主体不断壮大,高端旅游发展迅速。截至 2010 年,星级酒店总数达到 153 家,旅行社总数达 249 家,8 家旅行社进入全国百强,旅行社接待总人数 791 万人次,增长 26％。国家 5A 级旅游度假区——华侨城旅游度假区业绩领军全国,连续 3 年跻身全球八强,亚洲第一。2012 年深圳市旅游住宿设施接待过夜游客 4147.72 万人次,比上年增长 11.1％。高端旅游发展迅速,一批休闲旅游、绿色旅游新项目建成

开放。旅游知名度不断提高。

三、深圳城市资源情况

(一)城市环境

1. 进出口总额

2012 年深圳外贸进出口总额 4667.85 亿美元,比上年增长 12.7%。其中出口占全省出口总额的 47.3%,连续 20 年居内地城市首位,如表 5-33所示。

表 5-33　2005—2011 年深圳市进出口货物详细情况

年份	2005	2006	2007	2008	2009	2010	2011
深圳口岸进出口货物总额(亿美元)	1828.17	2374.11	2875.33	2999.55	2701.55	3467.49	4141.00
同比增长(%)	24.1%	29.9%	21.1%	4.3%	−10.4%	28.4%	19.4%
出口货物总额(亿美元)	1015.18	1361.08	1684.93	1797.20	1619.79	2041.84	2455.25
进口货物总额(亿美元)	812.99	1013.03	1190.40	1202.35	1081.76	1425.66	1685.74

资料来源:深圳市历年统计年鉴。

2. 人才总量

截至 2011 年年底,深圳市人才资源总量达到 373 万人,比 2010 年年底的 357 万增长 4%。其中,专业技术人才 103 万,技能人才 234 万,企业经营管理人才 32 万,党政人才 4 万,社工人才 1800 人。在高层次人才队伍中,全职"两院"院士 8 人,中央"千人计划"人才 30 人,省领军人才 6 人,市"孔雀计划"人才 61 人,市领军人才 2060 人。研发人员 29 万多人。广东省创新科研团队 9 个,"孔雀计划"创新科研团队 6 个,国家海外高层次人才创新创业基地 5 个。

3. 城市交通投入

①公路建设。2007 年深圳公路重点工程建设实现突破性进展。深圳市公路局共承担路网建设任务 19 项,核定累计里程 111.49 公里,总投资 107.74 亿元。2011 年,广深沿江高速公路建设增资 8 亿元。

②轨道交通。深圳 2008 年投资 800 亿元同时建设 1 号罗宝线、2 号蛇口线、3 号龙岗线、4 号龙华线、5 号环中线等 5 条轨道交通线路。截止到 2011

年 6 月,深圳地铁 2 期工程已全线开通,5 条线路。全长共计 178 公里。

③智能交通。经过"十一五"的发展,初步形成了智能交通基础环境。"十二五"期间,深圳市将投入 16 亿元资金,用以发展智能交通体系,包括 2 亿元的科研经费,以及 14 亿元的建设资金投入,将完成包括"1+6"体系项目建设等在内的八大重点任务。到"十二五"期末,将基本建成处于国内领先、具有深圳特色的智能交通系统环境。

4. 货运量

2011 年深圳全年货物运输总量 30335.17 万吨,比上年增长 5.0%。货物运输周转量 2018.88 亿吨公里,增长 3.2%。2011 年深圳市各种运输方式完成货物运输量及增长速度见表 5-34 所示。

表 5-34 2006—2011 年深圳各种交通方式货物运输量 （单位:万吨）

年份	铁路	公路	水运	航空	货物运输量
2006	310.80	7918.00	3070.00	21.28	11320.08
2007	325.00	9274.00	4127.20	27.63	13753.83
2008	400.80	10604.00	3848.20	40.97	14893.97
2009	480.15	17621.00	4213.00	53.39	22367.54
2010	390.20	19847.00	5859.04	78.42	26174.66
2011	413.99	21685.00	6722.66	78.87	28900.52

资料来源:深圳市历年统计年鉴。

(二)港口持续发展

1. 深圳市近年地区生产总值

2005 年以来,深圳市地区生产总值持续增长。经济总量在全国内地大中城市中保持前四位。具体数值见表 5-35 所示。

表 5-35 2005—2012 年深圳市地区生产总值(GDP)

年份	地区生产总值 (亿元)	第一产业 (亿元)	第二产业 (亿元)	第三产业 (亿元)	人均生产总值 (元)
2005	4926.90	9.85	2581.69	2443.74	60507
2006	5684.39	5.68	3024.09	2654.61	67907
2007	6765.41	6.76	3443.59	3315.05	79221

续表

年份	地区生产总值（亿元）	第一产业（亿元）	第二产业（亿元）	第三产业（亿元）	人均生产总值（元）
2008	7806.54	7.80	3817.39	3918.03	89814
2009	8201.23	8.20	3829.97	4367.55	92771
2010	9510.91	9.51	4517.68	4983.71	96246
2011	11505.53	6.55	5343.32	6155.65	110421
2012	12905.08	5.56	5737.64	7206.88	

资料来源:深圳市历年统计年鉴。

2. 单位 GDP 能耗

近年来,深圳出台并强力落实了一系列节能减排政策,严控高耗能、高排放行业固定资产投资。"十一五"期间,全市单位 GDP 能耗为 0.494 吨标准煤/万元,分别相当于全国和全省平均水平的 50% 和 77% 左右,在全国处于领先水平。2011 年深圳市万元 GDP 能耗和水耗分别下降到 0.47 吨标准煤和 18.7 立方米,均为全国最低。

3. 年度授权专利数量

截至 2012 年年底,深圳累计申请专利 39.8742 万件,累计专利授权 22.7214 万件。累计国内有效发明专利 5.2768 万件。

4. R&D 投入

2012 年,深圳研发投入占 GDP 的比重提升到 3.81%,约是全国平均水平的两倍,并远远超出广东省 2.1% 的同期数据。根据经合组织的最新数字,美国科研投入占国内生产总值的比重约为 2.8%,而中国和日本的这一比例分别为 1.8% 和 3.3%。全球这一比例最高的经济体是以色列,达到 4.4%。

四、深圳港口与产业互动现状分析

深圳港从 1980 年建立第一个泊位到现在,经历了 30 多年的发展,到 2013 年已经跃居成为世界第三大集装箱港口,创造了世界港口发展史的奇迹。值得关注的是,深圳港的发展是以临港产业的发展作为基础和支撑的。

（一）深圳港口与产业发展数据预测

在对深圳港口和产业发展特征进行深入分析基础上,通过科学的方法,对未来几年的深圳港口营业收入和临港产业产值做了预测,预测结果显示未来深圳港口发展的态势良好,如果没有特殊事件发生,港口及临港产业发展将保持平稳的增加。具体数值见表5-36。

表 5-36　2013—2017 年深圳港口营业收入和临港产业产值预测

年份	临港传统工业产值 (亿元)	新兴临港工业产值 (亿元)	新兴临港服务业产值 (亿元)	港口营业收入 (亿元)
2013	1627.29	150.43	97.14	172.59
2014	1811.44	158.38	103.72	173.49
2015	2034.39	168.01	111.69	174.45
2016	2305.49	179.73	121.39	175.47
2017	2636.35	194.02	133.21	176.56

资料来源:课题组整理。

(二)深圳港口与产业相关性分析

深圳港口从 2005 年至 2012 年,一直保持着集装箱世界第四的地位,2013 年跃居第三。港口生产和作业能力在不断地提高,港口吞吐量和集装箱吞吐量总体保持上升趋势,如图 5-10 所示。

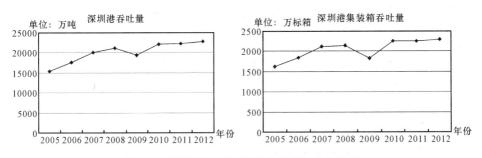

图 5-10　深圳港口吞吐量与集装箱吞吐量趋势

从图 5-10 可以看出,深圳港口吞吐量和集装箱吞吐量增长趋势几乎同步,都是在 2008 年到 2009 年间有一个很大的降幅,这个和其他港口表现类似,同样是受到金融危机的影响。不过,深圳是一个对外依存度较高的城市,所以和其他港口城市比,受到的影响更大,吞吐量下降的趋势更加明显。

根据课题组整理的 2006 年到 2011 年深圳临港产业情况如图 5-11

所示。在整个临港产业中,传统临港工业依然比例较大,但是和其他城市比较,深圳的新兴临港工业和新兴临港服务业所占比例明显有所提高,新兴临港工业比重是新兴临港服务业的两倍,这与深圳市本身的城市发展定位比较符合。

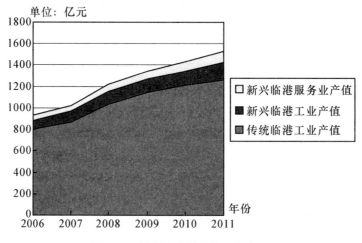

图 5-11　深圳产业总产值面积占比

同样对深圳 2006 年至 2011 年港口营业收入和临港传统产业、临港新兴产业的相关性进行分析,发现港口营业收入与临港传统产业发展的相关系数为 0.8814,而与临港新兴工业的相关指数为 0.9607,与临港新兴服务业的相关指数为 0.94。所以从数据分析显示,深圳港口未来应该在发展临港传统产业保持港口营业收入不断增长的情况下,投入更多的力量发展临港新兴产业。

(三)深圳港口与产业敏感性分析

根据前面章节模型分析与运算的方法,我们对模型的变量做了相对性分析,在变量上增加了 1%,进行运算。

表 5-37　深圳港与临港产业发展敏感度分析

城市	临港传统工业产值	新兴临港工业产值	新兴临港服务业产值
深圳	0.10%	0.05%	0.17%

资料来源:课题组整理。

经过测算,深圳临港产业中敏感度最大的是新兴临港服务业,其次是临港传统工业。虽然深圳市的新兴临港工业发展占比略大于新兴临港服务业,但是经过我们的分析,认为深圳更应加大新兴临港服务业的投入,大力扶持其成为新的经济增长点。同时为传统临港工业注入更多的创新元素,促进临港传统产业转型发展。因为深圳城市新兴临港工业内动力比较强,政府可以多提供政策,提供多元发展空间。

第五节　广州港口与产业互动现状研究

广州港地处珠江入海口和我国外向型经济最活跃的珠三角地区中心地带,濒临南海,毗邻香港和澳门,东江、西江、北江在此汇流入海。广州是华南地区的交通枢纽中心,水路、铁路、公路和航空交通发达,已形成辐射东南亚,连通世界各地的海、陆、空立体交通网络。

一、广州港发展现状

(一)广州港发展演进的历史

广州港历史悠久,早在秦汉时期,广州古港就是中国对外贸易的重要港口,是中国古代"海上丝绸之路"的起点之一。历史上广州港在大部分时间里都占据着中国港口的头把交椅,鸦片战争之后让位于上海。改革开放以来,广州港发展成为国家综合运输体系的重要枢纽和华南地区对外贸易的重要口岸。1999 年广州港成为继上海之后的全国第二个亿吨大港。2012 年广州港以其集装箱吞吐量达到 1452 万标箱,列世界港口第七位。

(二)广州港发展现状

广州港是华南地区最大的对外贸易口岸。港区划分为内港、黄埔、新沙和南沙等四大港区和珠江口锚地组成。拥有一批设施先进的大型专业化深水码头和华南地区最大的滚装船码头。2013 年全国港口货物吞吐量列居第四,增速是位居第五的苏州港一半。

1. 基础设施情况

(1)码头

到 2011 年,广州港拥有各类生产用泊位 533 个,其中万吨级以上泊位 65 个;拥有锚地 88 个,最大锚泊能力 30 万吨(见表 5-38)。

表 5-38　广州港港口码头泊位数(2005—2011 年年底)

年度	总计			生产用			非生产用	
	码头长度(米)	泊位个数(个)	万吨级泊位数(个)	码头长度(米)	泊位个数(个)	万吨级泊位数(个)	码头长度(米)	泊位个数(个)
2005	46553	617	49	36301	455	49	10252	162
2006	49348	631	57	39886	474	57	9462	157
2007	50863	634	61	41301	475	61	9562	159
2008	43183	503	56	40062	461	56	3121	42
2009	44163	509	58	41042	467	58	3121	42
2010	45122	515	60	42001	473	60	3121	42
2011	47834	533	65	44398	487	65	3436	46

资料来源:广州市统计年鉴。

(2)航线

截至 2011 年,广州港已开辟通往欧洲、美洲与非洲和澳洲的远洋国际航线及东亚、东南亚近洋航线 30 多条;而沿海内贸集装箱航线与煤炭石油等散杂货运输航线,内河航线可通往香港、澳门以及广东省内各大小港口,通过珠江水系可到达广西壮族自治区各港口。

2. 港口规划布局

内港港区:保留部分泊位的客、货运功能,其部分泊位逐步搬迁、调整为城市功能。主要承担广州市及珠江三角洲地区能源物资、原材料、粮食、杂货、客运及沿海、近洋集装箱运输作业。

黄埔港区:承担沿海、近洋集装箱运输,粮食、煤炭、化肥、成品油等散货运输和沿海粮食中转及西江沿线非金属矿石运输。

新沙港区:承担集装箱、煤炭、铁矿石、粮食和化肥等物资运输为主的综合性港区。

南沙港区:承担集装箱、能源、石油化工、汽车滚装、杂货、粮食运输以及保税、物流、商贸、临港工业开发的综合型深水港区。

3. 经济腹地情况

广州港经济腹地辽阔,以广州市为主要依托,包括广东、广西、湖南、湖北、云南、贵州、四川以及河南、江西、福建的部分地区。

珠江水系腹地内矿产资源丰富,沿江地区工农业比较发达,许多重要城市分布于沿江两岸。通过该港的国内外货物货种、流量、流向具有复杂多变的特点。

4. 集疏运情况

广州是华南地区的交通枢纽中心,水路、铁路、公路和航空交通发达,已形成辐射东南亚,连通世界各地的海、陆、空立体交通网络。尤其是珠三角河道纵横交错,航运资源条件优越,目前已初步形成以通航1000吨级及以上标准航道为骨干,以四级航道为基础,江海直达,连通港澳的航道运输网。

5. 货物吞吐量

2005年以来,借助得天独厚的地理条件及政策优势,广州港货物吞吐量不断创历史新高。2012年,广州港集团完成货物吞吐量3.158亿吨、集装箱吞吐量1220.7万标准箱,分别比上年增长6.5%和5.8%。历年货物吞吐量及集装箱吞吐量具体情况见表5-39、表5-40所示。

表5-39　广州港货物吞吐量相关指标统计数据　　（单位:万吨）

主要指标	2005年	2006年	2007年	2008年	2009年	2010年	2011年
广州港吞吐量	25035.95	30281.68	34325	34700.17	36395.41	41095.24	43149
外贸吞吐量	6293.15	7727.36	8051	7941.87	8357.29	8992.08	9914
内贸吞吐量	18742.8	22554.32	26274	26758.3	28038.12	32103.17	33235

资料来源:根据广东省统计年鉴整理。

表5-40　广州港集装箱吞吐量相关指标统计数据　　（单位:万吨）

主要指标	2005年	2006年	2007年	2008年	2009年	2010年	2011年	2012年
广州港集装箱吞吐量	468.3	665.6	925.9	1100.1	1131	1255	1425.04	1474.36
集装箱吞吐量增长率	41.91%	42.13%	38.9%	18.8%	11.0%	2.8%	13.6%	3.46%

资料来源:根据广东省统计年鉴整理。

6. 软实力

近年来广州不断优化政策环境,支持港口发展。2011年3月,广州南沙保税港区专门出台新的财政扶持政策,以吸引更多的投资者落户。2013 年 5 月,广州市政府办公厅印发《关于进一步支持广州港集团发展的意见》,提出力争用 5 年时间,投入项目建设资金约 250 亿元,将广州港集团打造成为世界级综合型港口企业。同时,支持广州港股份有限公司加快上市工作,拓宽融资渠道。意见中还提出了 10 项支持广州港发展的具体政策。

二、广州港临港产业发展现状

广州市是全国重要的工业基地、华南地区的综合性工业制造中心。经过多年的发展,目前广州已建立比较完备的临港产业体系与临港专业市场体系。钢铁、石油化工、冶炼、造船、汽车、海洋工程制造等临港产业成为广州市的支柱产业,木材、船舶、石油、冷冻品、工程机械等临港专业市场也已成为广州市场建设的重要品牌。

(一)广州临港产业布局情况

2009 年 9 月,广州市政府颁布了《广州城市总体发展战略规划》。规划明确广州将构建 10 个产业单元,形成"一核三带"的产业格局。其中,中心城区产业单元将成为中心城区服务业集聚核;北部产业集聚带包括空港、花都西部、从化 3 个产业单元;东部产业集聚带包括黄埔、萝岗、新塘产业单元,增城产业单元和科学城(北区)产业单元;南部产业集聚带包括番禺西部、番禺东部和南沙临港 3 个产业单元。就汽车、石化、电子信息、生物医药、钢铁、船舶以及重型装备制造业产业进行详细的具体布局,明确了各产业发展方向。

(二)广州临港产业发展特点

1. 广州临港传统产业发展特点

近年来,广州重点推进汽车、石油化工和精品钢铁等六大先进制造业基地建设,目前三大支柱成为先进制造业增长的主引擎。值得关注的是 2013 年,传统支柱行业汽车、化工、金融、成品油表现疲软,税收均出现下降。

(1)钢铁:稳中有增,面临微利经营的困局到 2010 年广州市钢铁产业总产值达到 439.02 亿元,"十一五"期间,增长了 28.92%。而 2011 年钢铁产业总产值达到 516.86 亿元,和 2010 年相比增长了 11.75%。近两年面临产能过剩和微利经营的困局。

(2)石化及精细化工业:支柱产业之一,转型中产值有所提升

《广州市石油化工制造业发展规划(2006—2020 年)》明确提出,仍将石油化工作为支柱产业之一,根据产业发展、环境保护和安全生产的需要,将建立黄埔石油化工及深加工基地、萝岗新材料和精细化工产业基地和南沙临港石化三大石化产业基地,2012 年实现总产值占全市规模以上工业总产值的 15.75%。预计到 2016 年,精细化工及前后端产业链可实现总产值 3500 亿元。

(3)汽车:涨落起伏较大,第一支柱产业地位坚固

从 2003 年确定为支柱产业至今,汽车产业实现了跨越式发展,三大汽车产业基地和国家汽车出口基地产业集群效应日益明显。2009 年规模以上汽车制造业工业总产值完成 2250 亿元,同比增长 21.63%;2010 年,汽车整车年生产能力达到 136 万辆,同比增长 20.16%,汽车工业总产值达到 3000 亿元,产量分别占全国汽车和乘用车的 7.53% 和 9.79%。2011 年增幅大幅回落。2012 年受中日关系波动影响,近十年首次出现负增长。2013 年全年产销量接近 170 万辆,比 2012 年增长 22%。汽车制造业产值超过 3600 亿元。第一支柱产业地位坚固。预计 2016 年全市汽车整车产量将达 300 万辆,实现产值约 5000 亿元。

(4) 轻纺:持续稳步增长,全国同行排名前四

纺织是广州市的支柱产业。2010 年,全省规模以上纺织企业 6659 户,比 2005 年 4701 户增加 1958 户;完成工业总产值 5265.93 亿元,较 2005 年增长 1.43 倍,年均增长 19.41%。在全国同行排名第四位。纺织品服装出口总额 381.56 亿美元,较 2005 年增长 72.22%。年均增长 11.48%。主要纺织产品产量稳定增长,行业产销衔接良好。广州长江(中国)轻纺城是目前全球最大的纺织品和服装辅料交易展示专业市场。

(5)船舶:单船生产能力国内居首,发展势头强劲

"十一五"期间,广东省加快经济发展方式转变,投入 2.37 万亿打造"新十项工程",启动现代产业"500 强"项目建设。广州正出现越来越多的第一:中船龙穴造船基地、大岗船舶配套装备产业园建设扎实推进,形

成年产 358 万载重吨生产能力,单船生产能力超过上海为国内之首、产出国内首台百万千瓦级核反应堆压力容器、建设内地最大的船用柴油机生产基地。

2. 广州临港新兴产业发展特点

(1)广州临港新兴工业发展特点

①电子信息业:战略支柱产业,形成了一定规模和竞争优势

电子信息产业是广州市的战略支柱产业。"十一五"期间产业规模快速增长,年均增长率17%,高于全国和全省平均水平。2010 年实现产值 1802 亿元,比 2006 年增长了 121%,对全市工业增长的贡献率为25.0%,占三大支柱产业的 27.1%。2011 年实现产值 2025 亿元,同比增长 11.5%,2012 年电子产品制造业产值 2351.025 亿元,增长 16.1%。计划到 2015 年,建成我国重要的电子信息产业基地、新一代信息技术应用示范产业基地,在数字家庭等领域建成国际创新高地。

②生物制药:产值快速增长,特色产业集群初步形成

2006 年以来,广州相继建成广州科学城生物技术产业园、白云生物医药健康产业基地。在这两个出口核心带动下,经过几年的快速发展,现已初步形成了生物医药、生物农业、生物制造三个优势产业集群和海洋生物、生物服务两个特色产业集群。2007 年,广州生物产业完成总产值约 358 亿元,占全市高新技术产品产值的 12.5%。到 2012 年广州生物产业总产值已超过 1500 亿元,其中生物医药产值超过 700 亿元。

③新能源、新材料:强势崛起,发展优势明显

第一,新材料:产值增势明显,一批行业龙头形成。2007 年全市新材料产品中金属材料、无机非金属材料、有机高分子材料和精细化工产品的工业总产值分别为 315.85 亿元、73.58 亿元、189.27 亿元和 54.96 亿元,2010 年广州新材料产业总产值年均增长 20% 以上,达到 900 亿元、约占全市工业总产值的比重为 7.4%,工业增加值 200 亿元、约占全市 GDP的 2.3%。目前广州开发区的新材料产业园区聚集了一些知名龙头企业,重点发展技术密集型、资金密集型和环保型的新材料系列产品。

第二,新能源:新能源产业强势崛起,行业集中度不高。广州新光源产业已成为珠三角的龙头。2011 年广东 LED 产业实现产值 1600 亿元,同比将再实现翻番。而到"十二五"期末,这一数字将达到 10000 亿元左

右。广东 LED 企业近 3000 家,产业规模约占全国的 70%,产值和规模均位居全国首位。目前存在行业规模虽大但不强,企业家数多但行业集中度不高的问题。2012 年广州投资 1000 亿元人民币发展新能源。2013年,广州制定了国内首个新能源和可再生能源发展规划,该规划将太阳能、风能、核能发展放到了首位。广州将在未来几年争取有效控制污染物的排放量,到 2020 年新能源产值将达到 4000 亿元。

第三,新能源汽车:产业基地形成,核心竞争力快速提升。广州市新能源汽车在示范推广、产业发展、政策措施以及重点项目推动下,形成了良好的新能源汽车发展氛围。在 2010—2012 年国家试点期间,广州市总示范规模达 2771 辆。2012 年广州计划在 3 年内,新增新能源车 2600辆。新能源商用车方面,广汽集团研发生产的新能源客车累计超过 1700辆,实现销售收入约 17 亿元。去年广州市已经被省授予首批战略性新兴产业(新能源汽车产业)基地。广州以广汽集团为龙头,重点建设番禺区、白云区、增城市、花都区等四大核心区域。培育打造广州新能源汽车的核心竞争力。到 2020 年,将广州建设成为世界级新能源汽车研发中心和制造基地。力争新能源汽车产业规模达到产值 2400 亿元。

(2)广州临港新兴服务业发展特点

从"十一五"初期开始,广州就有序推进产业"退二进三",构建现代服务业体系。到 2010 年年末,广州三大产业结构比例已调整为 1.6：37.4：61,服务业对广州经济增长贡献率超过 60%,在大中城市中仅次于北京,超过上海和深圳。

①物流业:物流企业数跃居全国第二,国际现代物流中心在规划建设中。广州区位优势明显,立体式、都市型、信息化综合交通枢纽完善,广州港已建成华南地区主要物资集散地和最大的国际贸易中枢港。现代物流业已形成"南有马士基、北有联邦快递"的发展格局,拥有国家 A级资质的物流企业数跃居全国第二。2012 年,广州物流业增加值 1020亿元,占 GDP 比重 7.53%。目前广州市正积极申报粤港澳自贸区,推进建设国际现代物流中心,预计 2016 年增加值可达到 1500 亿元。

②航运金融:市场主体不断增加,现代金融服务区建设稳步推进。2012 年金融业实现增加值 955.30 亿元,增长 8.3%。全市拥有保险机构609 家,总部 3 家,市场主体 77 家。全年保费收入 420.80 亿元,增长

5.9%。广州市政府提出南沙新区以航运金融为突破口,全力打造现代金融服务区。

③旅游业:支柱产业地位初步确立,增加值全国所占比重不高。2007年到2013年,旅游业总收入、增加值连年递增。2007年广州市旅游业总收入798.15亿元,同比增长13.9%,旅游业增加值达278.39亿元,同比增长17.37%;2011年广州旅游业总收入同比增长29.98%;2012年旅游业总收入同比增长17.2%。2013年旅游业总收入2202.39亿元,同比增长15.24%,全年实现旅游业增加值936.45亿元,同比增长15.24%。尽管连年递增,但增加值所占比重不高,与旅游业发达城市比差距还比较大。

三、广州城市环境资源支撑

(一)城市环境

1. 进出口总额

2012年广州市实现进出口总额1171.3亿美元,同比上升0.8%;服务贸易进出口额超过400亿美元,增幅超60%,占全国的比重从2011年的十七分之一提高到约十二分之一;对外投资总额达7.1亿美元。投资落户广州的外商投资企业达1万多家,吸纳就业人员达135万人;在穗世界500强企业达到232家,投资项目626个。

2. 人才总量

自2003年年底以来年均增长16%。截至2008年年底,广州地区人才资源总量中受过大专以上教育的已达185.5万人。到2014年2月,广东专业技术人才总量达455万人。高层次人才总量达26.5万人。

3. 城市交通投入

从2005年,广州城市交通投入为256.28亿元。而从2006年到2010年,交通投入的金额都低于2005年。2011年,投入金额为287.5亿元,比前一年增长28.35%。从2012年到2017年,广州将投入超过2700亿元巨资进行240多项交通设施的建设,解决广州市的城市交通问题。其中地铁通车里程将从目前的236公里增加到500公里。

4. 铁路货运量

广州由于地处珠三角地区,高速公路比较发达,近几年来铁路货运量并没有明显的变化,2006 年铁路货运量是 6660.8 万吨,近几年最高值是 2007 年,达到 7013 万吨,而到 2011 年的铁路货运水平低于 2006 年水平,和 2006 年比还下降了 3.3%。

(二)港口持续发展

1. 地区生产总值

2006 年全市实现地区生产总值 6068.41 亿元。2010 年,广州市实现地区生产总值 10604.48 亿元。"十一五"期间,增长了 74.75%。2012 年,广州市实现地区生产总值 13551.21 亿元,人均生产总值 106282 元,全国排名第一(见表 5-41)。

表 5-41　2006—2012 年广州市地区生产总值(GDP)　　(单位:亿元)

年份	地区生产总值	第一产业	第二产业	第三产业
2006	6068.41	145.51	2419.38	3503.52
2007	7050.78	161.09	2816.89	4072.80
2008	8215.82	167.72	3198.96	4849.14
2009	9112.76	172.55	3394.65	5545.56
2010	10604.48	189.05	3950.64	6464.79
2011	12303.12	203.06	4532.52	7567.54
2012	13551.21	220.72	4713.16	8617.33

资料来源:广州市历年统计年鉴。

2. 单位 GDP 能耗

广州作为一个能源消费大市,2002—2007 年广州市能源消费总量的年均增长率为 11.6%,比同期全国能源消费总量的年均增长速度快近 2 个百分点。2008 年能源消费迅速增长,达到 5193.27 万吨标准煤。2009 年,广州市严格实行节能减排,全市万元生产总值能耗下降 4% 以上,2011 年继续下降,同比下降 3.78%,比全国下降幅度 2.01% 多 1.77 个百分点。万元工业增加值能耗下降 5.13%,万元地区生产总值电耗下降 1.46%。能耗呈逐年下降趋势。

3. 港口科技投入

2006 年港口科技投入 0.8 亿元,"十一五"期间累计投入 4.9 亿元,

2011 年投入 1.5 亿元,比 2010 年增长 15.38%。近两年不断地加大对港口科技创新方面的投入,投入表现为多元化、全方位。

4. 年度授权专利数量

2010 年,全市全社会研究与开发(以下简称 R&D)经费投入 192.43 亿元,是 2005 的 2.26 倍,年均增长率为 17.8%。专利申请量 20801 件,是 2005 年的 1.89 倍。"十一五"时期,全市获得国家、省级科技奖励 682 项,其中国家级奖励 58 项。2012 年全年受理专利申请 33421 件,增长 19.0%,与 2006 年相比受理申请增长了近 3 倍。

四、广州港口与产业互动现状分析

随着广州经济的发展以及在珠三角地区地位的不断提高,广州港口已成为服务和支撑临港产业发展的重要部门。如何进一步促进港口和产业协调发展是广州市发展需要解决的重大命题。

(一)广州港口与产业发展数据预测

根据广州城市发展和港口统计年鉴中的数据,可以分析出广州产业和港口互动发展是有历史性的,而且广东依靠珠三角港口联盟群的优越地理位置,港口和产业的发展一直保持着良性的互动关系。我们根据历年的统计数据,对广州港未来几年的港口与临港产业做了科学的预测,具体数值见表 5-42 所示。

表 5-42　2013—2017 年广州港口营业收入和临港产业产值预测（单位:亿元）

年份	临港传统工业产值	新兴临港工业产值	新兴临港服务业产值	港口营业收入
2013	7504.52	187.96	125.01	39.32
2014	8335.90	191.22	131.40	40.76
2015	9270.55	194.88	138.59	42.45
2016	10328.84	199.03	146.72	44.45
2017	11535.04	203.76	155.99	46.80

资料来源:课题组预测。

从表 5-42 中可以看出,接下来几年广州临港产业中,传统临港工业的产值比例依然是最大。2013 年至 2017 年的预测数据显示,临港传统工业的产值占总产值平均比例是 96.56%,而新兴临港工业的产值占比约为 2%,新兴临港服务业的产值占比约为 1.44%,临港传统工业的产值平均增长率为 11.08%,新兴临港工业产值增长率为 1.68%,新兴临港服务业的增长率为 4.96%。从上述的数据分析可以看出,广州港还要继续加大传统临港产业的发展,并且不断地转变生产方式,提高生产效率。与此同时,还要大力地发展新兴临港服务业,不断拓展服务项目,为港口的传统产业提供服务和配套。新兴临港工业目前产值比例较小,说明发展空间还比较大,政府要出台更加灵活的优惠政策,借助广州民间资本,鼓励民间力量发展临港新兴产业。

（二）广州港口与产业相关性分析

近几年世界各国港口发展迅猛,尤其中国港口运营世界领先。2013年全球十大港口排名,广州港排名世界第八大港口。

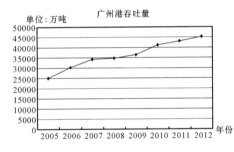 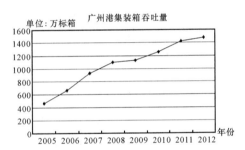

图 5-12　广州港口吞吐量与集装箱吞吐量趋势

从图 5-12 可以看出,广州港从 2005 年以来港口吞吐量和集装箱吞吐量一直呈上升趋势。广州港 2005 年到 2007 年港口吞吐量增长较快,2008 年虽然受到国际金融危机的影响,但是吞吐量依然保持缓慢上升趋势,2009 年以来吞吐量上升趋势呈现平稳态势。

广州港因为优越的地理位置和发展环境,近几年临港产业发展很快。从图 5-13 可以看出,广州港和上海港、天津港有类似的现象,都是传统产业比重较大,所以也都面临着港口创新发展的问题,广州港因为城市发展的特点,体现出来的是它的新兴临港工业比重要大于新兴临港服务业,这个趋势在未来几年也将延续。

利用 SPSS 软件,对 2006 年至 2011 年港口营业收入和临港传统产业、临港新兴产业的相关性进行分析,发现港口营业收入与传统临港产业发展的相关系数为0.9306,而与临港新兴工业的相关指数为0.9564,与临港新兴服务业的相关指数为0.9330。数据分析显示,广州港未来发展应该在发展临港传统产业保持港口营业收入不断增长的情况下,投入更多的力量发展临港新兴产业。

(三)广州港口与产业敏感性分析

对广州港口历年的数据进行分析,对临港传统工业、新兴临港工业和新兴临港服务业进行了相对分析,具体数值如表5-43。

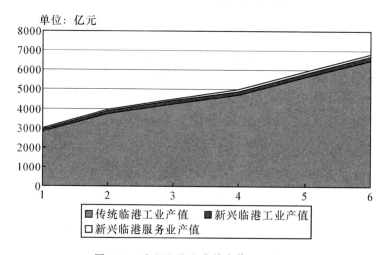

图5-13 广州临港产业总产值面积占比

表5-43 广州港与临港产业发展敏感度分析 (单位:%)

城市	临港传统工业产值	新兴临港工业产值	新兴临港服务业产值
广州	0.08	0.10	0.15

资料来源:课题组整理。

分析结果显示,广州港新兴临港服务业对广州港口的敏感性最大,换句话说,未来对广州创新推动作用最大的是新兴临港服务业。今后广州港要加大新兴临港工业和新兴临港服务业的发展力度,为这两个产业提供更大更多的发展空间。

第六节　大连港口与产业互动现状研究

一、大连港概述

大连市地处辽东半岛南端,西北濒临渤海,东南面向黄海,有 1906 千米的海岸线,与山东半岛隔海相望,北依东北三省和内蒙古东部腹地,同时与俄罗斯、朝鲜、韩国、日本远东地区相邻,位于东北地区、环渤海经济圈、东北亚经济区三区相叠的交汇处,是中国东北地区最重要的出海口,是中国北方乃至东北亚地区重要的港口、贸易、工业和旅游城市。

(一)大连港口发展演进的历史

大连地区原始港口雏形的显现是在距约今 7000 多年前。3000 多年前,大连逐渐成为中国稻作、青铜等技术文化东传朝鲜和日本的口岸,此时的大连港才真正成为口岸。1840—1898 年,为防倭寇,大连港向军港演变,随着水军设置及相关定制的完善,初具近代军港形态。1899—1950 年,大连港先后被沙皇、日本、苏联控制。这一时期的大连港虽然具备了第一代港口的功能及特征,但由于受历史条件的制约,港口的发展完全服务于政治、军事目的,港口的全面发展受到了严重的限制。

自 1951 年起,大连港由苏联移交中国。1954 年大连港被确定为三大海上航运中心之一,主要对苏联和东欧国家开放。改革开放以后,大连港又被进一步定位成国际大港,出现了小规模的临港工业及相关产业,呈现出第二代港口的功能特征。

1989 年,国家确立了大连大窑湾港为国际深水中转港,1992 年大连保税区的设立,1993 年大窑湾港区开港,第三代港口特征已经完全显现出来。进入 20 世纪 90 年代以后,大连港在城市发展中的作用愈发明显。已逐渐呈现出第四代港口的部分特征。

(二)大连港口发展现状

大连港是全国十大港口之一,2013 年大连港货物吞吐量排名第八,集装箱吞吐量首次突破1000万标箱,达到1001.5万标箱,从而进入千万标箱级港口队列。在2011—2013这3年之内,据中港网数据显示,大连港口集装箱吞吐量数据连续创造了21.6%、25.9%、24.2%的高增速。2012年和2013年的两年增速,在十大港口中均居首位。也遥遥领先于全球各大港口。

1. 港口基础设施

(1)码头及泊位:大连港集装箱码头业务主要集中于大窑湾地区,集装箱码头海岸沿线共计5784米,设计能力通过达到600万TEU,基本可以靠泊世界上所有大型集装箱船舶。大连港港口码头泊位历年数额如表5-44所示。

表5-44 2005—2011年大连港港口码头泊位数

年度	总计			生产用			非生产用	
	码头长度(米)	泊位个数(个)	万吨级泊位数(个)	码头长度(米)	泊位个数(个)	万吨级泊位数(个)	码头长度(米)	泊位个数(个)
2005	30715	223	57	26119	192	57	4596	31
2006	35708	222	73	31112	191	73	4596	31
2007	36562	226	74	31746	194	74	4816	32
2008	36825	222	76	33168	198	76	3657	24
2009	37195	221	78	33318	196	78	3877	25
2010	37563	225	78	33686	200	78	3877	25
2011	37855	223	79	33978	198	79	3877	25

资料来源:中国港口历年统计年鉴。

(2)航线

截至2011年年底,大连已与160多个国家和地区的300多个港口建立了航运往来,航线覆盖100多个港口,拥有集装箱航线90余条。2013年,先后开通了满洲里集装箱过境班列和西非远洋集装箱干线,成功开行了大连至沈阳、长春、双辽的客车化集装箱班列;通过与中海、中远、马士基、达飞、地中海航运等50余家国内外主要船公司开展集装箱班轮业务,集装箱班轮航线已增至105条,其中近洋航线70条、内贸航线21条、远洋干线14条,航线网络覆盖欧洲、地中海、黑海、美西、南美东、中东、澳新、东非、西非等全球主要贸易区域,集装箱中转也实现了黄渤两海"全覆盖"。目前世界最大的集装箱船之一的"尤金马士基"号轮首靠大窑湾集装箱码头。

2. 港口布局

"十二五"时期,大连港将形成以"一岛两湾"为核心的港口布局,初步奠定东北亚国际航运中心的基础。"一岛",就是要建设长兴岛临港工业型港区;"两湾",就是大窑湾港、太平湾港。大窑湾港实施保税港区整合提升,建设超大型深水专业码头,建设以国际商务中心为核心的国际集装箱枢纽港。

以大连湾、大窑湾港区为主形成各具特色的大型专业化枢纽港区。以大窑湾集装箱港区为核心,鲇鱼湾港区、大孤山散矿中转港区、北良港区、和尚岛港区为辅助支撑,构筑大连港综合运输的核心枢纽,使之成为大连区域性国际航运中心的主要载体。

3. 集疏运网络

东北地区的铁路网密度位居全国第一,哈大铁路是东北铁路网的主轴;辽宁在全国率先实现省辖市全部通高速公路,沈大公路是目前全国里程最长的 8 车道高速公路;烟大轮渡是国内跨度最长的跨海铁路轮渡;大连国际机场是东北地区客货吞吐量最大、国际国内航线和航班数量最多的机场;以大口径为主的输油管道网络在全国率先建成,大庆至大连输油管道连接东北腹地众多的石化企业。总体上看,已经初步形成以港口为门户,铁路为动脉,公路为骨架,民用航空、管道运输、海上运输相配套,贯通东北腹地,连接山东半岛和东南沿海,面向东北亚的区域综合运输体系。

4. 港口吞吐量

2011 年完成货物吞吐量 2.67 亿吨,同比增加 3152.2 万吨,增幅为 13.4%;集装箱箱量完成 635.1 万标箱,同比增加 110.9 万标箱,增幅为 21.2%。2011 年和 2005 年相比较,货物吞吐量翻了一番。2013 年大连港货物吞吐量排名第八,集装箱吞吐量首次突破 1000 万标箱。具体数据见表 5-45、表 5-46 所示。

表 5-45   大连港货物吞吐量相关指标统计数据　　　　（单位：万吨）

主要指标	2005 年	2006 年	2007 年	2008 年	2009 年	2010 年	2011 年
大连港吞吐量	17085	20046	22286	24588	27311	31399	33691
外贸吞吐量	6377	7010	8214	8586	9778	10830	10672
内贸吞吐量	10687	13036	14072	16002	17533	20569	23021

资料来源：根据辽宁省 2012 年统计年鉴整理。

表 5-46   大连港集装箱吞吐量相关指标统计数据　　　　（单位：万吨）

主要指标	2005 年	2006 年	2007 年	2008 年	2009 年	2010 年	2011 年
大连港集装箱吞吐量	269	321.2	381.3	452.5	457.5	526.1	635.1
集装箱吞吐量增长率	21.66%	19.41%	18.71%	18.67%	1.10%	14.99%	21.2%

资料来源：根据辽宁省 2012 年统计年鉴整理。

5. 港口腹地情况

大连港的腹地可被划分为三个层次：

(1)内圈层——大连市。拥有东北地区 2% 的面积和 5% 的人口，拥有东北地区 GDP 的 13% 和外贸额的 46%。大连是中国重要的工业基地。

(2)中间层——以辽中五市(沈阳、抚顺、鞍山、本溪、辽阳)为核心的辽宁省城市群。作为中圈层的辽中五市以 6% 的土地面积和 14% 的人口，拥有东北 GDP 的 24% 和外贸额的 16%。

(3)外圈层——吉林省、黑龙江省、辽宁其他城市及内蒙古自治区东部地区。

作为外圈层的东北其他地区以 92% 的土地面积和 81% 的人口，拥有东北 GDP 的 63% 和外贸额的 38%。吉林、黑龙江两省的进出口主要通过大连港实现。

6. 港口软实力

(1)政策环境

大连港作为北方最重要的枢纽港口，在发展过程中国家和地方政府出台了大量的政策给予支持。1992 年 5 月设立的大连保税区是目前中国大陆开放程度最高、政策最优的综合性经济区域之一。2007 年，大连东北亚国际航运中心发展规划获国家批准，同年 8 月国务院正式批准设大窑湾保税港区,进一步为大连国际航运中心建设提供了政策和功能支持。2009年,国务院常务会议通过了《辽宁沿海经济带发展规划》。2011年大连市政府出台《关于促进大连港口集装箱业务加快发展的意见》,一系列促进集装箱业务发展的优惠政策,为大连港集团可持续发展提供有力支持。

(2)大连港信息化程度

大连港的信息化建设主要体现在以下五个方面:一是市政府与海关总署签署了《关于建设大连电子口岸合作备忘录》,对现有的与物流和"大通关"相关的信息进行整合,实现数据共享和联网核查。二是对进出DCT港区的集装箱推行电子放箱系统(EDO),率先在全国范围内实现提放箱业务操作的电子化。三是辽宁出入境检验检疫局对各种证书和通知单实现无纸化传递、一票一转、即时结转。四是加大对网上支付、无纸通关、联网报关、通关单联网等项目的推广力度。五是大连海事局正式运行我国第一个具有汉字处理能力的、处于世界最先进水平的大连交管中心船舶交通服务系统(VTS)。

二、大连港临港产业发展特点

(一)大连临港产业园区的布局情况

依托港口丰富的岸线资源,大连的临港工业区集中在沈大高速公路、旅顺南路、黄海大道沿线。主要包括:大连船舶配套产业园、大连花园口工业园区、大连双岛湾石化工业园区以及大连长兴岛临港工业区等。从总体布局来看,未来大连临港产业园区将建成东北亚重要的现代化综合港区。而产业园区近景规划仍将以建设"四大基地"为主,这四大产业分别是:大连石化、现代装备、船舶制造和电子信息产品制造。

1. 长兴岛工业区

目前是临港工业区的重点。长兴岛环岛岸线91.6公里,可用于建港和发展临港工业岸线40公里,其中适于建港岸线24公里,工业岸线16公里。战略位置极为重要。园区现已形成装备制造、船舶及配套、钢材加工、化工、综合产业、服务装配、研发、物流、港口和生活区10个区域,成为辽宁"五点一线"沿海经济带建设的重要支点。

2. 大连市临港石化产业基地

大连市临港石化产业基地布局主要有大连湾西岸、长兴岛、大孤山半岛和旅顺双岛湾临港石化产业基地。鲇鱼湾港区则主要以大孤山西太平洋炼厂的运输为依托;长兴岛临港石化产业基地规划作为大连市临港石化工业发展中心和我国北方地区最大的临海石化产业基地;双岛湾地区岸线资源优良,规划作为大连市近期开发的大型临港石化产业基地。

3. 造船业

造船业是大连市未来发展的重要产业。现有造船基地大部分功能将逐步向长兴岛基地调整和转移。长兴岛造船及装备制造业基地规划为我国北方地区最大的造船基地,逐步形成以造船业为龙头的产业链集群,充分满足大连市造船业大规模发展和航运中心建设需要,承接相关产业的调整和转移。

4. 大连市装备制造业基地

大连市装备制造业主要集中在主城区,包括汽车、机车、起重设备等装备制造业基地。

5. 物流产业基地

要打造大孤山半岛国际综合物流园区。将整个大孤山半岛辟建为国际物流半岛,形成以大窑湾国际物流园区为中心,以大连新港物流区、北良港物流区、保税区物流区和双D港物流区为一体的环岛带状物流园区。

(二)大连临港产业发展特点

大连是我国东北老工业重要基地之一,具有较强的工业基础和良好的发展态势。

1. 大连临港传统产业发展特点

(1)大连装备制造业:地位举足轻重,效益稳中有升

大连装备制造业中的机车车辆、大型船舶、机床、轴承、起重、风电、阀门、制冷设备等行业历来在全国占有领先地位。2012年,大连市规模以上装备制造业经济效益水平稳步提升。全年累计实现主营业务收入4316.7亿元,占全市规模以上工业的44.4%,同比增长8.4%;累计实现利税总额359.3亿元,占全市的42%,同比增长1.7%;累计实现利润总

额 245.2 亿元,占全市的 70.2%,同比下降 8.8%。

(2)大连造船业:造船能力逐步提升,产业链条不断延伸

大连是我国重要的造船基地。全市拥有主要造船企业 14 家,拥有造船能力 225 万标箱。重组后的大连船舶重工集团有限公司代表了该市造船能力和水平。大连造船业现有大型船坞和船台近 10 座。随着国际交流的开展和加深,一些新的船舶企业向大连集聚,使大连船舶产业链条从建造延伸到维修改造。

2. 大连临港新兴产业发展特点

(1)大连临港新兴工业发展特点

①先进装备制造业:第一大支柱产业,产业集群优势形成。大连市在实施东北老工业基地振兴中,大力发展高端装备制造业。2007 年,大连市委市政府做出了建设"两区一带"先进装备制造业聚集区的决定,大连装备制造业产业集群的建设逐渐步入轨道。2005—2012 年,大连装备制造业工业总产值年均增速 27%,已成为大连第一大支柱产业。2011年,大连全市规模以上装备制造企业 1453 家,完成增加值 1206 亿元。培育了一批在国内外具有重要影响的产值超百亿元的骨干企业和重点产品。装备制造业已成为大连新型产业基地的支撑。

②高新技术产业:战略性新兴产业发展迅速,科技创新能力强。2007 年以来,大连出台了一系列改革措施推进产业战略性转型升级,到 2011 年,高新技术产业产值和增加值年均增长 30% 以上。2012 年,光电子、新能源、节能环保等新兴产业产值规模已达到百亿元,高新技术产业年产值突破 6500 亿元,服务业产业增加值将达到 2860 亿元。节能与新能源汽车、生物医药及新材料、软件及服务外包等战略性新兴产业发展迅速。据统计,近年来大连市累计获全国科学技术奖 30 项;每年发明专利达万余件,年均增幅在 25% 以上;连续 3 次被评为全国科技进步先进城市,并获全国唯一软件产业国际化示范城市等多项荣誉。

(2)大连临港新兴服务业发展特点

①物流业:持续快速发展,区位、政策优势日益凸显。凭借良好的区位和口岸交通运输优势,加之政策支持,近年来大连市物流业始终保持着快速发展的良好势头。2007 年实现货运周转量 4100 亿吨千米,完成海港货物吞吐量 2.5 亿标箱,集装箱吞吐量 453 万标箱,分别增长

10.3%和18.8%。空港新增国际通航点15个,国际航线数量位居全国第四。完成旅客吞吐量822万人次,增长12.8%。到2013年前3季度,海港累计完成货物吞吐量3.1亿吨,同比增长11.4%。全市沿海港口集装箱吞吐量完成720万标箱,增长23.3%。水路货物周转量实现5232.1亿吨公里;公路货物周转量280.9亿吨公里;铁路货物周转量136.3亿吨公里;管道货物周转量2.8亿吨公里;民航货物周转量0.5亿吨公里。

②金融业:金融市场快速发展,区域性金融中心建设步伐加快。截至2012年年末,金融业实现增加值394.4亿元,增长12.1%,占全市GDP比重上升至5.63%,比上年提高0.33个百分点。近期,大连加快了推进区域性金融中心建设步伐,把多层次资本市场发展作为大连现代金融市场体系建设和区域性金融中心建设的重要任务。

③旅游业:特色旅游优势突出,收入屡创新高。大连市以建设海滨休闲度假和绿色旅游城市为目标,突出海洋优势,开发了海滨风光、海滨休闲等海洋系列特色旅游产品,将世界六大休闲时尚旅游产品,即游艇(邮轮)、马术、高尔夫、滑雪、温泉、狩猎整合提炼为具有大连特色的旅游精品。2007年,大连被授予"中国最佳旅游城市"之一。2011年,大连实现旅游总收入767.2亿元。

三、大连港发展环境与资源支撑现状

大连港地处环渤海地区的枢纽位置,位于东北亚经济圈中心,是辽宁省乃至整个东北经济区通往区域以外的最发达的海上门户,是东北地区最大的港口和国际性集装箱枢纽港,也是我国重要的现代化、综合性大港之一。

(一)城市环境

1. 进出口总额

2005—201年大连进出口货物总额除2009年略有下降外,一直呈增长趋势。2012年大连市(按经营单位所在地统计,含省属在连企业)外贸进出口总值为641.1亿美元,比上年(下同)增长6.8%。其中,出口346.8亿美元,增长11.2%;进口294.3亿美元,增长2.1%。实现贸易顺差52.5亿美元。

表 5-47　**2005—2011 年大连市进出口货物详细情况**

年份	2005	2006	2007	2008	2009	2010	2011
大连进出口货物总额 （亿美元）	235.23	293.24	363.03	449.09	403.47	501.94	600.09
同比增长（%）	21	24.66	23.8	23.71	−9.98	24.41	15.1
出口货物总额（亿美元）	124.35	156.55	196.94	238.39	208.18	260.46	311.93
进口货物总额（亿美元）	110.88	136.69	166.09	210.70	195.29	241.48	288.16

资料来源：大连市历年统计年鉴。

2. 人才总量

大连市人才总量由 2005 年年末的 126 万人增加到 2011 年的 160 万人，年均人才增量和年均增长率分别保持在 7 万人左右和 5% 左右。到 2011 年，人才总量约占人口总数的 23.8%，其中两院院士 40 人，享受政府特殊津贴专家 1800 人，入选国家、省"百、千、万人才工程"人才 963 人。根据建设人才强市的战略目标，到 2020 年，人才资源总量要达到 337.5 万人，人才占人力资源总量的比重达到 32%，进入全国最具竞争力的人才强市行列。

3. 城市交通投入

2009 年大连市启动了城市地铁 1、2 号线项目建设，总长 60 余公里，投资总额 280 余亿元。整个工程建设周期需要 3～4 年的时间。2010 年，大连市为贯彻落实《辽宁沿海经济带发展规划》，共安排城市交通重大基础设施项目 212 个，总投资额达 903 亿元，计划当年完成 493 亿元。共分为城市地铁工程、五大城市道桥拓宽改造及维修工程、体育新城周边三条主要交通道路建设，以及煤气和供水管网改造工程等四个部分。

4. 货运量

2011 年全年运输企业客货换算周转量 6012.6 亿吨公里，比上年增长 15.6%。货物周转量 5938.4 亿吨公里，增长 15.8%；旅客周转量 173.2 亿人公里，增长 4.8%。在大连的统计数据中，海路铁路联运只占到了货物运输总量的 10%，有 30%～40% 的运输量靠海路之间运输，剩下 50%～60% 的运输量依然靠海路和公路联运。这说明，公路运输依然是主要的运输途径。

(二)港口持续发展

1. 大连市近年地区生产总值

2005 年以来大连生产总值持续增长,到 2011 年大连市已实现地区
生产总值 6150 亿元、比上年增长 13.5%,实现人均生产总值 91287 元、
比上年增长 11.8%,是东北腹地区域经济与产业分布中唯一单位平方公
里 GDP 规模超过 3000 万元的热点地区。

表 5-48   2005—2011 年大连市地区生产总值(GDP)

年份	地区生产总值(亿元)	第一产业(亿元)	第二产业(亿元)	第三产业(亿元)	人均生产总值(元)
2005	2150	185.2	994.0	970.8	38155
2006	2569.7	208.6	1229	1132	42579
2007	3131	247.6	1536.5	1346.9	51624
2008	3858.2	289.1	1993.9	1575.2	63189
2009	4417.7	313.4	2314.8	1789.5	71833
2010	5158.1	345.1	2645.5	2167.5	77757
2011	6150.1	395.7	3204.2	2550.2	91287

资料来源:大连市统计年鉴。

2. 单位 GDP 能耗

"十一五"期间,大连市万元 GDP 能耗累计下降 19.08%,化学需氧
量、二氧化硫累计减排 28.7% 和 25.9%,超额完成省政府下达的万元
GDP 能耗下降 17.7%,化学需氧量和二氧化硫分别减排 15.9% 和 15%
的目标任务。2012 年万元 GDP 综合能耗累计降低 20%,主要污染物年
均减排 4.8%。

3. 年度授权专利数量

专利申请量、授权量都呈现上升趋势。其中 2011 年发明专利申请量
为 7418 件,比上年增长 84%;专利授权总量为 8116 件,比上年增长
31%,在辽宁省 14 个城市中居首位。2011 年,全市高新技术产业增加值
增长 30.3%,占全市地区生产总值比重 29%。

4. R&D 投入

数据显示,2009 年,大连市用于 R&D 经费内部支出为 59.70 亿元,

占 GDP 比重的 1.37%。2012 年,大连市全社会研发投入占 GDP 比达
2.1%,整体 R&D 投入显著提高。

四、大连港口与产业互动现状分析

大连港口与临港产业的发展同世界性港口城市的发展历程趋同,都
是随着动力结构的演变,表现出了不同的阶段性发展,具有相同的规律
性。大连港由一个传统的机械性的货物中转港,如今发展成为一个集货
物集散、临港综合服务、国家战略物资储运一体的综合型港口。伴随港
口的发展,大连的临港产业也从集体性、零散性小型加工发展到目前大
规模、高科技、现代化的临港综合产业群。

(一)大连港口与产业发展数据预测

根据历史数据,利用同样的方法对大连港未来几年港口和临港产业
的发展做预测,具体的数值如表 5-49 所示。

表 5-49　2013—2017 年大连港口营业收入和临港产业产值预测（单位:亿元）

年份	临港传统工业产值	新兴临港工业产值	新兴临港服务业产值	港口营业收入
2013	2009.93	103.32	48.17	36.79
2014	2379.65	110.25	51.45	37.02
2015	2822.63	118.55	55.38	37.28
2016	3360.54	128.64	60.15	37.56
2017	4021.65	141.03	66.01	37.87

资料来源:课题组整理。

从以上分析数据可以看出,大连港未来五年港口营业收入与临港产
业产值都保持稳定增长态势,大连港港口未来五年营业收入均值为
37.304,年平均增长率约为 1.4%,在几个港口中相对增长速度较慢。从
临港产业结构来看,临港传统工业产值依然比重较大,累计计算平均
70.97%,新兴临港工业占比约为 19.79%,而新兴临港服务业占比
9.24%。数据显示,未来大连临港产业的支柱依然是临港传统工业,但
是大连的新兴临港工业发展的速度将快于临港传统工业。政府要借助
振兴东北老工业基地给予的政策优势,提高大连临港传统产业集聚程

度,在集聚中形成竞争优势。同时对新兴临港工业给予政策和资金上的大力支持,对新兴临港服务业也要给予充分的发展空间,最终达到各类产业优势互补协同发展的目的。

(二)大连港口与产业相关性分析

2005年以来大连港进入快速发展时期,货物吞吐量和集装箱吞吐量屡创新高,尤其是近两年增速国内居首、国际领先。2013年货物吞吐量跃居全球第八,集装箱吞吐量首次突破1000万标箱。大连港历年的吞吐量数据如图5-14所示。

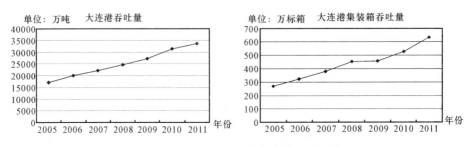

图 5-14　大连港口吞吐量与集装箱吞吐量趋势

从图5-14可以看出,大连港港口吞吐量和集装箱吞吐量一直保持上升趋势。2008—2009年间,虽然同样受到金融危机的影响,但是仅仅表现为上升趋势放缓,究其主要原因是大连地处东北,主要货物吞吐对象为日韩等亚洲国家,所以受到的冲击不大,在此之后增长速度一直保持平稳。

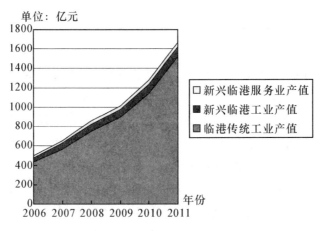

图 5-15　大连临港产业总产值面积占比

从图 5-15 可以看出,大连港口与国内其他港口城市发展情况类似,都是港口与临港产业保持着正向相关的上相攀升的线性发展关系。为了利于比较分析,我们利用软件对 2006 年至 2011 年港口营业收入和临港传统产业、临港新兴产业的相关性进行分析,发现港口营业收入与临港传统产业发展的相关系数为 0.6254,而与临港新兴工业的相关指数为 0.837,与临港新兴服务业的相关指数为 0.854。数据分析显示,大连港口营业收入与港口新兴服务业的相关指数最高。大连港应该大力发展港口新兴工业特别是港口新兴服务业。

（三）大连港口与产业敏感性分析

根据前面章节模型分析与运算的方法,我们对模型的变量做了相对性分析,在变量上增加了 1% 后进行运算。

表 5-50　大连港与临港产业发展敏感度分析　　　　（单位:%）

城市	临港传统工业产值	新兴临港工业产值	新兴临港服务业产值
大连	0.12	0.03	0.11

资料来源:课题组整理。

上面对大连港与临港产业发展敏感度进行分析,从分析数据（见表5-50）可以看出,港口投入对临港传统工业产值影响最大,其次是新兴临港服务业,这与大连依托东北老工业基地发展,作为东北亚重要国际航运中心的组合港,建立起现代金融、中介、投资服务体系和较完善的集疏运体系的政策是完全吻合的。大连应持续推进政策的实施,最终打造一个大型综合性深水港口、新型现代化临港工业体系和综合服务体系三位一体的现代化世界级港口。

第七节　青岛港口与产业互动现状研究

一、青岛港概述

青岛市是副省级计划单列市,是我国重要的沿海港口运输口岸,我国传统的轻工业生产基地和新兴的重化工业、高新技术产业基地。

(一)青岛港口发展演进的历史

青岛港已有百年的现代发展史。青岛港始建于 1892 年。德占时期建成了一、二、四、五号码头,并于 1901 年开港。第一次世界大战后建成三号码头,又于日占时期建成六号码头,形成了老港区环抱形港湾的总体格局。改革开放后,青岛港开始进入快速发展时期,不仅在老港区新建一系列码头,进行大规模技术改造,而且港口建设拓展到前湾、黄岛等新兴港区。目前港区由青岛老港区、黄岛油港区、前湾新港区和董家口港区等四大港区组成。

(二)青岛港口发展现状

世界上有多大的船舶,青岛港就有多大的码头。青岛港是我国仅次于上海、深圳的第三大集装箱运输港口,世界第七大港,集装箱世界第八大港。进口铁矿石吞吐量居世界港口第一位,进口原油吞吐量居全国港口第一位,外贸吞吐量居全国港口第二位。集装箱装卸效率、铁矿石卸船效率世界第一。目前已有 9 家世界 500 强企业落户青岛港。作为世界著名港口,每年完成的外贸吞吐量占全国沿海主要港口的 20% 左右。是太平洋西海岸重要的国际贸易口岸和海上运输枢纽,与世界上 180 多个国家和地区的 700 多个港口有贸易往来。中国第二个外贸亿吨吞吐大港。

1. 港口基础设施

(1)码头:截至 2011 年年底,青岛码头长度为 22535 米,泊位为 100 个。2012 年,新建扩建码头泊位 50 余个,全市港口生产性泊位达到 120 个以上,新增通过能力 1 亿余吨。

(2)航线:青岛港拥有 153 条集装箱航线,其中国际航线 124 条,每月来往世界各地航班 700 多班,全球前 20 强船运公司都已在此开辟航线。

2. 港口规划布局

青岛港由青岛老港区、黄岛油港区、前湾港区和董家口港区等四大港区组成。

(1)青岛老港区:主要从事件杂货物的装卸服务和国际客运服务,拥有沿黄流域最大的散粮接卸基地。当前正在转型升级，加快建设世界级的邮轮母港，已建成可停靠世界最大 22.5 万吨级邮轮的专用码头，邮轮客运中心主体工程 2014 年将基本完工。

（2）黄岛港区：以原油、成品油和液体化工品运输为主。码头建设开始向北、向西延伸。

（3）前湾港区：主要从事集装箱和矿石、煤炭等大宗干散货物的装卸服务，2013 年 9 月 18 日成功靠泊世界最大的 3E 级 18000 标准箱大船。

（4）董家口港区：将依托临港工业，逐步发展成为以临港产业的大宗散货、液体化工品及杂货运输为主的综合性港区。规划面积 150 平方公里，码头岸线长约 23.8 公里，已建成 20 个泊位，通过能力达到 2.2 亿吨。

3. 经济腹地情况

青岛港作为山东省的龙头港口和我国北方主要港口，直接依托于青岛市，腹地范围包括山东省及河南、河北、山西、陕西等广大中西部地区。

4. 集疏运情况

青岛是山东省内唯一同时具备铁路、公路、水运、航空、管道五种现代化运输方式的综合性交通枢纽。青银高速、济青高速、潍莱高速、青威高速、环胶州湾高速、青烟一级路、204 国道、206 国道、309 国道、胶济铁路和蓝烟铁路、青岛港、流亭机场等大型基础设施为青岛的发展提供了立体化、网络化的交通服务体系，为青岛融入全国和世界提供了便捷的通道。

5. 货物吞吐量

2005 年到 2011 年，港口吞吐量连续增长。其中 2007 年港口吞吐量达到 946 万标准箱，居世界第十位；2012 年，在全球港口吞吐量明显放缓的"失速"之年，青岛港逆境突围实现了 9.5% 的增长，稳居全国第五、全球第七大港；2013 年，青岛港的全年货物吞吐量和集装箱吞吐量的世界排名双双由第八位提升至第七位，其中，集装箱吞吐量的国内排名由第五位提升至第四位。具体数据见表 5-51、表 5-52 所示。

表 5-51　青岛港货物吞吐量相关指标统计数据　　（单位：万吨）

主要指标	2005 年	2006 年	2007 年	2008 年	2009 年	2010 年	2011 年	2012 年
青岛港吞吐量	1870.0	2241.5	2650.0	3002.9	3154.6	3500.0	3720.0	4020.0

资料来源：根据青岛市统计年鉴整理。

表 5-52　青岛港集装箱吞吐量相关指标统计数据

主要指标	2005 年	2006 年	2007 年	2008 年	2009 年	2010 年	2011 年	2012 年
青岛港集装箱吞吐量(万标箱)	630.7	770.2	946.2	1002.3	1026	1200	1302	1450
集装箱吞吐量增长率(%)	22.7	22.1	23.0	2.4	2.4	16.96	8.4	11.37

资料来源:根据青岛市统计年鉴整理。

6. 港口软实力

(1)青岛港口政策环境

青岛目前实施的区港联动方案,借鉴国外先进自由贸易区模式,围绕畅通物流业务、降低物流成本和提高通关效率三个重点,通过对海关监管模式、外贸进出口权、出口退税和外汇等政策进行微调,规划并构建港口、保税区和物流园区联动发展的新框架,实现高度集约化和专业化的码头、物流园区与保税区无缝连接,具有国际自由贸易区的完整内涵,为发展自由贸易港区式的港口物流中心创造了必要的基础条件,也使青岛具备了良好的政策基础环境。

(2)青岛港口服务水平

2007 年青岛港西港公司创出了"完美交付"品牌,并将服务流程层层放大解析,为货主提供一套融质量、效率、服务、亲情于一体的全方位服务模式。"完美交付"品牌为该公司赢得了忠诚客户,在 2007 年组织的满意度调查中,西港公司的满意度高达 99.3%。

2013 年 8 月美国物流信息公司 JOC 集团公布的对世界主要集装箱码头生产效率的调查结果显示,中国青岛港、宁波港、大连港、上海港和天津港跻身前五位,韩国釜山港位居第八,青岛港集装箱码头作业效率全世界第一。

(3)青岛港信息化水平

青岛港的计算机应用已经覆盖了企业集团装卸生产和管理的各个领域。青岛港集装箱生产管理系统、集团生产调度中心、港航内部集成平台和物流信息网平台四大应用系统建设,使青岛港开始实现信息资源的深层次挖掘和利用。

二、青岛港临产业发展特点

改革开放以来,随着青岛城市规模的不断扩大,已建设形成了家电电子、石油化工、汽车造船、新材料四大产业基地,发展了家电、电子、石化、汽车、造船产业集群。

(一)青岛临港产业布局情况

"十一五"期间,青岛家电电子、汽车机车等七大产业集群迅速崛起,带动全市工业总产值 2010 年首次突破万亿元大关。新时期,青岛将围绕信息技术、高端装备制造、新材料、新能源、生物医药、节能环保等 6 个新兴产业全面推动工业转型升级。

(二)青岛临港产业发展特点

1. 青岛临港传统产业发展特点

(1)水产品加工产业:我国最大的水产品加工基地之一,产业发展趋向成熟

青岛市一直是我国最大的水产品加工基地之一。2005 年青岛市水产品出口创汇额达 10.6 亿美元,占全国水产品出口创汇总额的八分之一。而到 2011 年青岛市加工水产品 80 万吨,实现产值 130 亿元,产值增长了十多倍。产业也逐步向集约化、精细化、高附加值产品生产方向发展。

(2)纺织服装加工产业:产业基础氛围好,持续快速增长

服装工业是青岛市的重要产业之一,有一定的产业基础,拥有良好的纺织服装文化氛围。2005 年青岛市纺织服装行业实现销售收入 330 亿元,工业增加值达到 105 亿元,出口交货值 160 亿元。2012 年工业总产值完成 1506.7 亿元,同比增幅 17.4%,出口交货值完成 320.4 亿元。与 2005 年相比,工业总值增加了 10 倍,出口交货值增加了两倍。服装行业一直保持快速增长的趋势。

(3)石化产业:原油、成品油进出口基地和中转基地,产业链条快速延伸

青岛拥有全国最大的原油码头,年吞吐能力达到 6000 万吨,是我国最重要的原油、成品油进出口基地和中转基地。"十一五"期间青岛石化工业

产值已突破 1000 亿元,随着 1000 万吨大炼油、国家石油储备基地、青岛港液体码头等大项目的相继建成和开工建设,青岛正逐步形成以石油炼制为龙头,产业链条向石油制品、有机化学原料、合成材料等领域快速延伸的石油化学工业基地,2012 年规模以上企业实现工业总产值 1702 亿元。

(4)汽车:产业集群实力强,中重型载重车国内市场占有率全国第一

作为支柱产业之一,2005 年,青岛市汽车产业集群完成工业总产值近 100 亿元。到 2010 年实现工业产值超过 1000 亿元,拥有汽车整车生产企业 20 家,零部件企业 260 多家,其中,中重型载重车国内市场占有率达到 10% 以上,位居全国第一;2013 年上半年,全市生产汽车 44.3 万辆,同比增长 33.7%,实现产值 373.2 亿元。

(5)船舶海工:国家级船舶产业示范基地和船舶出口基地,产值屡创新高

青岛聚集了中船重工"六厂七所"、中海油海洋工程、中石油海洋工程、扬帆造船等一批知名企业和研发基地,拥有 50 万吨船坞 1 座、30 万吨船坞 4 座,可建造修理 50 万吨级以下的各类船舶及海洋工程装备,年造船能力达到 600 万载重吨,年海洋工程装备制造能力 100 万标吨以上。2011 年,青岛市船舶制造产业实现工业总产值 216 亿元,比上年同期增长 28.2%;造船完工量 160 万载重吨,海洋工程完工量 20 万标准吨,修船 200 艘,生产游艇 1000 艘;新接造船订单 80 万载重吨,手持订单 500 万载重吨。2012 年、2013 年总产值继续保持快速增长。

2. 青岛临港新兴产业发展现状

(1)青岛临港新兴工业发展特点

①家电电子产业:国家软件和信息服务示范基地,产值增势明显。2005 年年底,青岛市电子产业集群共有规模以上企业 128 家,其中大型企业 7 家。2012 年实现工业总产值 1294 亿元。青岛市被认定为首批"国家软件和信息服务示范基地",成为中国移动第二批 TD-LTE 扩容工程试点城市。2013 年 1—11 月,青岛新一代信息技术产业完成产值 344 亿元,同比增长 11.2%。其中计算机、通信和其他电子设备制造业完成产值 307 亿元,同比增长 9.3%,总量占新一代信息技术产业产值 89%。代表企业包括青岛聚豪电子有限公司、圣度(中国)电子有限公司等。

②生物制造:快速增长,一批大项目陆续开工。2011 年,全市生物技

术企业超过 300 家,其中规模以上 60 多家。2012 年生物产业产值达 90 亿元。青岛国家海洋生物产业基地医药中试生产中心建成投入使用。一批发展潜力巨大的项目开工建设。

③新材料:快速崛起,科技创新实力不断增强。青岛市新材料产业主要集中在新型高分子材料、无机非金属和特种金属材料等三大领域,占新材料产业产值的 90% 以上。2012 年新材料产业完成产值 180 亿元,同比增长 7.2%。生物产业完成产值 8 亿元,同比增长 4.7%。新能源和节能环保产业完成产值 9 亿元。

④新能源:大型知名企业带动作用明显,科技创新实力不断增强。青岛市已经拥有华创风能一家整机组装企业,德枫丹、埃斯倍等外资风电配件企业以及东方铁塔等内资风力配件企业,并在大型风力发电装备方面拥有整机关键技术自主知识产权,产业配套体系逐步形成;太阳能产业加速崛起,国内最大的高倍聚光太阳能发电产业化基地启动建设,吉阳新能源超薄晶体硅太阳能电池等均在全国乃至世界处于领先地位,2012 年新能源产业产值将达 150 亿元。

(2)青岛临港新兴服务业发展现状

①物流业:产值持续增长,园区规模不断扩大。目前,全市拥有青岛前湾国际物流园区等 6 个物流园区、西海岸出口加工区物流中心等 7 个物流中心、7000 余家物流服务企业。2011 年青岛市物流业实现增加值 569 亿元,同比增长 10.9%;2012 年前三季度,全市实现物流业增加值 448.3 亿元,同比增长 9.8%,占全市 GDP 比重 8.7%,占全市服务业增加值比重 18.4%;社会物流总额达到 18306.1 亿元,同比增长 8.7%。

②航运金融业:特色服务初步形成,示范作用明显。航运金融业的发展一直走在前列。早在 2007 年,就与中信银行合作,推出了深入到港口经济的各个环节,并形成了包括银港融通、船舶融通、油品融通、大宗原料融通、水产品融通、汽配融通、保税融通、本外币增值通在内的八大特色金融服务方案。经过多年的发展,中信银行的港口金融服务已经成为典范,成为其他多家银行效仿的对象。

③旅游业:发展迅猛,前景广阔。2012 年全市旅游总收入 807.58 亿元,增长 18.5%。其中国内旅游收入 755.51 亿元,增长 18.5%;入境旅游(外汇)收入 8.25 亿美元,增长 19.6%。经过几年的发展,青岛旅游业

得到了迅猛的发展,与 2006 年相比旅游总收入增长了 2.48 倍。依托青岛天然地理环境,旅游业呈现良好的发展前景。

三、青岛城市环境资源支撑

(一)城市环境

1. 进出口总额

2005—2011 年,青岛进出口货物总额除 2009 年有所下降外,一直保持逐年增长的趋势。2012 年全市实现外贸进出口总额 732.08 亿美元,增长 4.2%。其中,出口额 408.2 亿美元,增长 3.6%,进口额 323.88 亿美元,增长 5.0%。

表 5-53　青岛市近年来(2005—2011 年)进出口货物详细情况

年份	2005	2006	2007	2008	2009	2010	2011
青岛进出口货物总额(亿美元)	304.55	365.57	457.25	521.59	448.51	570.6	721.52
同比增长(%)	25.2	20.0	16.9	19.6	−16.4	27.2	26.5
出口货物总额(亿美元)	175.88	216.45	283.10	314.62	272.99	339.16	406.13
进口货物总额(亿美元)	128.67	149.12	174.15	206.96	175.52	231.44	315.39

资料来源:青岛市历年统计年鉴。

2. 人才总量

截至 2012 年上半年,全市人才总量达到 144.5 万人。其中,拥有两院院士 27 人、外聘院士 24 人,国务院政府特殊津贴人员 580 人。

3. 城市交通投入

青岛市一直比较注重城市交通投入,优先发展城市公共交通,"十一五"期间累计投入 686.3 亿元。2011 年城市交通总投入为 287.5 亿元,和 2006 年相比,增长了 4 倍多。

4. 铁路货运量

青岛市 2006 年全年铁路货运量为 2790 万吨,"十一五"期间铁路货运量累计完成 17599 万吨。2011 年青岛市铁路货运量为 5697 万吨,比前一年增长了 13.24%。

(二)港口持续发展

1. 青岛市近年地区生产总值

2010 年生产总值达到 5666.2 亿元,年均增长 13.8%。地方财政一般预算收入达到 452.6 亿元,是 2005 年的 2.6 倍。2012 年,青岛市国民生产总值为 7302.11 亿元,人均国民生产总值 82762.21 元。历年数据见表 5-54。

表 5-54　2006—2012 年青岛市地区生产总值(GDP)　　　(单位:亿元)

年份	地区生产总值	第一产业	第二产业	第三产业
2006	3206.58	183.95	1677.17	6345.46
2007	3786.52	203.59	1953.55	1629.38
2008	4436.18	223.4	2255.45	1957.33
2009	4890.33	230.25	2449.8	2210.28
2010	5666.19	276.99	2758.62	2630.58
2011	6615.60	306.38	3150.72	3158.50
2012	7302.11	324.41	3402.23	3575.47

资料来源:青岛市历年统计年鉴。

2. 单位 GDP 能耗

2011 年监控的市重点用能工业企业 12 项产品单耗指标中,下降的占 83.3%,主要产品生产实现节能 22.5 万吨标准煤。2012 年全市规模以上工业综合能源消费量 1689 万吨标准煤,比上年增长 2.2%。

3. 港口科技投入

青岛港对港口科技投入呈现螺旋波动上升趋势,2006 年全年港口科技投入总额为 1.6 亿元,2007 年有小幅回落趋势,后面三年逐年上升,到 2010 年港口科技投入总额达到 2.1 亿元,和 2006 年相比增加了 31.25%,而 2011 年又出现了一个小幅的回落,全年总投资 1.9 亿元。近年来青岛港坚持"科技兴港"战略,开展"自主创新、科学发展"主题实践活动,推进创新型港口建设,取得了 3000 多项科技成果。尤其是港口生产管理信息系统等大型计算机软件开发应用,使青岛港实现了理货签单与装卸作业同步完成,创出了"口岸物流一站式服务""零时间签证"等品牌,走出了一条科技兴港之路。

4. 年度授权专利数量

近年来青岛科技活动活跃,尤其表现为技术合同项目的增长和项目成交费用的翻倍。2006 年全市共取得重要科技成果 548 项。获得国家级科技奖励 9 项,其中,国家发明奖 1 项,自然科学奖 1 项,科学技术进步奖 7 项;全年共成交技术合同项目 1707 项,成交额 6.1 亿元。全年专利申请量 7831 件,授权专利 3124 件。

5. R&D 投入

"十五"期间,青岛市 R&D 经费增长较快,由 21.58 亿元增加到 62.49 亿元,5 年间增长了近 3 倍,R&D/GDP 的比值由 1.64% 增加到 2.32%。

四、青岛港口与产业互动现状分析

作为我国沿海重要的港口城市之一,青岛市委市政府较早地提出了港口和城市,港口与产业互动发展的建设理念。"十一五"时期提出以青岛市三大特色经济、四大工业基地、六大产业集群的发展为核心,加快推进港口的结构调整和功能拓展的港口总体发展规划。2012 年明确提出以西海岸的港口为依托,加快经济新区建设。按照"抓港口、兴物流、促产业、建港城"的发展策略,打造未来西海岸经济新区核心增长极。

(一)青岛港口与产业发展数据预测

根据历史数据,利用科学的方法对青岛未来几年港口和临港产业的发展做了科学的预测,具体的数值如表 5-55 所示。

表 5-55　2013—2017 年青岛港口营业收入和临港产业产值预测（单位:亿元）

年份	临港传统工业产值	新兴临港工业产值	新兴临港服务业产值	港口营业收入
2013	4134.99	117.32	49.67	130.62
2014	4801.86	123.90	51.91	131.81
2015	5613.43	131.90	54.65	132.88
2016	6608.34	141.72	58.00	133.80
2017	7835.78	153.82	62.13	134.53

资料来源:课题组整理。

从以上分析可以看出,青岛市未来几年港口营业收入和临港产业产值呈现正向增长趋势,港口营业收入位于七大港口城市中间,低于上海、深圳和天津港,未来五年预期平均年营业收入为 132.728 亿元,年增长比例大约为 1.614%,发展比较平稳。临港传统工业比重依然最大,按未来五年累计额计算,临港传统工业约占 94.74%,新兴临港产业约占2.19%,新兴临港服务业约占 2.17%。上述数据表明,青岛市传统临港工业基础坚实,和其他城市比青岛市临港新兴工业和临港新兴服务业发展较为均衡,今后青岛市政府应继续深入实施"工业强市"战略,加大政策扶持力度,促进传统优势产业的改造提升。同时,积极推进临港新兴工业和临港新兴服务业协调发展。

(二)青岛港口与产业相关性分析

青岛港在国内几个港口中实力相对较强。在 2005 年全世界港口吞吐量排名中,青岛港以 184.3 万吨的吞吐量列举世界港口的第十二位。经过几年的发展,青岛港稳步前进,世界港口中的地位不断攀升。根据2013 年最新统计的全年货物吞吐量和集装箱吞吐量,青岛港世界港口排名均是第七位,实现了扎实有力的发展和突破。青岛港历年的吞吐量如图 5-16 所示。

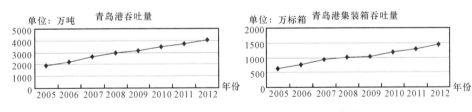

图 5-16　青岛港口吞吐量与集装箱吞吐量趋势

从图 5-16 可以看出,青岛港近几年港口吞吐量一直保持上升态势,2008 年的金融危机并没有对它产生太大的影响,这说明青岛港基础好,管理规范,应对外界环境变化能力强,内功比较扎实。

从图 5-17 可以看出,青岛临港产业发展趋势比较平稳,面积曲线的斜率基本相同,说明临港各个产业发展稳定并且较均衡。从面积比例来看,和其他港口城市相同,都是临港传统产业比重大,临港新兴工业和临港新兴服务业正在崛起。图中显示其占比在不断地提高。

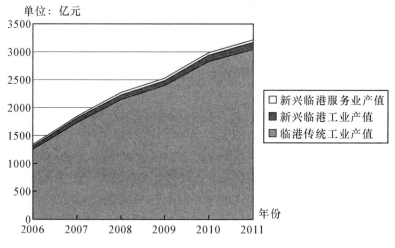

图 5-17 青岛临港产业总产值面积占比

从以上分析上可以看出,青岛港港口与临港产业发展完全正相关,港口和产业互动的效果最为明显。为了得出更加科学的结论,我们利用软件对 2006 年至 2011 年港口营业收入和临港传统产业、临港新兴产业的相关性进行了分析,发现港口营业收入与临港传统产业发展的相关系数为 0.9905,而与临港新兴工业的相关指数为 0.9712,与临港新兴服务业的相关指数为 0.9941。数据分析显示,青岛港在过去的几年中,港口的发展和港口临港产业的发展相关性基本一致,与我们前面做的分析完全吻合。这和青岛市政府一直推行的"以港兴市""创新驱动发展"等政策思想是分不开的。

(三)青岛港口与产业敏感性分析

根据前面章节模型分析与运算的方法,我们对模型的变量做了相对性分析,在变量上增加了 1% 后进行运算。

表 5-56 青岛港与临港产业发展敏感度分析

城市	临港传统工业产值	新兴临港工业产值	新兴临港服务业产值
青岛	0.05%	0.11%	0.13%

资料来源:课题组测算。

通过上述分析,可以看出青岛港新兴临港服务业敏感度最高达

0.13%。由于青岛港临港传统工业发展历史比较长,各方面的发展比较完善,而新兴临港工业和新兴临港服务业的发展空间更大。政府应超前规划,积极引导投融资向新兴临港服务业尤其是港口高端服务业倾斜,使青岛港能够在目前稳定发展的基础上有新的突破,在港口和产业互动发展上为其他港口城市提供更多的借鉴。

第六章　提升港口服务创新能力
促进产业转型升级

经过半个世纪的发展,宁波港已成为国内外著名的大港。宁波舟山港一体化之后,宁波港口的发展迈上了新的高点。然而,当宁波港口的吞吐量已进入世界前列,港口增长潜力几近饱和,同时宁波经济又面临转型大考之时,宁波港口发展何去何从,值得我们深思。

根据前面章节对我国七大港口城市的港口与产业互动发展比较可以发现,创新要素对于产业的提升具有举足轻重的作用,而宁波港口的科技和创新能力对产业的推动力落后于上海、广州等同类港口城市。因此,本章提出将港口服务创新作为实现港口带动产业发展的新的增长极。通过对港口服务创新内涵的详细阐述,以及对国外创新经验的提炼和汲取,针对宁波港口带动产业发展过程中存在的问题与不足,提出了提升宁波港口服务创新能力的对策,以期为宁波临港产业的转型升级提供保障。

第一节　港口服务创新概述

近年来,服务创新的理念不断深入人心,也逐渐渗透到港口领域。随着港口自身发展的规模瓶颈逐渐显现,越来越多的学者开始研究港口领域的服务创新问题。港口服务创新无论在理论还是实践方面,都得到了一定的发展。

一、港口服务创新的内涵及特点

（一）港口服务创新的内涵

随着供应链全球化进程的加快，港口的角色也正随之发生巨大的变化。现代港口逐渐成为集合众多供应链流程的综合物流中心，港口的功能也由传统的服务方式向着提供全方位增值服务的方向演变。决定现代港口竞争力的主要因素不再是那些港口费率和装卸率等传统指标，而是港口的服务水平和服务能力。

港口服务创新是指港口运用新的服务理念，将新思想、新方法、新物流技术相结合，开发出的新的港口服务内容、流程和管理模式。港口服务创新的目的是为了提高港口客户的满意度，带来更加持续的港口经济效益，更为持久的港口发展空间和长期的竞争优势，而形成的多层次的服务能力体系，并最终创造更大的港口服务价值。[①]

要充分认识港口服务创新的理念，就需要认识港口服务创新内涵的各个方面。第一，要正确认识港口服务市场的导向作用。港口服务市场具有复杂性和动态变化性，港口服务要根据市场的变化，及时做出响应。市场是港口服务创新能力的始发站，也是港口服务创新能力的终点站。第二，要正确认识港口服务水平与港口服务创新能力的关系。港口服务创新能力的强弱能够通过港口服务水平直接体现出来。服务越能满足客户多元化的需求，越能产生增值效应，就越具有较强的服务创新能力。第三，要正确认识港口服务创新的最终目标是获得持续的经济效益、持久的发展空间和长期竞争的优势。港口服务创新是港口发展的主动力，也是港口生存的命脉。因此，港口服务创新是港口核心竞争力的依托和力量来源。第四，要正确认识港口服务创新的体系性。港口服务创新并不是孤立的个体，而是一个服务能力的体系，是各种创新要素有机结合，并能充分利用港口资源的能力综合体系。

[①]　赵丹、刘桂云：《浙江省海洋经济战略下港口物流服务创新研究》，《中国航海》2011年第 34 期。

只有对港口服务创新有了正确的认识，才能真正地体会到港口服务创新的重要性，理解港口服务创新对产业发展的重要推动作用。

(二)港口服务创新的特点

港口服务创新不同于港口功能的演变，也不同于其他领域的服务创新。以下几点港口服务创新的特点就体现出了港口服务创新的特殊性。

1. 港口服务创新具有动态性

港口服务创新是由系统内在动力和外部整合集成决定的，是具有有形和无形特性的资源。它具有积累性，是在服务过程中逐渐存储起来，并不断升华的，而不是一蹴而就的。港口服务创新的形成与创新活动的实践及创新知识的学习是紧密相连的。同时，港口服务创新也具有不稳定性，它代表着港口服务对未来发展的把握能力。它的形成和提高，需要组织、制度、资金、管理、信息等众多方面的支撑条件。在这个过程中，港口的服务模式、服务规模、服务对象和服务性能等都要不断地进行动态调整，不能只停留在原先的状态上。

2. 港口服务创新具有开放共享性

港口服务创新是一个开放性的系统。港口服务创新的一个基本要素是合作，这不仅指提供港口服务的各个企业、主管部门及各个服务环节的合作，也指提供港口服务的各个企业、主管部门与外部环境、市场的交流与协作。港口服务创新的形成是建立在提供港口服务的各个企业和主管相关部门间良好协作的基础上的，即外部环境及市场对港口服务创新的形成和发挥具有一定的促进和约束作用。

3. 港口服务创新具有较强的客户导向性

港口服务创新以客户导向性为先导，必然要充分满足客户的需求。不同的港口服务对应不同的需求，而市场的需求又是在不断变化的，因此，没有哪一项港口服务创新的成果是能够带来永久性经济效益的。因而，港口服务创新的活动仍具有一定的风险性。当然，这也是港口服务不断进行各种创新尝试的动力所在，最终来跟随客户的导向并最终来迎合客户的需求。

4. 港口服务创新具有特有性

创新是指以新的思想、新的方法及新的技术来开发出新的活动。港口服务创新的表现既是为各个企业及主管部门提供新的产品、新的服务，也是对已有的服务种类、质量等进行改进来吸引更多的客户。这种行为和能力是"特有"的。港口服务创新能够成为港口核心竞争力也是在于其独特性，因为与众不同才能不会轻易被模仿，才有相对优势。

5. 港口服务创新具有多样性

港口企业作为港口服务供给方，服务于第一、第二、第三产业中的各种港口需求方。而不同的行业其需求特性会有所不同，要求港口企业提供的服务也不尽相同，即使都是出口物流服务，也可能因客户所处行业不同，需要提供的服务在内容、方式上也不相同，如散货运输需要提供散货装卸设备及相应的货物处理服务，集装箱运输则需要货运站进行拼装服务。因此，港口企业必须根据客户的货物特性开展不同的服务创新，提供多样化的服务产品，以适应不同行业客户的需要，从而呈现出丰富多彩的创新局面。

从广义上来说，所有影响港口服务创新成败的能力要素都属于创新能力的范畴，因而港口服务创新所涉及的内容也就具有多样性，可以把港口服务创新划分为高低两个层次。高层次的服务创新是在知识、理念、管理等方面所出现的新活动，独特且不易被模仿，具有较高的竞争优势，能持续稳定地发挥作用；而低层次的创新能力是产品服务、工序等的服务模式创新，服务模式较简易，稳定性与竞争优势都不大，极易被模仿。[①]

二、港口服务创新能力的构成

港口服务创新是一个具有层次性的综合性能力体系，每个层次的建立都维系着港口服务创新，它由多方面创新能力要素组成：

第一，港口服务产品创新能力。服务产品是港口服务的具形体现，能够提供给市场以满足客户港口服务的需求。港口的产品主要有核心产品、实际产品和外延产品。核心产品主要解决港口服务直接所面对的问题或是需求；实际产品则是围绕核心产品而生产的实际产品或服务；外延产品是围绕核心和实际产品，建立的附加的衍生港口服务和利益。

---

① 刘丹：《物流企业服务创新特性及类型》，《中国流通经济》2013年第5期。

按照对象来分类港口产品,主要有:与船舶相关的产品、与货物相关的产品、与人员相关的产品和综合性产品。港口产品为港口服务提供了载体,它的创新为港口服务创新奠定了重要的基础。

第二,港口服务技术创新能力是。港口服务技术必须跟上港口的发展速度,才能够满足客户日益增长的需求。当港口的服务种类与形式无法满足现代港口的业务与服务需求,只有依靠服务技术创新才能提升港口的服务能力。港口服务的技术创新重在推广、实用和实效。港口的装卸设备、信息系统和管理手段等方面的技术革新都能有效地提高港口货物处理效率,提升港口服务能力。港口服务需要土建、运输、通信、机械、电力、经贸以及金融等多学科的专业技术来支撑,因而对港口服务的技术创新能力提出了很高要求。

第三,港口服务管理创新能力。港口服务管理是港口运作的重要内容。环境的改变会给港口服务的管理带来诸多影响,这就需要服务管理的创新来适应这样的改变。港口管理创新是港口发展的根本保障,港口的管理模式主要有:私人企业经营管理模式、由政府机构和国有企业共同经营管理的模式、三方共同经营管理模式。随着港口的发展,港口服务管理也需要创新,通过强化战略制定、实施、跟踪、评价和反馈等动态管理,来实现港口服务管理体系的不断完善。

第四,港口服务传递创新能力。服务传递创新也叫"前台创新",是指港口企业传递系统的创新,如企业与顾客交互作用界面的变化,反映出了服务创新的顾客参与和交互作用特性。港口服务传递创新的成败直接影响着顾客感知服务质量的好坏。而服务传递的创新可以是基于港口服务产品的创新而进行的创新,为配套港口服务产品的创新而制定出的新的服务传递方式;也可以是在服务产品不变的前提下,进行服务传递的创新以达到港口服务创新的总目标。

第五,港口服务理念创新能力。服务理念创新是思想上的创新。当港口发展到一定程度时,必须要抛弃旧的发展观念,吸收或是提出新的创新发展观,对港口发展路径进行优化并加以有效的利用,这样才能从根本上为港口服务创新创造机会和环境。港口服务理念创新主要包括定位理念创新、竞争理念创新和运作理念创新等。

综上所述,港口服务创新能力构成如图 6-1 所示。

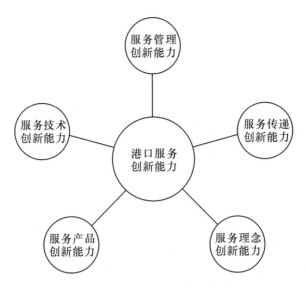

图 6-1 港口服务创新能力构成

三、港口服务创新的动力

港口服务创新的动力是指驱动港口服务创新能力产生、发展的动力因素以及它们相互之间的作用。港口服务创新的主体是港口企业,而促使其不断创新的动力源泉则是市场等外部环境以及其他港口企业和主管部门内部的各种因素。港口服务创新的动力是外部因素和内部因素共同作用的结果。

（一）外部驱动力

1. 科技推动力

科技创新是港口服务创新的支撑,新的科学技术的出现能够赋予创新更多的可能性。尤其是信息技术,对港口服务创新活动有着深远的影响,并且能引发一系列根本性的创新。首先,新的技术在港口服务中的应用就是一种创新,它为港口服务创新能力的提升创造了客观性的条件基础。其次,现代科学技术的不断进步从多方面对港口服务的创新提出了要求。[①]

---

① 范利彬:《港口企业创新能力发展研究》,《港口经济》2009 年第 9 期。

2. 客户导向拉动力

从港口服务创新的推动力当中的外部因素来看,科学技术的作用表现为一种驱动力,而客户导向则是更加主要的驱动力。且从用力方向上来分析,科学技术的作用是一种推动力,而客户导向是一种拉动力。而在拉动力的作用下,港口服务创新则显得尤为重要,也不断地激发港口服务不断创新。港口服务适应市场变化的过程,也是其创新能力提高的过程。科学技术与客户导向这两种不同的作用力的相互作用,共同推动了港口服务的创新。

3. 市场竞争压力

没有竞争,就没有创新。市场的竞争力在很大程度上推动了港口服务创新。这种竞争主要包括:不同港口之间的服务竞争压力;货主码头、专用码头的竞争压力;不同运输方式间的竞争压力。而在这些市场竞争压力下,想要更好地发展下去,只有树立起更为强烈的竞争意识、风险意识和成本意识,在竞争夹缝中创造出新的港口服务。而当今海洋经济的转型升级更是最具现实的竞争压力,在海洋经济的不断深化下,宁波港口要充分利用自己的优势,积极响应国家对海洋经济的战略规划,港口服务创新迫在眉睫。

(二)内在驱动力

内在驱动力是存在于港口服务创新的系统内部,促使企业不断创新的动力机制,主要动力因素包括企业利润目标的驱动、企业家精神的引领和主管部门或政府相关政策的变动。

1. 企业利润目标的驱动

所有企业的经营都被利润所驱动。港口企业则是以企业财务效益、资产保值增值、上市公司股东收益最大化为目标。企业利润是企业存在的根本动力,只有不断创新才能取得更好的效益,拥有持久的发展和持续的动力。

2. 企业家精神的引领

企业家的成功是靠他们精神的支持,而创新是企业家精神的灵魂。创新也是企业家活动的典型特征,从产品创新到技术创新、市场创新、组织形式创新等等。创新精神的实质是"做不同的事,而不是将已经做过的事做得更好一些"。例如引入一种新的产品;提供一种产品的新质量;实行一种新的管理模式;采用一种新的生产方法;开辟一个新的市场。企业家精神就是不断推动创新能力产生的内源动力。

3. 主管部门或政府相关政策的变动

港口服务创新并非盲目地追寻"新"与独特。而是要遵循其主管部门或政府出台的相关政策,有依据有目标地进行创新活动。合理的政策能更好地引导港口服务创新的外部动力和内部动力相配合,并进行完美的创新活动。每一项政策都鞭策着港口服务的创新,以适应整个时代的发展。

而政府为港口相关产业制定的一些优惠的财税政策以及知识产权保护措施,也是在减小港口物流服务创新的风险,并在很大程度上保护了港口物流服务的创新成果,给予港口服务创新良好的环境,激励港口服务进行不断的创新优化。

四、港口服务创新的方式

港口服务创新是对港口服务问题解决方法的一次寻求或探索,并不一定要有有形的产品出现,而是将很多不同的资源组合集中在一起,寻求解决港口服务问题的最佳方案。所以,港口服务创新的方式多种多样、不尽相同。

1. 新的港口服务

港口根据客户的需求,形成新的服务理念。围绕港口功能的基本要素,延伸服务范围,增加新的服务内容和服务功能,提供全新的服务产品。包括:(1)集成创新。根据仓储、运输、配送等主要功能,结合资金流、信息流,增加服务内容和功能,实现集成创新。这种方式通过与相关行业的合作,如与银行合作,与信息技术企业与通信企业合作,甚至与一些物流咨询机构、科研机构合作,来共同推动新的港口服务的开发和运作。(2)专门化创新。根据客户自主提出的特定需求,专门开发服务产品。主要是面对特定的单个客户,以此来发展稳定的长期合作伙伴;或者是面向特定行业的客户。不同行业在使用某一特定的港口服务时,经常会有不同的特殊需求或是延伸的需求产生。此时就可针对这一行业进行港口服务的创新,以满足客户的需求。

2. 组合或是改进港口服务

这种创新是在原有的服务基础上,根据客户的不同需求,再次进行组合或改进来升级改造,以此开发出新的港口服务。并基于此提供更多的系列港口服务。目前,这类创新性行为比较普遍。主要的组合方式分为内部联合与内外联合两种方式:(1)内部原有服务进行组合。这种组合方式只局限于港口行业内的原有服务进行结合重组,产生新的服务方式。例如港口物流业中生产企业的生产服务与物流服务进行分离,将物流服务承包给其他的企业,自身集中生产,专注于核心竞争力;而其他企业则充分发展物流业务,形成专业的物流服务商,最终形成第三方物流公司成为新兴企业,及物流外包服务为新型港口物流服务方式。(2)外部服务进行组合。这种组合方式是打破港口服务的范围,视野拓展到各个行业中,找到两者之间的融合点和创新点,进行服务方式的创新。例如在原来传统的港口信息查询服务时,主要依靠电话、传真等人工的方法,但是,随着信息技术与网络技术的发展,原有的查询方式已经无法满足客户了,而是需要推出更加便捷和多样化的查询方式。因此,在传统的查询方式上加入信息系统来结合,相应产生了网上查询系统,能够运用网络进行网上报关报检,网上货物跟踪查询,开展网上银行业务,等等。

五、港口服务创新的作用

随着港口代次的不断进化,港口的发展越来越聚焦于港口所提供的服务。港口服务能力已成为衡量港口的重要指标。而提升港口服务能力的关键途径就是创新。未来港口发展的成功与否将取决于各个港口的服务创新能力。港口服务创新对港口发展的主要作用有以下几点。

1. 为客户提供更多的增值服务

港口服务创新有利于满足港口服务市场的个性化需求,为港口开辟出新的利润源泉。通过提供多样化的港口增值服务,不仅能够大大地提高客户的满意度,而且能够维持港口利润持续提升的动力。①

港口服务创新能够为港口供应链的各个成员带来多赢的局面。每

---

① 宗蓓华:《创新港口服务理念为客户提供增值服务》,《港口经济》2008 年第 1 期。

一位创新的参与者都可以从中获益,共同分享港口服务创新所带来的财富。对进出口企业来说,可以得到更为优质的港口服务,使其产品在国际市场上能够具有更大的竞争力;对港口来说,可以得到更多的服务收益,并且使客户群更加稳定。

2. 促进港口功能完善

港口服务创新能加速港口功能的发展,使其成为集装卸、转运、仓储、拆装箱、管理、加工和信息处理为一体的综合物流服务中心,并且成为物流、资金流、信息流和技术流的集散地。

港口服务创新能够带动港口基础设施的建设和完善,缓解能力方面的紧张矛盾;能够加快货运码头的建设以追赶腹地经济发展的速度,保持与腹地经济发展水平的一致性;能够提升港口信息化水平,使之充分满足客户对信息的需求;能够提供港口在航运金融、保险、法律服务、船舶交易等服务方面进一步发展的平台,加速港口向国际化发展。①

3. 提升港口的综合地位

在港口金融、港口保险、法律等方面提出的创新服务,很大程度上能够提升和完善港口的综合服务能力,弥补港口在货物吞吐量、周转量减少等不利条件下而导致的地位下滑。比如伦敦航运中心就是一个很好的例子,其凭借在航运金融、法律等方面的优势,在航运量急剧萎缩的情况下,依然稳居国际航运中心的地位,在国际航运和港口界保持较大的影响力。

4. 促进港城经济和谐发展

港口服务创新在腹地产业的迅猛发展以及海陆联运集疏运网络的支持下,可使港口服务范围不断地向内陆腹地延伸,给港口辐射力的提升带来空前的扩张能力。同时还能优化调整港口的空间布局和生产布局,形成布局合理、分工明确、专业化和规模化的码头群,强化港口功能布局,提升港口软实力,推动城市经济的可持续发展。

港口服务创新能够解决港口发展对城市土地资源需求加大的问题,有效地缓解港口业务的拓展、集疏运设施的建设、交通流的增长与生态环境等民生问题的矛盾。通过建设绿色港口和生态港口,还能促进人与

---

① 　贾大山、郝旭:《共建和谐港城关系实现港口功能创新》,《港口经济》2013年第5期。

自然和谐相处,使港城关系向着互相协调、互相平衡的方向发展。

第二节　宁波港口服务创新发展现状及存在问题

近年来,面对国内外经济形势的压力,宁波港口的发展势头依然不减。为了提升自身的国际竞争力,宁波港口不断地进行港口服务创新的实践和探索,港口的服务环境得到了有效的改善,在同类港口中也得到了一定的认可。然而,港口服务创新的历程还很漫长,宁波港口只有在这条创新之路上走出自己的特色,才能应对周边以及亚太港口的挑战,实现强港之梦。

一、宁波港口的发展历程

宁波历史悠久,早在 7000 年前,先民们就在这里繁衍生息,创造了灿烂的河姆渡文化。宁波港是一个具有 1200 多年历史的古老港口,自改革开放以来,千年古港正以亿吨大港的新姿,大踏步地从古老走向现代、走向世界。新中国成立后,特别是改革开放以来,宁波提出"以港兴市、以市促港"的发展战略。经过 40 多年的努力,宁波港走过多次的繁荣衰败,终于实现了独立自主的发展,开始走出了属于自己特色的港口发展道路,并努力向着国际化港口发展。在深入实施"六个加快"战略的推动下,宁波又一次提出了打造国际强港的雄心壮志,为建设现代化国际港口城市集聚能量。

(一)港口创设期

宁波港历史悠久,早在六七千年前的新石器时代,在现在余姚市罗江乡的沿江一带,我们的祖先——河姆渡人,已能"木为舟楫"向江海拓展自己的生存空间,开创了灿烂的河姆渡文化。

公元 738 年,宁波港正式开埠,唐朝时与扬州、广州并称中国三大对外贸易港口,宋时又与广州、泉州同列为对外贸易的三大港口重镇。在鸦片战争前,宁波港对外贸易的总额仅次于广州港,在中国对外贸易中具有重要的地位。鸦片战争后被辟为"五口通商"口岸之一。五口通商在宁波的历史上是一个重要的阶段,尽管有学者认为五口通商标志着欧美帝国主义对中国的侵略,但它确实也在客观上促进了宁波的繁荣和发展。后来由于当时宁波港的腹地条件和水深都不如上海港,上海港的崛起使得宁波港的货源改道,宁波自此不仅失去了赣、皖、苏、江淮地区乃至浙江北部等地区的广大经济腹地,来自福建和广州的货物也改道上海。[①]

(二)港口开发初期

新中国成立后,宁波开始对港口进行开发建设。1973年,周恩来给出3年改变港口面貌的指示,宁波港由此开始了镇海港区的建设,镇海港兴建的万吨级煤炭码头记录了宁波港从内河港向河口港的第一次跨越。

1979年,宁波港正式对外开放,为上海宝钢配套的北仑10万吨级进口铁矿中转码头主体工程在海上打下了第一根钢桩,开始了北仑港区的开发建设,宁波港完成了由河口港到海港的第二次历史性跨越。就这样,宁波港完成了由内河港向河口港,再向海港的三级跳转变。

(三)港口大发展时期

1992年,为响应小平同志南方讲话,促进浙江省和长江三角洲的开放和建设,宁波港开始了大榭港区的开发建设。宁波保税区经国务院批准设立,规划面积2.3平方公里,成为浙江省第一个保税区。之后又相继开发了穿山港区,并开始建设集装箱泊位和公共配套设施。1998年,宁波港的货物吞吐量已雄踞全国第二位。

2006年1月1日,宁波港正式与舟山港进行合并,新的港名"宁波—舟山港"正式启用,而原有的"宁波港"和"舟山港"名称从此退出历史的舞台。宁波、舟山港都是我国著名的深水海港,有很多深水航道资源,具备开发国际大港的自然条件。宁波—舟山港将发展成为世界特大型港口和现代化的集装箱远洋干线港,跻身世界一流大港行列,成为国际港口界响当当的品牌。

2008年2月24日,国务院批准设立宁波梅山保税港区,系中国第五

---

① 　陈洪波:《港口与产业互动关系实证研究》,浙江大学出版社2013年版。

个保税港区。2010 年 6 月，宁波梅山保税港区实现首期封关运作，保税港区功能逐步得到完善和放大，带动周边地区联动发展，为发展海洋经济奠定坚实基础。

（四）港口服务创新期

随着港口规模的不断扩张，港口的岸线资源使用殆尽。为了在有限土地资源的基础上，继续提升港口容量，宁波港口开始认识到港口服务创新的重要性。保税港区等政策的落地也为港口服务创新提供了平台。近年来，宁波港口在服务创新上的投入不断加大，通过港口对市场变化和客户需求进行深度分析和把握，宁波港口开发了一系列的服务创新项目。

例如在船舶服务方面，宁波港口推出了多项服务措施：在码头船舶装卸货物的过程中，为船舶提供理货、修船、供应等服务，有力地保障船舶的出行安全，给来到宁波港口的世界各地海员产生宾至如归的感觉。在货物堆存的过程中，为其提供货物加工、包装等物流服务，使货物的价值得到进一步提升，同时推动和促进港口本土企业的发展，为货主和本地企业的合作创造有利条件，达到双赢的效果，也为宁波本地经济的发展做出贡献。在船舶离泊时，为其提供信息化和专业化的引航服务等，使其在往返宁波港口的途中，能更高效、安全地进出，节省作业时间。

同时，宁波市政府积极支持港口的服务创新业务，通过加快港口基础设施的建设，为宁波港口的服务创新提供支持。2012 年是宁波港码头泊位投产最多的年份，穿山港区五期码头工程 10#、11# 泊位通过交工验收；梅山港区 1#—5# 集装箱码头工程年内完工；穿山港区中宅煤炭码头工程全面投产；镇海港区通用散货码头全面完工。镇海港区19#、20#液化泊位工程及后方罐区配套工程通过交工验收，并投入试生产。一系列码头建设工程不仅增强了港口吞吐能力，而且为创新服务能力提供了空间。此外，宁波市政府还积极推动金融、科技、教育等产业对港口的支持，通过多业联动提升港口发展的外生动力。

二、宁波港口的发展现状

宁波港地处我国大陆海岸线、南北海运航线与长江黄金水道的 T 形交汇处,是江海联运和国际远洋航线的重要枢纽位置。宁波港经过近 40 年的发展建设,实现了从内河港向河口港发展、河口港向海港发展、北仑区由北仑港区向大榭、穿山、梅山等多港区发展,成为河口港与海港兼具的综合性大港。是我国浙江省的煤炭运输中转基地、长江三角洲和长江沿线地区进口铁矿石的中转基地和石油运输中转基地,同时也是远东大型液体化工品的中转储运基地。已初步发展成为国际大港。

（一）港口吞吐量稳步增长

近年来,宁波港口克服了世界经济波动、发达经济体增长乏力、新兴经济体增速回落等不利因素的影响,港口运行逆势低速增长,港口生产不断创出新高。

2012 年宁波港口货物吞吐量达到 4.53 亿吨,同比增长 4.53％,其中外贸货物吞吐量完成 2.45 亿吨,同比增长 6.51％。近十年,宁波港口货物吞吐量的增长趋势如图 6-2 所示。

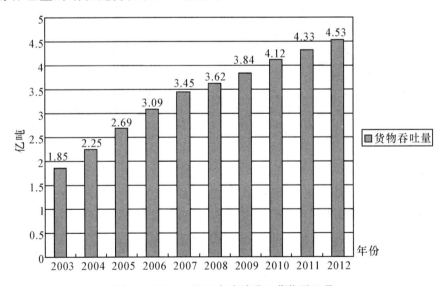

图 6-2　2003—2012 年宁波港口货物吞吐量

2012 年,宁波港口主要货类"二升一降":铁矿石吞吐量达到 8218 万吨,同比增长 14.6％;煤炭吞吐量达到 6631 万吨,同比增长 1.1％;原油吞吐量达到 5509 万吨,同比下降 14.9％。2012 年,宁波港口主要货种比例如图 6-3 所示。

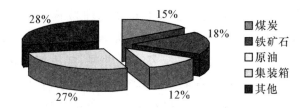

图 6-3　2012 年宁波港口货物吞吐量比例分布

2012 年宁波港口累计完成集装箱吞吐量 1567.14 万 TEU,同比增长 7.99%,稳居中国大陆港口第 3 位,世界港口第 6 位。近 10 年,宁波港口集装箱吞吐量变化趋势如图 6-4 所示。

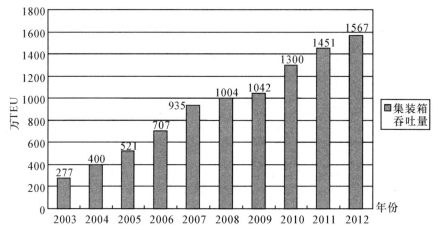

图 6-4　2003—2012 年宁波港口集装箱吞吐量

2012 年,宁波港口集装箱月均航班达 1399 班,航线达到 235 条,其中远洋干线 120 条、近洋支线 63 条、内支线 20 条、内贸线 32 条。2012 年宁波港口航线航班情况如表 6-1 所示。

表 6-1　2012 年宁波港口航线航班一览

总数		干线		近洋		内支		内贸	
条数	航班	条数	航班	条数	航班	条数	航班	条数	航班
235	920	120	450	63	240	20	60	32	170

(二)港口水运基础设施建设不断加强

随着近年来持续的巨额投资建设,宁波港口的交通运输网络不断完善,已基本形成高速公路、铁路、航空和江海联运、水水中转等全方位立体化的集疏运网络。至 2012 年,宁波港口共有生产性泊位 318 个,其中 1000 吨级以上泊位 212 个、万吨级以上大型泊位 92 个,10 万吨级以上大型深水泊位 25 个。2012 年宁波生产性码头泊位拥有量如表 6-2 所示。

表 6-2　2012 年宁波生产性码头泊位拥有情况

2012 年	合计	万吨级以上	0.5~1 万吨级	3~5 千吨级	1~3 千吨级	1000 吨级以下
沿海码头泊位(个)	312	92	28	36	56	100
内河码头泊位(个)	6					

同时,宁波港区已经建成投产北仑五期集装箱码头、穿山港区 LNG 接收站码头、中宅煤炭码头、镇海港区通用散货码头等 6 个项目。多个加固改造项目也开始着手准备,宁波港的水运基础设施建设逐步到位。

(三)航运业不断发展壮大

2012 年全年共完成货物运输量 14112.5 万吨,同比增长 2.5%,完成货运周转量 1768.5 亿吨公里,同比增长 4.7%。近年来,宁波航运企业货运量、货运周转量增长趋势如图 6-5、图 6-6 所示。

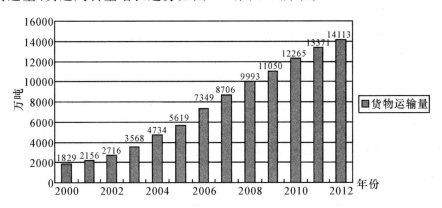

图 6-5　2000—2012 年宁波航运企业货物运输量

此外,宁波依托港口优势,已逐步形成能够提供运输、仓储、配送、通关、金融、保险等各种服务功能的完备性港口物流产业体系,有力地支撑了港口的发展。外资航运服务公司纷纷落户,船公司、船代、货代、信息咨询、法律服务、海事机构组织和邮轮客运等航运服务产业迅速发展,船

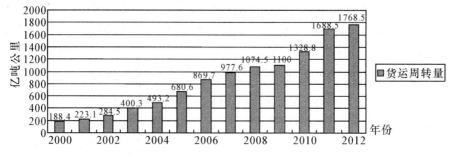

图 6-6　2000—2012 年宁波航运企业货运周转量

舶管理、咨询、认证等中高端航运物流服务业务加速开展,航运历史文化、航运企业、航运功能性机构等快速集聚,初步形成东部新城和梅山保税港区两个航运服务集聚区。

(四)港口腹地不断拓展

2012 年,宁波港口与内陆地区地方政府和铁路部门合作力度不断加大,依托铁路站点不断完善"无水港"网络布局,浙赣铁路沿线金华、衢州、上饶、鹰潭、新余、宜春、萍乡及湖北襄阳等地的"无水港"建设项目也得到了有效的推进。同时,还开展了进出口贸易便利化试点工作和外贸企业港口环节综合费改革,稳定了口岸综合费用,提高了口岸竞争力。为了提升海铁联运及物流操作协调能力,宁波港口还成立了海铁联运营运服务中心,稳步建立并通过了宁波港海铁联运物联网项目。

在信息化建设方面,以浙东经济合作区为平台,积极推进港口联盟建设。通过出台第四方物流市场建设财政扶持政策、信用管理办法等,不断推进物流公共信息平台建设,通过推进第四方物流市场与浙江交通物流公共信息平台互联互通,积极扶持培育第四方物流市场。此外,海铁联运无纸化工作也得到了推广。

(五)临港产业初具规模

20 世纪 70 年代以来,经过 20 多年的开发建设,宁波市已形成一条绵延逾 20 公里的临港产业带,生产规模不断扩大,经济实力不断增强,港口的带动作用十分明显。宁波的主要临港产业区包括北仑区、镇海区及环象山港区(包括鄞州区、奉化市、宁海县和象山县)等区域,其中北仑区、镇海区的临港产业已经占全市临港产业总量的70%以上,涉及石化、能源、造纸、钢铁、汽车、服装、家电和电子信息等领域。宁波临港产业的总体经济指标在宁波经济中占了很大的比重,成为宁波经济最有发展潜力的支柱产业。

三、宁波港口服务创新现状

世界著名大港如鹿特丹港、汉堡港等很早就意识到了服务创新对港口发展的重要性,它们的迅速发展也离不开港口服务创新的推动。宁波港口在硬件设施、吞吐量等指标上不断赶超这些大港的同时,也充分意识到在服务领域以及服务创新上的不足。因此,配套的软性设施如服务等的创新也提上了宁波港口发展的议程。

近年来,宁波结合港口情况,提出了一系列与船舶、货物相关的服务产品创新,如仓货抵押单等。为了给货主、船舶的需求补给提供便利,在港口附近形成了一条临港工业链,来满足货主和船舶对港口服务产品的需求。同时,宁波港口为了提高信息共享能力,不断致力于推进实施电子信息化平台建设。通过打造智慧港口,提升宁波港口的服务水平和竞争能力。在管理上,宁波港口针对自身港口状况并借鉴国内外一流大港的先进经验,对服务管理方面进行创新改革,逐步形成并完善属于宁波港口自有的一套管理体制。在其他方面如水工、运输等技术上也做出了创新,如培育更高级的引航人才,使得更多的船舶可以驶进宁波港,增加了宁波港口的货物吞吐量,也减少了水面交通事故的发生。

此外,宁波港口的管理队伍也得到了发展。在"十一五"期间,港航管理人员的学历大为提高,全市港航管理系统专业技术人员的比重大幅增加。通过大量在职培训,进一步提升了港航管理队伍的政治理论素养、法律专业知识和业务实践能力,港航管理队伍的软实力得到增强。服务创新的理念正在慢慢渗透进港航管理系统的各个环节。

虽然,宁波港口已经积极开展港口服务创新工作,但是以国际化港口的标准来说,宁波港口的服务创新还有待提高。不论是从理念、技术还是服务过程上来说,都急需更深层的提升。

四、宁波港口服务创新存在的问题

港口服务创新的限制来自很多方面。和很多国有企业一样,大部分的港口企业是在计划经济体制下成长起来的国有企业,宁波的港口企业也是这样。一方面,缺少现代管理观念的熏陶,经营机制不太灵活,局限于传统的作业和服务方式;另一方面,港口企业常常倾向于通过加大基础设施建设力度、增加装卸机械配备来提升企业的竞争力,而忽视了服务创新这一关键要素。所以,这就造成了宁波港口的服务创新无法跟上现代港口的发展步伐,无法真正跻身于世界一流强港的行列之中。宁波港口服务创新的问题主要表现在以下几个方面:

第一,服务创新缺乏主动性。宁波港口的服务创新往往是被动的,是在顾客出现需求无法被满足时才提出实施的。例如碰到特殊货物的装卸作业时,港口往往会设计新的工艺流程来帮助特殊货物的创新;当港口作业处于高峰期,而堆场供不应求无法满足货物的堆放时,港口往往也会采取优化堆场或者设计出更好更大的仓库如立体库等措施来满足顾客需求。然而这些措施都落后于顾客的需求,宁波港口服务创新缺乏主动性,发展也相对较慢,最终使得港口竞争力无法真正提升到更高层次。

第二,服务创新缺乏整体性。宁波港的服务创新过分拘泥于局部,而无法统筹全局,缺乏整体性的创新。虽然能积极地响应并满足客户的目前需求,但仍然不能使得效益最大化、利益最优化,即没有给顾客整套的最优服务。例如宁波港口虽然对于很多产业需求方面出现的问题,能组织人员进行优化创新,像货物装卸速度慢,可以通过改善机器构造、优化装卸工艺等创新措施来改进,却忽略了在集疏运组织与协调方面的滞后所导致的货物转运问题,无法有效地解决全局问题。

第三,服务创新缺乏产业支撑。宁波的临港产业自身没有较好的创新意识也没有一定的创新能力,因此不能很好地带动宁波港口的服务创新。宁波临港产业的发展层次还比较低,不能很好地提供客户需求的增值业务。宁波的物流企业、制造企业、金融企业等都不能很好地带动新的港口服务出现。例如物流金融业领域,在国外的运行模式主要是以金融行业带动物流企业发展,但是国内由于相关产业发展水平的限制,是由第三方物流企业带动银行发展物流金融业,这使得这一新兴行业无法快速发展。

第四,服务创新缺乏品牌效应。港口的创新同样应具有自己的品牌和自主知识产权,这对港口来说也是一个值得重视的创新课题。宁波港口至今还没有形成属于自己的港口服务创新的品牌,有形的产品品牌比较容易让人接受,但是无形的服务品牌则需要宁波港口进行深入的实践和创新。例如天津港的内陆"无水港",在天津以及内陆其他地区企业的努力下,正在向服务品牌方向发展,这是宁波港口可以借鉴的好例子,有利于独创出宁波港口自己的服务品牌。

第五,服务创新缺乏生态理念引领。宁波港口虽然开始推行低碳绿色港口建设,但是在服务创新上却还没有将这一观念切实贯彻。服务创新并不只局限在为客户提供更好更快的服务,还包括环境的舒适、资源的节约。港口并不只是一代人或几代人的港口,而是子子孙孙的港口。宁波港口应将生态环境和港口服务创新相结合,使港口向着资源节约型、环境友好型的方向发展。

因此,宁波的港口服务发展仍需要不断地摸索,尝试找到适合自己的创新发展道路。

第三节　宁波港口服务创新与产业转型升级关系研究

港口服务创新是宁波港口发展的必由之路,也是促进宁波产业转型发展的重要途径。只有通过港口服务的不断推陈出新,才能为宁波产业的升级提供良好的外在环境。作为宁波产业发展的重要支撑,宁波港口也需要为宁波产业的转型发展做出应有的贡献。

一、宁波港口服务创新对产业转型升级的意义

宁波港口的规模已经达到一定程度,港口可供开发的资源越来越少。宁波港口从量能上支撑宁波产业粗放发展的模式已经成为或终将成为历史。未来的宁波港口发展只有定位到服务能力的提升上,才能为宁波产业的发展提供新的动力和活力。

（一）港口服务创新能够促进宁波产业结构调整与优化

随着世界经济一体化和现代信息技术的发展,宁波港口走上了服务

创新的道路,也越来越向着国际化大港的方向发展。宁波产业系统在港口发展的驱动下,逐渐从模块化走向集成化。宁波港口在多元化发展的过程中,促进了宁波产业结构的调整,由原来的轻纺工业为主向多产业共同发展的方向转变,逐渐形成了多领域的临港产业集群。

宁波港口利用其港口自身的资源优势,与各类船舶公司、物流公司、多式联运公司之间利用电子平台进行信息流、物流、资金流的整合,带动各类运输公司的发展。利用近几年发展起来的物流信息平台,达到信息流、物流、资金流在整条供应链间互相传递,优化了港口、企业之间的合作,使得资源更加节约,带动港口、企业向着环境节约型方向发展。利用宁波港近几年服务创新的优势,带动临港工业的发展,实现产业结构调整,带动临港产业共同进步。

(二)港口服务创新能够提高宁波临港产业集聚化程度

当今世界产业发展集群化趋势日益明显,产业集群竞争已经成为产业升级的客观要求。产业集群竞争力的强弱直接反映一个地区产业综合竞争优势。宁波在20多年里通过港口建设,大力发展临港产业集群,完善创新机制,为发展产业集群奠定了坚实的现实基础。现今港口服务创新的提出将进一步促进临港产业的集群化发展。

港口服务创新提供的产业发展所需的研发设计、教育培训、信息服务、技术支持服务和物流服务等,能够为临港产业集聚化发展带来支撑,通过加强港口与产业的关联度,扩展产业链的跨度。同时,港口服务创新也有利于突显主导产业的地位,提高产业集群层次,加强产业集群竞争力,通过主导产业的带头作用,积极促进临港产业的集聚化发展。

(三)港口服务创新能够带动宁波海洋经济的快速发展

2011年,随着国务院批复《浙江海洋经济发展示范区规划》,浙江海洋发展示范区的建设正式上升为国家战略。目前,已经形成以宁波—舟山港为中心,温州台州、杭州嘉兴为两翼的海洋经济发展新格局。宁波是海洋经济大市,也是浙江省海洋经济发展示范区的核心区。随着浙江省"四大国家战略"的不断推进,对于宁波海洋经济的发展也提出了更高的要求。

宁波港口本身就是海洋经济发展的重要内容之一。通过服务创新，宁波港口可以挖掘自身潜力，为宁波海洋经济的发展注入强大的动力。通过营造良好的口岸环境，能够吸引大量的客户通过宁波港口进行贸易往来，促进宁波港口的业务量，并进一步带动宁波地区海洋经济的发展。通过不断优化海洋产业结构，提升宁波海洋经济的发展质量。而海洋经济的持续、稳定、快速增长又能反哺宁波的港口发展，实现互动双赢。

二、宁波港口服务创新对产业发展的影响研究

由于货主、船公司等对港口的要求越来越高，现代港口的竞争压力和港口自身发展的需要，宁波港口一直在进行着服务创新。宁波港口的服务创新渗透到了港口的各个层面，如港口物流、港口金融、港口旅游等。宁波港口的服务创新不光提高了港口自身的竞争优势，更带动了临港产业的快速发展。因此，要认识宁波港口服务创新对产业发展的影响和推动作用，可以从港口物流、港口金融、港口旅游三个港口服务产业来进行分析。

(一)宁波港口物流服务创新对产业发展的影响

宁波港口物流业是一个新兴的传统行业。新兴在于港口物流业是国家振兴产业之一，也是产业转型升级发展的重要对象。传统在于宁波港口物流业经过数十年的发展，早已成为宁波经济的支柱产业。在宁波港口服务创新发展的现阶段，宁波港口物流业亟须通过服务创新焕发新的成长动力。港口物流服务创新包括港口物流产业创新和港口物流企业创新，其中港口物流产业创新指的是港口物流产业结构转换的能力，具体是指各个不同主体(如政府、企业、科研机构和大学等)通过港口物流技术创新、港口物流组织创新、港口物流管理创新、港口物流制度创新等，充分利用港口物流中介机构的社会资源和平台(包括港口物流行业协会)，实现港口物流服务业务创新，培育港口物流产业内质的飞跃性的创新活动。

1. 港口物流服务创新是产业竞争加剧下的必然选择

后国际金融危机时代，世界经济出现增长放缓或倒退，这给外向型临港产业发展带来重大的负面影响。全球经济和贸易增速的下降，将改

变我国 21 世纪以来外部需求不断扩张的状况,支撑数十年来宁波对外贸易快速发展的诸多内外部因素都将发生很大变化。宁波外贸企业的出口增长空间将有所缩小。

在此环境下,全世界港口都呈现增速减缓、支撑力减弱、经济效益下降的现象。宁波港口物流增速明显放缓,港口原有的一些发展条件发生了巨大的变化,港口物流发展长期以来存在的问题和缺陷进一步显现,港口物流原有的发展理念、战略、生产方式等面临转变。港口物流服务必须进行革命性的创新才能适应现今残酷的竞争环境。

2. 港口物流服务创新是供应链竞争环境下的必然选择

在现今的国际市场里,企业的竞争越来越朝着供应链竞争的方向发展。随着制造业利润的不断减少,更多的企业开始重视供应链管理。通过对供应链的优化和控制,来达到降低成本,扩大市场的目的。

港口是跨国供应链的重要环节,港口物流扮演着重要的角色。世界上 90% 以上的外贸货物运输都是通过港口物流供应链来实现的,因此,港口物流服务创新就成为制造企业提升供应链水平的必然诉求。以创新为途径,改善港口物流服务,实现整个供应链的增值,不仅是临港产业的需求,更是整条供应链上所有成员的共同需求。

3. 港口物流服务创新是新商业模式下的必然选择

现代企业环境要求企业不再像过往那样,只追求企业规模,要求涉足面广,而是在把企业做大的同时还要做强,追求生产的精益化。随着顾客的需求由原先的单一化、大批量、定制化逐渐向多元化、小批量、个性化的方向转变,企业的商业模式也正不断发生着变化。

新的商业模式对港口物流业的发展也提出了更高的要求。传统的港口物流服务已不能满足顾客的需求,服务创新成为港口物流业一个必然的发展方向。

因此,港口物流企业应尽量借鉴国际领先企业的管理理念和经验,改进或引进新的服务质量、种类,开发新的服务种类或方式,来配合企业商业模式的转变,满足市场上的需求,形成新的高附加值的服务。

4. 港口物流服务创新是物流服务供应商转型的必然选择

传统的物流服务供应商只经营仓储、运输或其中的一个方面,而现代物流的内涵已经有了大幅度的扩张,不仅包含原先的服务,还涉及配送、包装、流通、加工等方面的服务,逐渐开始注重信息流、物流、资金流的公开性和流通性。同时传统的物流服务也不能满足当今顾客对物流活动的需求,在这种情况下,越来越多的第三方物流服务供应商如雨后春笋般冒出。

这些综合型或集成型的物流服务供应商能够提供更为强大的物流服务功能,满足新兴产业对于物流服务的新的要求。而港口物流服务是物流服务供应商的核心业务之一,在物流服务供应链中占据重要的地位。因此,不得不迫使港口物流企业及时进行服务创新,提供更多更好的港口物流服务,以满足物流服务供应商打造优质物流服务供应链的要求。

总之,宁波港口物流服务创新不仅能够促进物流服务资源的合理配置,提高物流服务供应链的效率,而且能够降低宁波进出口企业的国际物流成本,提高制造企业的收益水平。以物流带动商流,实现宁波产业国际竞争能力的提升。

(二)宁波港口金融服务创新对产业发展的影响

随着现代宁波港口的不断发展,衍生出了许多新的产业,也给原来的支柱产业带来了新的变化。传统的金融业也在宁波港口发展的过程中衍生出了新的服务。宁波港口金融服务创新给临港产业带来了很大变化。供应链金融、物流金融就是其中典型的代表。

1. 港口金融服务创新带动临港产业的发展

港口金融是针对港口业的运营过程,通过应用和开发各种金融产品,有效地组织和调剂港口相关领域中货币资金的运动。它的开展能满足港口企业、银行和产业三方的迫切需求。尤其是能进一步带动临港产业拓展组织的业务范围,创造新的利润源,提高竞争力。同时,港口金融既能够为金融企业带来新的金融产品、金融服务的推出,帮助客户分担风险,也能够促进自身管理风险能力的提高。港口金融服务创新为临港产业解决了融资问题,创造了新利润,能够快速地带动临港产业的发展。

与国外近百年的港口金融业务的开展相比,港口金融近几年才在我国得以发展。随着中国对外开放政策的实施,国内的企业不断融入国际业务的生产链中,更趋向于国际化,使得对金融的需求也不断增长。就宁波的情况来看,宁波港口金融业的发展才起步,港口金融产品还较少。随着近年来金融机构的不断改革创新,以及宁波航运金融集聚区的建设,越来越多的金融机构开始涉足港口金融业,无论是对港口的发展还是对临港产业的发展都提供了极大的融资便利,为临港产业的发展提供了金融支撑。

2. 港口金融服务创新改变了港口的服务模式

传统的港口仅提供装卸搬运的服务,随着港口的不断升级,诸多的商业功能被嵌入港口服务之中。如今的港口不能再局限于运输服务,而是需要拓展新的价值空间。由向顾客提供服务转变为向顾客创造价值是港口发展转变观念的重要立足点,而港口金融服务创新是港口服务模式升级的重要途径。

宁波港口近年来不断出现的新的金融服务,是宁波港口转变服务模式的良好契机。在提供传统业务服务的基础上,捆绑金融服务,逐渐转变港口服务的方式,能够有效提高港口服务的整体水平。港口金融业的发展不但推动了银行业、保险业的发展,更使得宁波临港产业、船公司、货主的发展得到了有力的保障。

3. 港口金融服务促进了小微出口企业的发展壮大

宁波港口的小微出口企业发展一直受到诸多限制,尤其是在资金周转方面。在没有开展港口金融服务创新以前,小微型出口企业的资金周转不便,从银行贷款更是耗时长、环节多、限制多,导致很多订货单不敢接、不能接。而港口金融服务创新的措施出现后,利用物流金融、供应链金融等产品,就可以更好、更快地贷到款项,为接下来的生产制造活动做准备,同时也降低了融资风险。

港口金融服务为临港产业中的小微型企业的发展创造了一个健康良好的融资环境,使它们的发展更加安全迅速。而对临港产业的大中型企业来说,这些港口金融服务创新措施的实施,也使得它们的可用资金增加,企业的发展更为灵活,有利于其发展空间和选择范围的扩大,使得大中型企业能更好地向着专业化、大型化的方向发展,在自己的领域里做大做强。

宁波港口金融业的服务创新不仅使得宁波金融产业的发展更上一层楼,同时随着港口金融产业的发展,宁波临港产业发展更是得到了质的飞跃。

(三)宁波港口旅游服务创新对产业发展的影响

港口是重要的工业发展资源,也是重要的旅游资源。随着产业结构转型的不断深化,宁波产业不应当依然停留在发展大污染的重工业,特别是在象山等地可以尝试发展绿色、养老等产业。而港口旅游服务的创新可以带动这些产业的发展,提高宁波产业发展的生态质量。

利用宁波"大湖""大江""大桥""大海""大港""大佛"等资源优势,以可持续发展为宗旨,对宁波港口旅游业进行内涵挖掘和服务创新,加快环境友好型的生态产业发展是宁波绿色经济的重要方向。宁波临港产业的发展不仅需要"蓝色产业",也需要"绿色产业"。结合宁波丰富的港口与海洋资源,发展具有宁波风味的海洋生态旅游,休闲娱乐产业,不仅可以缓解产业与民生的矛盾,也能够改善产业结构。

在港口旅游服务创新中,可以融入高科技产品和新型的服务理念,形成传统旅游与科技共存的独特旅游,也可以发展海钓、游艇、航海、帆船等新兴业务,将传统的海洋观光游向新型海洋旅游转型。通过港口旅游服务创新,将宁波市打造成为生态、现代、科技、文明的海滨旅游城市,架构出一个长三角区域金色港湾,并且以港口旅游业为纽带,推动宁波的旅游产品制造、餐饮住宿等产业的发展,带动宁波旅游经济的繁荣。

三、国内外港口服务创新促进产业发展的经验借鉴

港口和临港产业间是互相扶持的关系,产业是港口的发展基础,而港口的优质服务是产业转型升级的力量源泉。世界上许多国家和地区都在不断探索港口服务创新的模式和途径,以期通过提升港口的服务能力,来促进临港产业的发展,提高产业的国际竞争能力。以下总结了一些港口服务创新发展的先进经验,为宁波港口的发展提供借鉴。

(一)建设自由港

建设自由港是世界港口发展的趋势,也是港口服务创新的高级阶段。目前,世界上的重要港口都是自由港,如新加坡、中国香港等。国际上自由港的发展有多种模式。

1. 转口贸易型

西欧地区的多数港口设立了"转口贸易型"自由港。这些港口在地

理上具有一定的优势,一般是位于国际主航线上的。港区的交通便利,覆盖的经济腹地较广。其邻近的国家或地区的经济都比较发达,工业水平也高。港区的范围只包括港口的一部分,面积比较小。港区内部不得有任何工作人员居住,也不准在其内有任何的消费性商业活动。

如德国的汉堡港和英国的利物浦港。汉堡港位于欧洲易北河出口处,地理位置非常优越,既是西欧各国的转口港,同时也是俄罗斯和波兰货运的中转站。英国的利物浦是英国的第一大自由港,拥有良好的地理优势,发展转口贸易型的自由港非常便利。[①]

2. 旅游购物型

旅游购物型自由港一般是设在岛国或是临海的地区港口,自然环境较好,有发展旅游业的绝对优势,且其主要产业就是与旅游购物有关的产业,一般不进行加工制造活动,只进行进口贸易。

加勒比海地区有较多的"旅游购物型"自由港,其中像马格里塔和圣安德烈斯自由港比较具有代表性。委内瑞拉的马格里塔自由港位于加勒比海南部海域。该港规定除部分商品外,几乎所有市场上的商品都可以自由流通。本国的产品可以自由出入自由港且免税,外国商品进入的政策也比较优惠,只征收 3% 的政府税,3.5% 的海关手续费和 1% 的地方发展税。圣安德烈斯自由港是哥伦比亚最大的自由港,位于加勒比海西部。该岛上气候宜人,拥有诸多名胜古迹,还有较多海水浴场供游客疗养、游玩。圣安德烈斯自由港通过在购物方面的优惠政策,吸引了大量的国外游客,以此来带动该岛的旅游业发展。[②]

3. 综合型

综合型自由港一般地理位置都比较好,经济腹地的经济发展水平处于工业化的初期。周围的国家或者地区在政治和经济体制上有着较大的差异,基于此该港成为各国或者各地区之间的"桥梁"。

比较典型的包括亚太地区的香港和新加坡自由港。香港自由港最初是以转口贸易为主,但后来逐渐发展成为多功能的港口,其中加工贸易制造业发展得比较好。新加坡自由港自 1819 年辟建,一直延续自由港政策,使经济得到迅速发展,并且从单一的转口贸易自由港发展成包括

---

①② 高中岗:《世界自由港区的发展比较》,《国外城市规划》1993 年第 3 期。

21 个出口加工区和 1 个科学工业园区的综合型自由港。

我国的港口建设也在探索自由港的模式。从出口加工区、保税区、保税港区到如今的自由贸易试验区，港口的功能在不断地拓展，港口服务能力也在不断地提高。2013 年 10 月设立的上海自由贸易试验区被视为二次开放而寄予了厚望。我国的港口将不断地朝着自由港的目标发展。

（二）发展港口供应链金融

不同于传统的信贷业务，港口供应链金融主要是利用港口供应链中核心企业、第三方物流企业的资信能力，来尽量平衡商业银行等金融机构与中小型企业之间的信息对称，以此解决中小型企业的抵押、担保资源匮乏问题。港口供应链金融主要涉及的方面有保理、资产支持型贷款及中间业务，且现今出现的创新成果比较丰盛，除了原有的仓单质押，保兑仓融通仓、未来货权质押和应收账款融资外，还创新出厂商、银行、采购销售和全程物流监管等港口供应链金融产品。

港口供应链金融在国外已经有了一定的发展，如鹿特丹港口与荷兰银行合作推出了多项港口供应链金融服务。通过将金融资源引入港口供应链，可以为客户提供便利的融资服务，这为鹿特丹港口吸引了大量的货源，也促进了港口的进一步发展。港口供应链金融的发展打破了厂商、银行、物流公司等独自参与供应链中各个环节的货物资金流动的局面，使企业的供应链更加牢固，同时也为供应链的各个成员提供了融资福利。

（三）发展港口国际配送

国际代购是当今时代国际配送最典型的表现形式。国际代购已经成为风靡全球的时尚，顺应这样的潮流，国内外港口积极为国际代购开辟出新的电子商务平台。

尤其是美国纽约港提出的专为国际代购服务的电子商务平台，像电子订舱、网上报关报检、虚拟银行、货物信息跟踪查询等，对代购物品进行拣选、加工、包装、分割、组配等作业，并按时送达指定的地点，并对国际代购设有特色服务，如红色快线、特色运输等。红色快线是指顾客对货物运输有具体时间要求的,因此在电子平台上会有专门为此标记的红色路线,并且运输时间、过程全部透明化,且承诺没有按时抵达,就运费全免。一般情况下,红色快线的运费比一般的要高出 20％。而特色运输则是针对医药品、医用设备以及书籍等货物,并根据其特殊性而提供的特色化服务,包括专业运输、优先配送、专员客服等。港口信息技术会对其进行实时跟踪记录,登录电子平台在货物信息跟踪查询专栏可以对货物进行随时的追查。这不仅保障了国际代购的基本需求,也开辟出了新的服务模块,更完善了港口的服务功能。

(四)建设生态港口

国内外港口为了打造环境保护和经济收益之间的一个平衡点,提出了生态港口建设的理念,通过以自身拥有的良好港口环境,建设出一个绿色、生态的港口,来维持良好的稳定来发展港口,并取得了很好的效果。通过积极打造绿色生态的港口,可以弥补恢复港口发展给周边环境及海洋造成的严重影响,确保港口规模在无害的前提下不断扩张、等级不断提升、功能不断扩展,港口对区域经济的贡献持续增强,乃至成为地区经济发展的龙头。

在国外,美国、日本等一些发达国家较早就开始探索和建设绿色港口,也逐步突显出了成效。如美国加州的长滩港,是绿色港口的推动者之一,在港口建设及日常运行中融入环保这一概念,建设低污染,专业装卸的港口,保护周边的土地资源、水资源、自然资源以及维护动植物与人类之间的和谐关系。长滩港在绿色港口建设上的成果世界瞩目,早已成为这方面的楷模。而日本的东京、神户、广岛等港口在新的港区规划中也加入了绿色港口的部分,尤其是对生态的规划,加入了公园绿地、野鸟湿地、海滨公园等等。推行"效率、效益、环保、节约"的操作理念,对资源进行合理的分配与使用。通过开展绿色物流、提升工作效率、革新装卸工艺等措施来推进港口节能减排的落实和资源有效利用的实施。①

在国内,上海港是最先引领绿色港口建设的。在 2006 年开展了绿色

---

① 刘立民、邵超峰、鞠美庭、姜涛、李新明:《天津港绿色港口建设创新探索与实践》,《港口经济》2011 年第 1 期。

港口建设与实施对策的研究工作,并讨论确定了绿色港口建设的评价指标和基本的建设对策。上海港十分注重港口环境保护的基础设施建设,通过相应的设施设备及管理体系来推进港口污染的治理、生态的修复及安全的作业操作。同时还积极开展应急防范能力建设,完善环境安全的预警系统。目前,其他省市的港口逐渐认可了绿色港口这一概念,并且纷纷开始着手研究与实施。

四、宁波港口服务创新促进产业转型升级的路径分析

宁波港口的发展现状决定了只有依靠港口服务创新,才能持续提升港口对产业的支撑力,保障宁波经济转型升级的成功。港口服务创新促进产业转型升级的路径可以归结为以下三方面。

(一)通过港口服务创新挖掘产业发展潜能

这一路径是以港口为出发点,通过推出新的港口服务,为新兴产业的引入或者是传统产业新业务的开展创造条件。以港口服务创新为最初推动力,可以带动产业的转型升级,提升临港产业的发展质量。

1. 港口服务创新促进新兴产业集聚

港口是临港产业的依托,也是临港产业发展的根本。临港产业的发展壮大所依靠的正是港口的区位优势和便利的物流渠道。港口通过提供服务,吸引了相关产业的集聚,并在港口附近发展壮大。

目前,宁波的临港产业依然以大进大出的大工业为主,新兴产业的发展还不成熟。许多新兴产业项目因为港口提供不了相应的服务而无法落地,导致新兴产业的发展受到制约。因此,宁波港口的服务创新必须走在产业发展之前,而不是被动地跟随。先栽港口服务创新之"树",再引新兴产业这个"金凤凰"。

以太仓港为例。几年前,太仓港便瞄准了新兴装备制造产业。为此,太仓港积极规划建设装备制造产业园区,并配套建设装备产品滚装上船、超大型重型产品吊装上船的专业码头,满足超高、超宽、超重产品运输需求的区内道路。目前,太仓港装备制造产业园区已经集聚了国内外众多运输装备、海工装备、特种装备等企业,基本形成了新兴装备制造业产业集群。

2. 港口服务创新促进传统产业转型升级

港口服务创新能够激发传统产业对新的服务产品或是创新技术的兴趣，并对原有的产品或技术进行改造，以此来达到传统产业转型升级的目的。宁波依托得天独厚的港口优势，已经形成了初具规模的临港产业带。石化、钢铁、造船、汽车、造纸是宁波临港工业的发展重点。面对国内外的市场压力，这些传统产业亟须通过转型升级实现自救。对于这些港口依赖度极高的产业来说，没有港口提供相应的服务，也就无法完成转型的任务。

以造船业为例。近年来，宁波的造船业受到国际大环境的影响，经营十分惨淡。为了引导造船业走出低谷，政府制定了造船业发展规划，鼓励造船企业生产高附加值船舶，避免低水平价格竞争，积极向海工装备企业转型。这就需要港口提供物流、金融等方面的各种创新服务，为造船企业创造良好的转型环境。

(二)根据产业发展需求提供配套港口创新服务

这一路径是以产业为出发点，通过产业转型升级，对港口提出服务要求，倒逼港口服务创新。

现代企业的国际竞争已不再是企业与企业间的竞争，而是企业所处供应链之间的竞争。港口作为临港产业供应链的重要组成部分，无法独立于产业供应链而存在。产业的转型升级会对港口形成新的服务需求，如果港口故步自封，不思发展，必然会被整个产业链所淘汰。企业会转而寻求与其他的港口合作。

宁波港口拥有良好的硬件资源，有较强的传统业务服务能力。不过软实力方面的建设一直是宁波港口发展的短板，与上海港的差距明显。在港口金融、港口增值服务方面还远未形成特色。面对产业转型的机遇，宁波港口应当积极展开调研，找到宁波产业在转型升级中对港口服务的新需求，并加快创新步伐，满足宁波新兴产业的发展要求，进一步巩固自身的地位。

(三)港口与产业互动发展，实现港口服务动态创新

港口服务动态创新的路径是指在港口与产业互动发展的过程中，不

断发现港口服务存在的问题,并根据产业的需求,及时解决这些问题,使港口与产业的关系更为融洽,实现港口与产业的可持续发展。港口服务动态创新要求港口与产业必须保持良好的互动关系,如果港口与产业相互孤立,那么就无法实现信息的沟通,也就无法实现港口服务创新对产业发展的支撑。

根据课题组的相关研究,宁波港口与产业的互动虽然已经存在,但互动的层次还较低,离动态创新的目标还有距离。因此,需要进一步加强宁波港口与产业的互动强度,为港口服务的动态创新提供条件。首先,需要加深宁波港口与产业的信息互通。港口与产业之间信息的互通是彼此相互了解的基本要素,是建立港口和产业和谐关系的必备条件,是建立和谐港城的重要组成部分。可以通过加快港口与产业信息化服务平台建设,深化信息的透明度,提高信息的传递速度,增强信息的真实性。以此实现港口服务对产业需求的迅速响应,为临港产业发展提供便利。其次,要加强宁波港口与服务业之间的合作。随着经济的发展,服务业的比重会越来越高,价值链中的利润逐步向服务环节转移,传统工业也出现了工业服务化的现象。港口为了提供产业所需的服务,单纯靠自身摸索十分困难,许多服务港口本身也难以完成。因此,宁波港口需要积极行动,与金融、物流、保险等相关服务企业合作,共同开发满足产业发展需求的服务产品。

第四节 提升宁波港口服务创新能力、促进产业转型升级的对策

世界港口城市发展的经验告诉我们,港口所在城市的产业发展成功与否,关键在于港口的服务能力。除去港口城市的共性特点,任何一个港口城市的港口与产业关系都有着独有的特征。如何深度挖掘宁波港口发展的优势,积极改善薄弱环节,抓住宁波产业转型发展的机遇,是宁波港口与产业未来几年发展的重要课题。为此,本书从港口服务体系、海铁联运与无水港、大宗商品交易市场、航运服务业、保税港区、智慧港口、生态港口等方面提出了相关的对策建议。

一、加快"三位一体"港口服务体系建设,完善港口服务市场创新体制

"三位一体"港口服务体系建设是当前完善港口服务市场的重要任务。通过理顺港口服务体系建设的内涵,有助于把握港口服务市场创新的内容和方向。为了构建"三位一体"港口服务体系,需要加快集装箱和大宗商品物流服务系统建设,完善海陆联动集疏运网络,提升金融和信息服务能力。

一是要加快专业服务系统建设。加快集装箱物流服务系统建设,着力推进乌隘集装箱综合物流园区、北仑现代国际物流园区、穿山综合物流园区、梅山保税港物流园区,推进北仑区集装箱场站转型升级,构建专业化的集装箱装卸、堆存、运输、拆装箱、货物加工、增值服务等一体化的集装箱运输供应链服务系统。加快大宗商品物流服务系统建设,加快码头、园区、配套设施等重大项目建设,完善各港区功能定位,积极推进各港区专业化服务能力和软实力建设,加快技术改造和升级,增强现有各港区的接卸能力,加大专业化船队建设,优化以码头为基础的专业化运输系统,强化企业管理,提升港区内各运营主体的专业化服务水平,为大宗商品交易平台建设提供支撑。

二是要优化完善海陆联动集疏运网络。加快集疏运基础设施建设,加速内陆"无水港"建设,以物流园区、集装箱场站和"无水港"为载体,以海铁联运、水水中转、水陆中转为主要运输方式,以支线港、喂给港、联盟港为辅助,以高效便利的口岸服务为保障,以保税政策和金融保险服务为支撑,以物流企业为主体,对接国际、国内市场,积极构建港口物流供应链。鼓励引入或组建专业化第三方物流企业,优化物流组织,创建物流服务品牌。

三是要努力提升金融和信息服务能力。协助推进我市区域性金融服务中心和贸易中心建设,积极争取相应的金融和财税扶持政策,吸引、扶持相关的航运服务企业进驻和发展。加强航运金融服务创新,引导我市金融机构积极发展船舶融资、航运融资、物流金融、海上保险、航运保险与再保险、航运资金汇兑与结算等航运物流金融服务。扩大投融资业务渠道,组建航运产业发展基金,发挥担保基金对信贷资金的撬动作用,

推动现代航运服务业发展壮大。提升电子口岸信息系统的服务功能,进一步加强口岸电子平台、第四方物流市场建设,构建统一、高效的信息服务平台。加快建设东部新城航运服务区,加速航运服务产业集聚,形成航运企业集聚、航运要素市场发达、配套服务功能完善的服务区域。

二、推动海铁联运与无水港建设,扩大港口服务产业辐射度

产业的发展需要提供便利的运输服务。内陆城市的产业之所以无法有效地发展,就在于其没有便利、快捷的出海通道。通过建设海铁联运和无水港,可以将宁波港口服务辐射到更深的内陆腹地,更好地为内陆产业发展服务。为此,要大力推动海铁联运与无水港建设。

(一)完善海铁联运发展政策,加快海铁联运综合试验区建设

一是要着力建立区域联动发展机制,做好区域对接、产业(货种)对接、项目对接,统筹推进码头、铁路、公路等基础设施与产业发展同步建设,形成多赢的政策体制和运行机制。

二是要围绕宁波港口的持续发展,立足于国家实施中部崛起和西部大开发战略的宏观背景,深入分析宁波发展海铁联运的障碍,研究宁波建设海铁联运综合示范区的可操作空间,为宁波海铁联运建设奠定扎实的理论基础,推动宁波海铁联运发展再上新台阶。加快推进宁波集装箱中心站和有关港前办理站建设,加快建设镇海大宗货物海铁联运物流枢纽港。

三是要以宁波铁路集装箱中心站为中心,以内陆"无水港"为依托,以集装箱运输为主体,兼顾大宗货物运输。规划建设宁波至南昌、武汉、重庆、成都、合肥的集装箱海铁联运通道。开通义乌至宁波的"五定"班列和成都、南昌、合肥至宁波的直达班列,对金华、衢州、上饶、鹰潭地区采用固定编组或货运混编列车运输。做好武汉至宁波、重庆至宁波的"五定"班列的规划工作。

四是要加强与铁路部门的合作,争取在运输计划、装车组织、运价优惠等方面给予支持。支持沿海快线实现 1 周 4 班运作,继续推进"海铁联运西进"战略,在打通浙赣线的基础上,进一步拓展长江中上游等内陆腹地。重点开发南昌、西安、成都、重庆等地的货源市场,争取开通南昌—

鹰潭—上饶—宁波的集装箱直达运输,尽早开通成都、重庆、西安至宁波的海铁联运班列,确保沿海快线甬温海铁集装箱班列稳定运行。①

(二)依托运输模式创新,积极布局"无水港"

一是继续开展与武汉、成都、重庆等城市的产业对接和区域合作,开展"无水港"项目的前期工作。依托海铁联运、江海联运,积极推进"无水港"建设,提升宁波港口的产业辐射力,统筹进行"无水港"布局,整合升级义乌、金华、衢州、慈溪、萧山、绍兴、上饶、鹰潭八个"无水港",通过"无水港"的功能联动、规划联动、信息联动和运营联动,扩大"无水港"的产业辐射区域,实现"无水港"高效运营、顺畅便捷的目标。至2015年完成南昌、九江、新余、合肥等地的"无水港"项目建设,逐步形成一级港区节点、中转节点、二级港区节点的综合节点体系,全面完善江西、安徽两省的揽货体系。

二是要加快发展江海联运。加快推进杭甬运河四级航道全线贯通和进一步升级改造,宁波港口以长江干线为基础发展江海联运网络,重点拓展成渝、昌九、贵昆等经济腹地以及武汉、长沙、合肥等中心城市的江海联运业务。研究落实杭甬运河姚江与甬江二线沟通工程具体方案,采购合适的江海直达船,出甬江口沿海岸航行,到达北仑港区及周边的穿山、大榭、梅山、金塘港区等进行集疏运,形成以江海直达为主、水陆中转、水上过驳等多种方式并存的水运疏港通道体系。

三是要加快双重运输试点。在海铁联运、江海联运以及传统公路运输等运输方式的基础上,积极拓展内陆"无水港"及腹地城市的节点功能,完善对市场运营主体的相关扶持政策,充分运用GPS、RFID、第四方物流市场平台等技术和网络平台,对接内外贸市场,建立具有宁波特色的双重运输体系,并积极争取成为交通运输部的双重、甩挂运输试点城市,使其成为国内的典型样板项目。

四是要加快完善货代网络体系。在货代网络体系的布局上,要进一步引导宁波的货代企业继续开拓长江沿线集装箱货运市场,在目前还未开拓的长江干支流沿线城市抓紧时间建立分支机构和揽货网点。同时,

---

① 赵亚鹏:《宁波—舟山港港口服务创新策略研究》,《中国航海》2012年第3期。

由政府牵头、企业实施，积极与非长江沿线城市开展设立"无水港"的合作，并将无船承运人的业务范围拓展到长江沿线各城市。在货代网络体系的规模上，要充分利用海铁联运、江海联运等多式联运方式，开发双重运输、甩挂运输等运输技术，以"无水港"的形式在宁波港口的腹地市场进行扩展。

三、大力建设大宗商品交易市场，提高临港产业原材料定价权和话语权

国际贸易的成败，关键在于谁能够掌握定价权。宁波乃至中国的企业由于得不到大宗商品的定价权，长期受到国际商品巨头的压榨，利润微薄，沦为国际巨头的"打工仔"。大力发展大宗商品交易市场，不仅可以改变这一被动局面，获取大宗商品的定价权和话语权，而且能够降低临港产业的成本和贸易风险。因此，宁波要积极推进大宗商品交易市场建设，提高宁波港口与产业的国际地位。

通过创新宁波港口功能和服务，增强宁波港口资源配置能力。充分利用浙江制造业基地和大市场的区位优势，大力发展大宗货物和进出口商品交易市场、电子商务市场，建设以现货为基础的有形和无形交易市场，以贸易交易为核心，推进有形与无形交易市场建设，培育和壮大铁矿石、煤炭、油品、粮食、化工品、钢铁等一大批大宗物资交易中心，大力发展现货贸易，期货交易交割，物流分拨配送，电子商务等物流增值服务，形成大宗商品物流增值、集装箱物流增值、临港产业物流增值、现代高端港航服务四大体系。

同时，要研究制定大宗商品交易第三方资金监管管理办法，确保交易资金的安全。完善第四方物流市场网上支付交易功能，集聚运输电子商务信息，发展和完善统一的大宗商品电子交易平台。努力把宁波港口打造为全国重要的，具有国际影响的大宗物资集散地和物流增值服务集聚区。

四、积极发展航运服务业，促进港口与航运业互动发展

航运服务业是港口服务临港产业的重要途径，也是港口与航运产业互动的重要手段。宁波拥有深水良港，却一直没有发达的航运产业，航运服务业就更为薄弱。发展航运服务业有助于丰富港口服务创新的内

容,更好地为产业转型升级服务。为此,要积极鼓励航运服务业的发展,推动港航互动,改变大港小航的局面。

一是要抓紧研究制定宁波鼓励发展中高端航运服务业的措施和工作重点,努力营造良好的口岸服务、政务服务、航运要素集聚环境。加大政策支持力度,加强对外合作,完善相关的政策法规制度。宁波航运服务业要做到差异化、层次化发展。加快推进宁波区域性金融服务中心和贸易中心建设,出台相应的金融和财税扶持政策,吸引、扶持相关的航运服务企业进驻和发展。规范和完善航运服务业的市场竞争和价格机制,创造公平有序的市场竞争环境,加大市场开发力度。加快建设东部新城航运服务区,完善相关的功能设施,形成航运企业集聚、航运要素市场发达、配套服务功能完善的服务区域。

二是要加快发展航运服务业。积极发展船舶交易市场,扶持船代、货代、租赁、中介等航运服务业,依托宁波航运物流经济发达的优势,加快建设船舶融资租赁市场,争取在宁波航运服务中心试点开展船舶抵押贷款、船舶抵押贷款信托、船舶融资租赁、船舶经营性租赁等融资服务。加大对船舶航运融资的支持力度,促进大航运的发展。

三是要加强航运金融服务创新,引导国内外金融机构在甬分支机构积极发展船舶融资、航运融资、物流金融、海上保险、航运保险与再保险、航运资金汇兑与结算等航运物流金融服务。扩大投融资业务渠道。组建航运产业发展基金,发挥担保基金对信贷资金的撬动作用,为航运业的发展提供优质的服务,促进航运业上下游及相关产业的发展与聚集,推动现代服务业壮大与发展。

四是要着重在航运服务业软实力建设方面加快与上海的战略合作。加强在航运服务企业、航运研究机构、航运咨询、政策资源、航运专业人才、航运教育等方面的合作,积极开拓航运、物流、港航信息服务,加快航运要素集聚,为港口客户提供增值服务,并积极争取国家有关方面的政策支持。

五、发挥梅山保税港区政策优势,积极争取自由贸易区试点

政策优势是吸引外贸企业的关键。自宁波梅山保税港区设立以来,凭借在保税等方面的优惠政策,吸引了大量的外贸企业和航运企业入驻。因此,宁波要用好保税港区的政策资源,挖掘港口服务创新的潜力。

同时,随着自由贸易区热的兴起,宁波也需要积极申请自由贸易区试点,扩大政策优势,享受上海国际航运中心建设的红利。保税港区的建设要发挥其自身的特点和优势,不能与其他港口重复建设。

一是要加快保税物流和贸易平台建设。充分发挥保税港区政策优势,重点发展"附加值高、物流量大、专业性强"的现代物流产业,促进物流技术和营运模式创新,形成以保税物流为特色的现代物流产业基地。加快国际贸易、国际物流企业集聚,重点发展汽车整车、石化产品、先进装备、贵重材料、名贵植物、食品等进口商品交易市场,建立集交易、展示、出样、订货、检测、物流于一体的国际贸易平台。

二是要创新通关和监管模式。建立关、检、贸、运"一站式"服务平台。整合单证流、货物流、资金流和信息流,使之合理、规范、通畅,以最高的效率、最低的成本为企业服务。在借鉴国内外海关特殊监管区通关和监管经验的基础上,着重创建能适应国际中转、国际配送、国际采购和转口贸易业务模式的服务功能,建立区港联动、通关便捷、流程合理的通关监管模式,从而形成梅山保税港区差异化的通关监管服务优势,增强口岸的竞争力。

三是要积极培育离岸金融服务。加强对离岸金融市场的相关研究,发掘区域内国际贸易和物流业发展对离岸资金流的进出和停留以及相应的结算、融资、保值避险等金融服务的需求,结合宁波市开展的区域性金融服务中心建设,制定相关的政策措施,吸引离岸金融服务企业集聚,形成区域金融服务优势。

六、加快口岸服务创新,改善产业升级软环境

口岸是货物进出的门户,良好的口岸环境能够吸引更多的产业集聚。高效的通关对于企业就意味着效率和效益。口岸服务创新能够使产业的供应链更加顺畅、反应更加迅速。因此,需要通过加快口岸服务创新,助力产业转型升级。

一是要加快口岸大通关建设。继续通过大关区协调配合、直属关区整合合作的方式,完善"属地报关、口岸放行"直通关运作模式。运用高科技手段以及海关、国检的前置或后移,实现"一站式"服务及无纸化信息化作业,进一步深化"大通关"功能建设。

二是要完善宁波关区内各特殊监管区与口岸海关的直通关模式。在整合提升现有的保税区、出口加工区、保税物流中心(B型)、保税港区功能的基础上,完善各特殊监管区与港口口岸的直通关模式,解决出口货物"二次报关"的制约,促进各特殊监管区内的货物流转,加强各特殊监管区对口岸物流的承接功能,从而推动以宁波港为龙头的宁波保税物流的良性发展。

三是要完善海铁联运海关监管模式。通过政府协调和沟通,建立大关区合作机制,重点完善省内杭州关区和宁波关区之间海铁联运方式的监管模式。建立温州、义乌货运班列集装箱直通关模式。

四是要强化港口物流信息支撑。提升电子口岸信息系统的服务功能,进一步加强口岸电子平台和宁波第四方物流市场建设,构建统一、高效的港航服务信息网络,为港口产业集聚搭建起信息服务平台。以电子口岸和第四方物流市场为基础,打造宁波物流信息公共服务平台和数据中心,增强电子政务和电子商务服务能力。推动第四方物流市场与浙江交通物流公共信息系统的无缝对接。积极推进港航物流企业信息化建设,加快对传统物流企业的信息化改造。推动重点企业、园区和相关政府部门与数据中心的信息交换和共享。[①]

七、深化智慧港口建设,丰富产业服务技术手段

智慧化是港口发展的重要趋势,也是产业发展对于港口服务提出的要求。随着科技的不断发展,越来越多的信息技术被应用到港口领域。通过提高港口服务的智慧化水平,不仅能够提高港口自身的效率,还能够便利产业的供应链组织和协调。

智慧港口的建设要充分借助物联网、传感网、云计算、决策分析优化等技术手段进行透彻感知、广泛连接、深度计算港口物流运行核心系统的各项关键信息,使港口的各种资源和各个参与方可以更广泛地互联互通,形成技术集成、综合应用、高端发展的现代化、网络化、信息化的现代港口。

港口管理部门可以通过建立港航管理服务数据库,完成与港航企

---

① 赵亚鹏:《宁波—舟山港港口服务创新策略研究》,《中国航海》2012年第3期。

业、有关政府部门间的信息系统对接,交换、共享相关数据,打通信息孤岛,有效集成水路运输、船舶检验、行政执法、船舶动态管理等业务,实现港航管理全过程的信息化监控和智慧化决策。

通过实现港口物流服务电子化、网络化、无纸化和自动化,可以有效地降低港口物流服务成本,提高物流服务效率和港口经济效益。宁波港口要积极推动智慧港口建设,打造港口区域物流信息中心,通过智慧港口服务创新,保障产业转型升级在技术方面的需求。

八、积极推广低碳港口模式,改善产业生存发展生态环境

发展低碳港口要求港口在运营过程中,尽量减少对环境的破坏。现如今,发展低碳港口的理念已经深入人心,人们已经不愿意看到牺牲环境而带来的经济增长。因此,以节能环保为目标,探索港口服务创新模式已经成为共识。事实证明,以牺牲环境为代价的港口或者产业的发展并不具有可持续性。为此,需要积极探索低碳港口创新模式,为产业的可持续发展创造良好环境。

一是要坚持以规划为先导,集约使用科学使用岸线,不断优化岸线资源配置。着力解决港口布局不合理问题,对岸线资源利用混乱、深水浅用、布局散乱的码头进行整合。以规划为引导,优化港区空间布局,推进业主码头合作与开放经营。

二是要积极推进港航结构调整,加快发展内河航运,强化结构性节能减排。推广双尾船、新能源动力船等节能环保型船舶和太阳能、潮汐能等新能源利用技术,强化技术性节能减排。积极开展多式联运、甩挂运输,提高运输组织化程度,强化管理性节能减排。

三是要加强港口、航道的生态保护,避免和减少对水生动植物生态影响和海岸侵蚀问题。加强港口污水、噪声治理,积极开展煤炭、矿石码头粉尘防治。加强环保监管,完善节能环保监测评估体系。

总之,在世界经济增长放缓和我国经济转型发展的双重压力下,宁波港口与产业的增长势头正在放缓,机遇和挑战并存,这也是推进宁波港口与产业转型发展的重要契机。宁波要努力拓展港口服务新领域,提升港口功能,从而为宁波产业的转型升级创造良好的条件。

第七章　提升宁波产业对港口支撑作用的对策

宁波城市的发展是宁波港运行和发展的物质基础,特别是产业经济的发展和繁荣是宁波港发展的不竭动力。如何提升宁波产业的发展能力,进一步优化产业结构,提高产业素质,增强产业创新能力,整合产业模块,加强产业发展后劲,对宁波港的可持续发展至关重要。

第一节　宁波产业发展的现状及问题

作为国内历史悠久的工商业城市,改革开放后,宁波凭借着早期技术和资本的有效积累,依托深水良港和民营经济的独特优势,产业经济步入发展的"快车道",得到了迅猛发展,产业的繁荣反过来推动了宁波港口的快速成长。2013年宁波港口货物吞吐量完成4.96亿吨,继续位居中国大陆港口第三、世界前四位;集装箱吞吐量完成1677.4万标准箱,位居大陆港口第三位,仅次于上海港和深圳港;但宁波产业发展也面临着亟待解决的诸多问题,需要在今后的发展过程中改进和解决,在不断扩大宁波产业优势的同时,尽快将发展的短板补上,以增强宁波产业的总体竞争力,为宁波港口的持续繁荣提供基础。

一、宁波产业发展成就

(一)产业经济实力逐步提升

第一产业基本实现产业化、合作化、规模化。现已逐步形成了经济结构合理、产品加工覆盖面广、优势产业明显的产业格局。随着一大批临港工业项目相继上马投产,宁波的临港工业快速发展,基本形成了以石化、能源、造纸、钢铁等行业为主的重化工业体系。同时形成了电子信息、装备制造、精密仪器仪表、汽车及零部件、新材料、纺织服装、家用电器、精细化工与生物、模具、文具等十大优势制造业。近几年,随着产业结构调整,支持第三产业发展的政策措施逐步到位,第三产业保持了向好的发展态势,增加值、税收和投资等各项经济指标保持逐步增长的势头,服务业在国民经济中的作用和地位日益突出。以 2012 年为例,全市实现地区生产总值 6524.7 亿元,按可比价格计算,比上年增长 7.8%。其中,第一产业实现增加值 270.0 亿元,增长 1.6%;第二产业实现增加值 3516.7 亿元,增长 6.0%;第三产业实现增加值 2738.0 亿元,增长 10.9%。按常住人口计算人均生产总值为 85475 元(按年平均汇率折算为 13541 美元)。农业生产稳步提升,工业经济发展质量不断提高,固定资产投资数量和质量在国内外经济形势严峻的形势下仍旧实现了快速增长,固定资产投资 2901.4 亿元、增长 21.6%,其中工业投资增长 22.3%。宁波已成为长江三角洲南翼最重要的先进制造业中心和经济中心。

(二)产业发展质量和效益持续改善

2012 年宁波三次产业之比为 4.1:53.9:42.0,第三产业增加值占地区生产总值比重比上年提高 1.5 个百分点,第三产业占比逐年稳步提高。工业技改投资占全部工业投资比重达到 69%,新产品产值率达到 20.2%,高新技术产业产值占规模以上工业总产值比重达到 28.7%。现代农业发展水平不断提升,在全省率先实现水稻生产全程机械化,"甬优12"单季晚稻百亩方平均亩产创全国纪录。宁波大宗商品交易所、宁波航运交易所列入国家电子商务试点项目,梅山保税港区汽车整车进口口岸获批,浙台(象山石浦)经贸合作区加快建设。宁波各产业的发展质量和效益持续提高。

(三)产业结构不断向高层次演进

宁波产业发展初期,依托区位优势、劳动力优势、工商业传统优势和体制机制优势,在纺织服装和轻工机械等领域发展起步,工业发展"轻、小、集、加"特征十分明显。改革开放特别是20世纪90年代以后,宁波在加快改造提升传统优势产业的同时,充分发挥港口优势,大力发展临港重化工业,产业结构得到了不断优化,竞争力明显增强。特别是临港大工业的快速发展,长江三角洲重化工业基地的初步建立,从根本上改变了宁波以轻加工业为主的低水平产业结构格局,逐步形成传统产业和临港产业协同并进的发展格局。进入新世纪以后,依托传统工业和临港优势的高新技术产业出现迅猛发展,机电一体化装备制造、电子信息、新材料、节能环保、工业设计等新兴产业对工业发展的贡献率逐年提升,全市产业呈现出传统优势产业、临港产业和高新技术产业"三足鼎立"的发展态势。宁波的文具、模具、注塑机、厨具行业在全国具有相当高的市场占有率,先后被评为"中国文具之都""中国模具之都""中国注塑机之都""中国厨具之都"等称号,显示了宁波产业正走上规模化、品牌化、集群化的高层次发展道路。

(四)创新能力快速增强

创新资源与环境日益优化,研发人力资源水平稳步提高,研发投入力度持续加大,高新技术企业科研活动经费占高新技术产品销售额比重逐年增长,企业创新意识快速提升。产学研创新联盟进展快速,创新载体工程成效显著。2010年全市有省级企业技术中心54家,国家级企业技术中心达7家;省部共建实验室培育基地4家、省级重点实验室6家;引进、共建技术开发机构34家;国家级科技企业孵化器6家,累计孵化面积达35.53万平方米,在孵企业1000多家。创新能力与绩效显著增强。科技成果数量和质量不断提高,"十一五"期间获各级科技奖项累计515项,其中国家科学技术进步奖18项,浙江省科学技术进步奖114项。专利授权量迅猛攀升,2010年突破2.5万件,继续保持全国15个副省级城市领先地位。企业自主创新能力明显增强,共培育省专利示范企业59家,市专利示范(试点)企业166家,新培育国家知识产权试点企业15家。全市新增驰名商标286个并三次荣获"中国品牌之都"称号。"十一五"期间共获"中国标准创新贡献奖"5个,主持和参与国际、国家和行业标准制定475个。技术进步成效显著,"十一五"期间,全市累计认定高新技术企业662家,全市规模以上高新技术产品产值累计达2119.03亿元,规模以上高新技术企业新产品产值率2010年达到57.9%,技术合同成交额累计达24.13亿元。

（五）产业布局更趋合理

全市共形成近150个块状经济,其中年产值超过10亿元以上的近90个,多年居浙江省首位。西服衬衣、模具产业、家用小电器、文具等四大产业集群入选中国社会科学院发布的"2011中国百佳产业集群"名单,服装、家电被浙江省认定为现代产业集群的示范点。从产业内部看,产业升级十分明显,产业链得到不断拓展,产品也不断由单品种、单系列向多品种、多系列发展。宁波本着统筹规划、因地制宜、合理布局、产业集聚、错位发展的原则,做好开发区(园区)清理整顿工作,逐步调整、整合现有产业空间布局结构。全市年销售产值10亿元以上的块状经济达到39个,占全省10亿元以上块状经济数量的12.5%,居全省第一位;10亿元以上的块状经济销售产值占全市规模以上工业销售产值的比重达到61%。

二、存在问题

（一）发展素质有待提升

产业高度化是现代产业的发展方向,它要求产业具有高技术含量、高产品档次、高附加值率的特点。目前宁波产业层次和素质总体较低,以高耗能、高污染的临港重化工业为主的第二产业发展现在面临着严重的环境资源瓶颈,同时装备制造业创新能力还不够强大。服务业发展的社会氛围仍需强化,从政府层面到企业,对服务业的生产性功能和在国民经济发展中的地位和作用认识还不到位。服务业人才短缺,产业集群服务供给还存在很大瓶颈。不少企业对传统发展模式依赖性较强,对价值链高端的研发设计和营销控制力较弱,产品附加值较低。大部分企业处于价值分配链的附属地位,未能在开放分工体系中占据有利地位。以中小企业为主的产业格局,决定了企业的运营机制、人力资源状况、管理水平、创新能力劣势明显。企业发展难以迅速适应国内外经济社会发展环境发生的深刻变化,大部分行业国内外市场竞争能力和抗击外部冲击的能力较弱。比如2008年国际金融危机爆发后,宁波许多行业发展遇到严重困难,很多企业表现出抵抗危机的能力和应变能力不足。

(二)产业结构有待优化

产业结构调整比较缓慢,存在工业"大而不强"、服务业整体水平相对滞后、产业间协同互动能力不高等产业结构性问题,也存在过度依靠工业、依靠出口、依靠投资等需求结构性问题。区域经济发展要有稳固的基础,产业要形成规模,离不开大型企业做后盾。宁波企业组织结构还有很多不合理之处,不少行业资源配置不利于发挥规模经济效益,也不利于建立和完善大中小企业的协作分工体系。目前宁波的大中型企业数偏低,规模以上工业企业平均产值与同水平城市有较大差距。集中反映产业层次高度的工业增加值率"十一五"期间持续低位运行,低于国内主要工业城市和全国平均水平。装备制造业整体发展水平还不高,重大、成套产品少,产品加工精度、可靠性、自动化程度和国际先进水平还有较大差距;新材料、新能源、新光源等战略性新兴产业虽然发展速度较快,但还没有形成较大规模,在全市产业中占比较小;高新技术产业尚未形成全面发展态势,产业规模仍然较小;生产性服务业发展尚不能有效满足地方产业发展的需求。

(三)创新能力有待突破

创新能力不足一直是宁波产业发展的短板。根据相关研究,宁波在过去几年与同类城市相比,创新能力有越来越滞后的趋势,这对宁波产业发展敲响了警钟。宁波产业创新能力不足主要有以下几个方面:一是创新资源整合能力偏弱,科技高端人才短缺、高新技术产品附加值少、产业领域分布单一、高新技术企业总体规模偏小、科技活动经费支出仍旧偏低等,创新资源需进一步整合;二是创新环境仍受制约,科技成果转化率偏低、风险投资比重过小、创新服务体系的富集度仍然欠缺等,创新环境有待进一步完善;三是创新绩效的高端化、优质化能力不足,高端应用技术创新绩效不明显、产业链带动不足,核心知识产权数量质量偏低等,创新绩效有待进一步提高。"十一五"期间,全市研发经费支出占 GDP比重明显低于全国、全省平均水平,这与宁波市经济在全国、全省的地位极不相称。宁波大部分企业生产的产品和所需的技术仍以引进、模仿为主,缺乏具有自主知识产权的关键技术,主导产品技术水平有待进一步提高,迫切需要运用高新技术提升产品档次,走品牌化发展之路。企业研发能力总体薄弱,企业科技人员占职工人数比重偏低,大部分企业没有研发团队,创新型拔尖领军人才严重匮乏,企业的科技研发实力急需加强。

（四）产业集聚程度不高

现代工业是建立在社会化大生产基础上复杂的分工协作体系,各产业间有着密不可分的联系,企业的竞争不是单个企业的竞争,而是企业群体间的竞争,产业集聚对提高产业群体的竞争力至关重要。宁波的工业企业一直以中小、分散的民营企业为主,布局分散,产业集聚程度低,显现低水平重复建设和生产能力的结构性过剩的特点。产业链不完善,产业发展缺乏上下游产业和相关产业支持。宁波市绝大多数产业集群产业链较短,集群企业的生产经营活动长期集中在单一产品制造环节上,上下游产业发展的本地化程度严重不足。这不仅导致产业集群的优势不能充分发挥,也因为下游产业的缺乏反过来在一定程度上制约了上游产业的提升。集群组织化程度偏低,价格竞争依然激烈。尽管近几年大企业的成长在一定程度上强化了集群的组织性,但是由于真正具有控制力从而具有组织能力的大企业数量偏少,企业产品雷同程度高,导致宁波产业集群内企业竞争长期以价格竞争为主,非价格竞争不足,导致集群的整体规模优势难以转化为市场控制优势,而产业集群的成本优势也因为企业之间的价格战而消失殆尽,集群内企业通过资本积累实现产品创新和技术创新的空间大大缩小。在推进产业现代化,改善区域整体生产环境,实现生产要素的合理配置和有效利用,提高全市工业化水平过程中,产业集聚的任务繁重。

(五)发展后劲有待加强

支持产业发展的体制机制先发优势逐步丧失,一些重点领域和关键环节的改革仍未到位,制约产业发展的各种深层次矛盾和因素进一步显现。受制于产业结构调整和房地产投资挤出效应,宁波产业投资年均增长率长期低于全社会投资水平,比如受 2008 年金融危机和市场需求不足的影响,企业家对扩大投资更趋谨慎。在项目储备上,产业项目总体偏少,特别是具有战略性的大项目储备不足,难以支撑下一轮产业持续较快增长;从发展环境看,可适用的建设用地、环境容量、资源要素极为有限,产业规模扩张受到一定程度的制约。如何提升宁波产业总体的发展后劲是未来宁波产业发展的重要课题。

三、产业发展的目标

宁波产业发展要突破现状,提升发展素质,必须以科技进步和信息化带动产业结构升级,优化一产、提升二产、突破三产,形成三次产业相互促进、协调发展的现代产业体系。抓住产业发展的突破点,进一步打造先进制造业基地,完善区域性现代物流枢纽,培育新型产业增长极,形成都市型现代农业格局,构建形成基础设施完善、产业高度集聚、布局分工合理、生态环境优美、具有国内一流水平和较强国际竞争力的产业集群,为宁波港口的持续发展和繁荣提供强有力的支撑。

(一)壮大产业规模

小规模、分散型的产业格局已经很难在国内外经济竞争中胜出,不断壮大宁波产业规模是今后宁波产业发展的必然选择。要综合运用市场、经济、行政和法律手段,形成一个以资本、产品、区域、品牌等多种形式为纽带的产业集群,其重点是围绕已经形成的块状经济,通过科学的规划和合理的引导,实现产业发展由单个小企业、小产品、小生产、松散型向大规模、专业化、紧密型的产业群集聚,形成区域经济的规模优势和规模效应。重点引导和扶持一批实力强、潜力大的大企业、大集团,形成以资本为纽带,以品牌为核心,以优势企业为龙头的实力型大企业、大集团,着力提高产业的规模效应。

(二)优化产业结构

产业结构是否合理关系到产业发展的后劲和产出效率。只有不断优化产业结构才能提高产业效能,提高企业的整体竞争力。应通过实施有效的产业政策,引导和推进一、二、三次产业向更加具有比较优势的方向发展,实现生产要素的合理配置和有效利用,在经济发展和城市功能提升中,显现产业发展的特点和优势,提高企业的生产效率和产品的竞争力。要根据产业发展的现状和发展方向,进一步推进专业化的分工与合作,进一步细化市场分配,努力在各产业间和同行业内部形成合力的结构布局,使宁波产业和宁波产品更具竞争优势。

(三)提升产业层次

要坚定不移地走新型工业化道路,加强技术引进、人才引进与科技合作,加大技术开发和技术创新力度,加快推进用信息技术改造和提升传统产业,注重利用发达国家产业转移、技术流动的实际,引进国内外高技术、高档次、高质量、低污染的先进技术项目,带动整个产业和技术的升级换代;注重加快技术装备更新、工艺创新和产品开发,改造并提升纺织服装、机械轻工、家用电器等传统产业;注重抓一批具有行业代表性和标志性的产品、工艺、技术和装备项目,通过技术改造和重点扶持,不断增强宁波产业的高科技含量、高产品档次、高附加值,提高宁波产业的整体水平。

(四)增强产业国际竞争力

宁波产业发展要持续不断地支撑港口的发展必须进一步增强产业的竞争力。只有实力提升了,产品才有竞争力,生产才能不断壮大,从而为港口的繁荣创造坚实的基础。宁波产业的外向型特征明显,如何加强产业在国际上的竞争力,也应成为宁波产业发展的重要目标。宁波产业发展要积极融入国际产业的调整,主动承接国际产业转移,加入融入国际产业分工与合作,按照国际市场的要求,促进项目深度开发和产业链延伸;着重加强引资与引智的结合,吸纳掌握行业尖端技术、拥有自主知识产权、具备市场运作能力的科技人才；着重加强吸收与创新相结合，促进技术进步，使全市企业的人才、生产、技术、工艺、装备以及产品融入国际市场，加速与国际相关产业的融合，提高全市产业体系的国际化水平。

第二节　提升宁波产业对港口支撑能力的战略与思路

宁波产业要不断提升竞争力，持续扩大产业规模，为宁波港口的发展提供强大的支撑，必须要有正确的战略和具体措施来支撑。在上一节中，本书分析了宁波产业的发展现状和存在的问题，并提出了宁波产业今后主要的发展目标。本节将从宁波产业发展的战略和具体措施两个方面展开。

一、提升宁波产业对港口支撑能力的战略选择

在发展战略上，宁波产业发展必须要在现有的基础上调整产业结构，优化产业布局，推动产业融合，强化自主创新能力，转变生产方式，进一步推进与周边地区的产业合作来实现。

（一）调整产业结构

在资源和环境日益成为制约经济发展瓶颈的今天，宁波的产业选择必须立足于调整优化产业结构，大力发展低能耗、低污染、高附加值的先进制造业和现代服务业，提高产业的竞争力。

促进产业高级化。大力发展高端产业，壮大现代服务业和先进制造业，以"高附加值、高技术含量、高市场容量产业为导向，优先发展支柱产业，促进资源和资金向效率高、污染少、市场广、效益好的产业转移；着重发展低耗能、低污染的高新技术产业，引导高新技术成果向传统产业渗透，从而带动传统产业的升级换代。优化发展石化工业，并引导相关企业加大新产品的研发力度，使其工业结构向高加工度化发展。积极鼓励研发、设计、金融、物流、会展、咨询、信息等生产性服务业，促进智力和创意的传播，推动产业的创新能力和智能化水平。加大对企业研发的政策支持力度，引导企业高度重视产业发展中的研发、设计、销售等高增值环

节,推动产业链从工艺型向价值型转变,促进企业由单纯的生产型向生产研发型转变。下大力气吸引顶尖企业如跨国公司在宁波设立分支机构甚至区域总部、研发中心、投资公司等,提升产业链中企业的总体素质。推动相关行业的重组和重构,鼓励企业并购和跨区域发展,重点培育一批大型的高新技术企业、先进制造业和现代服务企业的龙头企业。

推动结构优化升级。在产业导向上,加快产业政策的转变,实行鼓励和限制相结合,提高市场准入门槛和生产建设用地投资强度,对符合现代产业方向且具有高技术含量、高增加值、高辐射效应的产业,创造宽松的准入环境。对不符合新兴工业化方向、能耗高、污染大、占地多、产出低的产业,实行紧缩政策,加速产业发展的高进低出。在引进外资上,也要注重方式和质量,加快从重数量向重质量转变,提高外资的利用效益。通过多种途径促进产业布局调整,引导低层次产业有序外移,推动产业结构的优化升级。

(二)转变生产方式

优化生产方式,特别是改善资源利用方式,推动循环经济发展,是关系到宁波现代产业体系构建和产业可持续发展的关键所在。

加大环境保护与治理污染的力度,在产业准入环节,严格执行国家产业政策,依法淘汰工艺技术落后,资源浪费、污染严重、不具有安全生产条件的产业、产品和企业,不符合产业政策的项目不准入关。严格实施环境影响评价和排污许可制度,控制污染物排放总量,在重化工业等领域实行 GDP 核算,对排污企业按等级和行业类别实行不同的收费标准。加快绿色产业示范园建设,为宁波产业快速转变生产方式提供技术保障和示范效应。

构筑循环经济发展体系,把生态企业建设作为循环经济的切入点,培育一批清洁生产示范企业,引导企业增加环保投入,鼓励和引导企业实行绿色采购制度,强化绿色生产。对符合国家产业政策、市场前景好的支柱性产业进行生态化改造。支持生态工业园建设,加强对老工业园区的生态化改造,构筑产品和废物利用加工链,努力提高企业间资源的循环利用率和实现园区内废物的零排放。着力发展绿色经济,重点扶持现代生态农业、资源再生回收业等产业,逐步推进宁波城市产业体系的生态化、集约化、低碳化。

为更好地促进生产方式的转变,还应推进土地的集约化使用,盘活存量建设用地,采取灵活变通的土地政策和物业用地的灵活转换制度,提高土地的利用效率。鼓励绿色设计,在产品和工艺设计过程中尽可能减少和避免过度化包装,减少有毒有害物料的使用,从源头降低和减少产业对环境的不良影响。通过多种途径优化生产方式,为宁波产业发展的可持续提供更大的空间。

(三)优化产业布局

根据城市级差地租规律和交通分布,按照主体功能区的规划理念,遵循现代产业分布的一般规律,按照"地理集中、功能集成、产业集群、资源集约"的产业发展思路,弱化产业功能区建设,提高产业的空间组织效率和资源的利用效率。

按照产业分布的一般规律,结合宁波城市的地理特征优化产业的空间布局,在企业总部集中、消费群体庞大、交通设施完善的城市中心区,发展金融、商务、信息、高端零售等产业;在城郊接合部的交通枢纽地带,建设大型的批发市场;在科研力量集中区域或大型产业基地周围大力发展高科技产业;在中心城区工业旧厂房及一些历史建筑区重点布局创意产业;在港口、空港、开发区、公铁枢纽场站发展现代物流业;正在远离中心城区、基础配套设施完善、生态承载力较强的远郊和产业新城发展工业制造业;在山林密集的生态涵养区大力发展以生态旅游、现代生态农业等。

为了更好地突出产业功能的区位特征,应运用主体功能区理念规划建设战略性产业功能区,在规划市域主体功能区的基础上,进一步明确符合主体功能区定位的具体产业功能区,并根据各产业功能区的特点,实施不同的区域产业政策,使之成为支撑宁波现代产业发展的重要战略基地。在产业功能区规划基础上,进一步规划建设空间更小、功能集成、资源集约的现代产业集聚区,并根据集聚区发展需要,构筑产业集聚区的政策促进体系,逐步完善研发设计、信息咨询、产品测试等公共服务平台和中介服务体系,为主导产业的集群化集聚化提供优质的发展环境。

（四）强化自主创新

本书已经在前面得出具体数据,证明了创新在产业发展中的重要作用,不论是临港传统产业还是新兴产业,都是如此。可以说,自主创新能力的强弱,决定了一个城市在区域分工和国际产业链中的地位,关系到传统产业改造提升的效率,也直接影响着高新技术产业和创意产业等高端产业的发展水平,是城市产业发展和经济增长方式转变的根本动力。

自主创新能力的提高,首先要破除制约自主创新的体制性障碍。积极改进政府科技管理方式,改变公共科技资源的分配使用方式,提高科技公共资源的使用效率。深化科研院所体制改革,探索建立科研院所的产权制,优化科研成果的评价机制,促进有效的科研竞争机制和激励约束机制的形成,提高原始创新及科研人员的创新积极性。深化企业改革,创新企业经营管理模式,提高企业自主创新意识,通过政策鼓励企业做长线技术投资,强化企业家的自主创新意识和能力。打破科研资源相对封闭的格局,促进创新资源的优化共享,进一步增强全市的产学研合力。

加强自主创新,离不开品牌、知识产权和标准化战略的实施。要加强对本地商标特别是驰名著名商标和各类名牌产品的培育和奖励力度,致力于在多领域开创出更多的富有影响力的本地品牌。进一步完善知识产权保护的地方法规,大力提升知识产权创造、运用和保护管理力度,促进科技成果转化,完善技术市场建设,加大知识产权保护力度,积极构建知识产权公共服务平台,为企业提供中介服务。探索知识产权质押融资模式,积极制订并实施自主知识产权支持计划和自主品牌国际化推广计划。积极推进行业标准化建设,鼓励企业参与国际标准、国家标准和行业标准的制定,在战略新兴领域推进标准化建设,形成具有自主知识产权的技术标准。

发展高新技术产业是实施自主创新战略的核心。要进一步明确高新技术产业的发展方向和重点,积极培育高成长性、高集聚性、高辐射性的行业,加大对高新技术产业的投入力度,对有一定高新技术基础的重点企业和重大项目给予充分的财政资金支持。加快促进高新技术产业化,指导企业做好技术改造和技术创新,鼓励和支持引进消化吸收再创新,加大企业技术中心和公共技术服务平台建设,积极培育大型高新技术企业集团,形成具有领先优势的高新技术产业群,增强高技术产业的核心竞争力。

（五）推动产业融合

随着信息技术的渗透及产业链的延伸,现代产业的边界日益模糊,各产业间的融合已成为现代经济发展的新特点,也是现代产业发展的有效途径,如何推动产业间的融合是产业发展的必然选择。

运用高新技术对传统产业进行升级改造,以新技术渗透的方式推进产业融合,提高企业生产力,降低能源资源消耗和生产成本,推进企业的信息化步伐,促进信息化和工业化的融合,提升传统产业的科技含量和市场竞争力。通过财政、税收、土地等政策支持,引导有条件的工业企业根据企业自身特色大力发展生产性服务业,如鼓励生产制造业企业将技术中心、技术平台组建专业化的科技研发、设计、技术成果推广的服务型企业,鼓励有仓储库房、运输车辆的企业组建物流配送中心,鼓励企业盘活闲置的厂房、设施,吸引外部有实力的文化创意企业落户,通过灵活变通的重组或转型,实现制造业和服务业的融合发展。

充分利用现有工业基地和工业区,促进产业转型升级、产业链延伸和功能完善。以市场需求为导向,大力促进各行业间的资源整合和要素流动,发挥集成优势,促进新的业态形成。在政策层面上,要逐步放宽行业管制,鼓励金融、商务、文化等行业开展综合经营,取消或减少行业壁垒,为产业融合创造宽松的政策和制度环境,加快产业融合的速度,提高产业链的产出效率。

（六）拓展区域合作

建立健全合作机制,加强宁波与周边地区的市场互通、产业互补、设施共建、信息共享、环境共保,促进区域资源整合与产业对接,更好地发挥宁波作为长三角南翼中心城市的作用,进一步扩大宁波港口的腹地范围,构建服务周边区域、具有区域产业链协作关系的高效开放性现代产业体系。

发挥宁波的商贸优势,拓展大型批发市场,推进物流产业对周边区域的服务,发挥大型展会的品牌效应,进一步拓展会展和外贸业务,推进金融服务创新,对周边城市和地区形成辐射作用。制造业方面,在充分重视产业链较长的支柱产业发展的同时,尽量将周边区域的相关产业纳入对应的产业链,比如汽车、石化、造船等产业,以宁波主导整体生产和技术支撑,周边地区提供零部件配套和物流配送服务,促进区域产业的紧密性发展。

以促进区域经济一体化为目标,构建有利于区域整体发展的体制机制。发挥宁波作为中心城市的龙头作用,建立和拓展与周边地区的定期协商制度,打破地区行政壁垒,在基础设施方面形成统一规划建设、联合经营的体制,为进一步拓展产业区域合作创造更加有利的条件。积极推动不同区域同业联盟和行业协会的建设,以行业民间组织为依托,促进区域间多领域、多途径的交流合作,为区域产业合作和企业跨区域经营提供有利的政策环境。

二、提升宁波产业对港口支撑能力的具体措施

为推动宁波产业快速转型升级,扩大产业规模,提升发展质量,必须要进一步深化改革,健全和完善有利于产业发展的法规政策体系和制度安排,在解决制约产业发展的深层次体制机制障碍上取得实质性进展,为宁波产业发展提供重要的制度保障。

(一)完善产业法规与政策

完善相关法规政策。围绕“十二五”工业转型升级的重点任务和要求,加快制修订节能环保、质量安全、信息服务等重点领域地方性法规,统筹规划、合理安排行业准入、市场监管等方面地方性法规,提高行政执法能力和行业监管能力;重点围绕新材料、新能源等战略性新兴产业,制定适合宁波实际的战略性新兴产业扶持政策,促进宁波战略性新兴产业发展;围绕对外开放综合配套改革试点,加快制定有利于扩大开放的政策体系。

明确产业导向。建立并完善产业指导信息发布制度,按照工业转型升级的要求,进一步落实汽车及零部件、石化等产业振兴规划,在“十二五”总体规划的基础上,进一步明确产业发展重点和升级路径;根据战略

新兴产业和新兴产业发展的要求,进一步制定新材料、新能源、新装备等八大战略性新兴产业发展导向目录,明确重点领域的发展导向,进一步明确"十二五"期间宁波战略性新兴产业发展的路径。

加强产业引导。根据全市工业转型升级的总体部署,由市工业主管部门会同地方政府和相关部门共同研究制定涉及产业、规模、效益、节能、环保等具体准入条件,建立新型的工业项目审批机制;研究制定重点产业自主创新产品采购政策,充分发挥政府采购的推动作用,促进宁波重点产业尤其是战略新兴产业的发展;围绕节能降耗重点任务,加快建立完善淘汰落后产能的退出机制和配套政策。

(二)加强财税扶持力度

加强财政扶持。进一步整合相关财政性资金,并加大工业转型升级财政资金扶持力度,集中力量支持一批支撑产业发展的大平台、以"4+4+4"产业为基础的大产业、一批对产业发展具有强劲支撑和拉动作用的大项目、一批拥有自主知识产权并具有较强带动力的重点企业发展,提升财政资金对于产业结构调整、产业基地建设、技术改造、中小企业服务体系建设、节能降耗工作、品牌创建、行业协会发展、工业化与信息化融合、企业重组整合等重要领域的扶持力度和效率。积极利用财政政策推动"总部经济""服务外包"等新的经济业态发展。落实相关财政配套政策,扶持创新型企业发展。

强化税收引导。进一步强化税收引导,引导企业优化资源配置,推动工业转型升级。认真落实关于高新技术企业减免企业所得税、水利建设专项资金等政策,支持企业申报高新技术企业;认真落实减收企业所得税和减免房产税等政策,积极加大对符合条件的中小企业税收减免;认真落实国家关于企业购置并实际使用环境保护、节能节水、安全生产设备投资额抵扣应纳所得税额,企业从事环境保护、节能节水项目所得减免企业所得税等政策;探索推进企业兼并重组税收政策,对企业兼并重组所产生的营业税、企业所得税地方新增财力部分给予适当返还;认真落实关于企业节能减排和工业用地节约集约利用等方面的税收优惠政策,推动产业绿色低碳发展。

（三）创新投资融资体制机制

优化重点产业领域的投资环境,精心办好境内外重大招商活动,切实引导民间资本和外资进入战略性新兴产业和先进制造业等产业发展的重点领域,促进产业投资资金来源结构优化。通过采用直接投资、联合投资、股权投资、并购投资、风险投资等多种方式进行投资。加强对符合政策、程序完备、技术先进项目的信贷支持,鼓励地方性投资公司和资产经营公司开展风险投资业务,鼓励天使基金、风投、私募等各类资金加大对宁波重点项目的支持,引导该类资金投向产业发展重点领域等。

拓宽企业融资渠道。建立政府与金融机构的沟通协调机制,支持担保机构、创业投资引导基金和各类创业风险投资发展,积极开展村镇银行试点,稳步推进小额贷款公司运作,进一步扶持民营投资机构发展,加快形成渠道多样化的融资格局。重点搭建银企对接合作平台,积极向银行推荐重点项目库,促进金融机构加大对重点项目的信贷支持力度;吸引多元化资本进入担保市场,壮大担保资金规模;积极支持各类金融机构以银团贷款、融资租赁、财务顾问等方式对重大科技产业化项目予以支持;支持企业发行短期融资券、公司债、企业债等债券;建立企业尤其是战略性新兴领域企业上市融资推进机制,促进企业在境内外成功上市。

切实推动地方金融创新。支持设立政府产业投资引导基金,积极扶持具有较强成长性的企业尤其是战略性新兴产业领域企业,通过政府资金的介入,引导社会资金集聚,促进企业成长;逐步健全政府产业投资引导基金的进入退出机制,合理配置资源。进一步扩大创业投资引导基金规模,探索开展设立银行试点,积极推进科技保险创新试点;积极创新保险业务模式,鼓励保险机构开设高科技产品质量保险,引导企业利用保险工具分散新产品产业化风险;继续支持出口融信达业务等创新性金融产品,切实缓解中小企业融资难题。进一步完善宁波市海外投融资平台等专业性融资平台,发展一批专业性融资平台,实现资金供给与需求的有效对接。

（四）优化资源要素保障机制

切实完善土地供应和利用机制。在可用土地指标范围内进一步加大可供利用土地的开发;积极开展滩涂围垦,增加土地供应;要盘活征而未用的土地或大幅提高征而未用的土地和闲置厂房的闲置成本,确保新增工业用地占比不低于工业投资占全社会固定资产投资的比重;严格落实国家产业政策,从经济转型升级的要求强化工业用地项目审核,优先保障国家重点项目和符合产业结构调整要求项目的用地需求;要进一步完善土地市场建设,探索土地出让预申请制度和土地出让综合评标办法,努力提升节约集约用地水平。建立完善区域集约用地评价考核机制,强化工业用地产出效益考核;对低效利用的厂房、场地,在不改变土地用途和符合规划要求的前提下,鼓励企业经批准采取厂房加层、拆除重建等途径增加容积率、提高利用率;积极运用"增减挂钩"方法,促使零星工业项目向各类开发区(功能区)集中;研究制订土地回购政策,提高低效闲置厂房的闲置成本,防止工业用地无序交易行为。

切实保障水煤电油运供应。加强对水资源的保护、调配与管理;加强对煤电油运的综合监测,密切关注煤电油运的运行态势和市场状况,提高分析的预见性;做好大唐乌沙山、北仑电厂、镇海电厂等主要火电厂和地方主要公用热电企业的电煤库存监测,切实保障供应。做好煤炭、成品油(含燃料油)等要素保障,协调成品油市场供应调度,组织推广清洁油品的生产和使用;加强煤炭、成品油的应急储备管理,进一步组织好重点物资的紧急调运和各种交通运输方式的综合协调,确保有序供应。

(五)强化政府服务职能

推进政府职能从管理向服务转变,简化审批程序,提高行政效能,完善促进产业发展的政策体系,加大对结构调整、基地建设、自主创新、技术改造、节能减排、品牌打造、企业重组等政策扶持力度。

进一步加强政府公共服务。进一步整合服务企业的行政资源和社会资源,逐步建立辐射全市工业企业的服务网络,形成骨干企业扶持的三级联动制度;进一步深化行政审批制度改革,依法减少审批事项,简化审批程序,积极下放审批权限,探索推行行政审批全程代理制度;进一步规范涉企收费和行政执法行为,坚决遏制针对企业的乱审批、乱执法、乱检查、乱罚款等现象,切实减轻企业负担;进一步加强政府信用建设,积极推行政府社会服务承诺制度;继续整顿和规范市场经济秩序,为企业营造良好的发展环境。

强化经济运行监测与预警。进一步整合工业经济监测分析信息服务平台等相关资源,构建工业预警监测平台,建立并完善宁波市工业经济监测预警部门联席会议制度,加强重点企业、行业区域经济运行状况的监测分析和预警;积极完善产业预警体系,做好重要信息和数据的采集分析与动态监测,切实推进预警常态化;关注贸易动态和政策,健全经济运行预警和摩擦应对机制,切实防范工业领域潜在风险;重点研究涉及宁波出口产品的贸易技术壁垒,加强反倾销预案的调查与应对工作,增强应对贸易争端能力。

(六)健全产业服务体系

建好平台、创造条件、改善环境、优化服务,是产业发展的后备保障。加强行业协会建设,整合行业力量、加强行业间信息交流以及与政府之间的沟通与合作;构建完善设计研发、重大共性和关键技术攻关、检验检测等创新公共服务平台。

加强行业协会职能。加强行业协会建设,搭建企业和政府之间沟通的"桥梁",进一步承接政府采购服务业务。积极引导行业自律,维护会员之间公平竞争的权利,避免无序竞争;加强与国内外有关行业组织的联系与交流,获取各类行业信息,帮助企业开拓国际、国内市场;及时向政府有关部门陈述成员企业的意见,传达有关行政决定、政策法规和信息,维护成员企业的利益;开展经常性调研,摸清会员企业状况和发展意见,反映企业发展的难点、热点,提出行业发展的对策建议。

健全中介服务体系。进一步加强中介服务体系建设,重点培育科技研发、人才培训、典当融资、信息化服务、法律咨询、财务会计等中介机构,降低行业运营风险与成本;建立健全规范和发展中介机构的政策、法规,提升中介机构的服务质量;加强企业、协会、中介机构之间的信息化交流,建设社会化、网络化的中介服务体系,引导中介服务机构向专业化、规模化和网络化方向发展,提升各组织之间信息传递、知识流动和技术转移的速度和效率。

(七)加快人才队伍建设

创新能力一直是宁波产业发展的短板,而创新能力不强的首要原因是人才队伍的滞后。要牢固树立人力资源是第一资源的理念,特别是在创新成为产业发展关键的今天,人才队伍的建设显得更加紧迫。

要加快人力要素集聚,在现行人才政策的基础上,研究出台关于促进高端人才集聚的政策;完善人才优先投入政策,把人才经费的投入占财政支出的比重以及人才引进和培育情况列入各县(市、区)考核目标。进一步加大高端人才、创新人才引进与培养力度,积极支持企业引进紧缺型的中高级专业技术人才和管理人才,积极培育一批适合产业发展的技术工人。

建立高层次人才库,加大对战略性新兴产业领域所需的高层次人才优先保障;积极探索与高等院校和科研机构的合作,更加注重高层次人才的使用。积极完善人才激励机制,支持企业采取股权、期权等方式激励集聚的高层次人才;努力创造人才创业就业的良好环境,在安家落户、医疗保健、子女入学等方面为其创造便利条件。

进一步加大人才服务社会中介机构的建设力度,提高人才服务中介机构的规模、功能和水平,构建全方位的人才服务体系;进一步完善人才信息发布体系,准确、及时地向社会提供可靠实用的人才信息;积极建立"宁波人才服务联盟网",提升宁波人才服务整体水平。

第三节 提升临港产业对宁波港口的支撑能力

在产业与港口关系中,临港产业与港口的关系无疑是最为密切的,临港工业的发展状况直接影响着港口的兴衰。临港产业在宁波产业经济中地位显著,对宁波港口发展的贡献也是最大的。在今后比较长的时期,临港产业特别是石化、钢铁、汽车、船舶等传统工业仍将在宁波港口的发展壮大过程中起到关键的作用。目前宁波临港工业面临的首要任务是如何实现循环化发展,走绿色环保的可持续发展之路,把临港工业的产业基地建设和循环经济示范园区建设结合起来,形成临港大工业循环发展新优势;其次是走系统的安全生产之路,实施基地园区化监控生产和管网式一体化安全生产,通过走延伸发展的高增值之路提升临港工业价值链,为壮大宁波港口的实力提供更大支持。

一、石化工业

石化产业要依托国内外市场,重点面向长三角市场,通过扩大炼油乙烯产能、做大做强乙烯下游产业链,大力发展高端石化产品和新型精细化工、化工新材料,并全面提高油品质量,通过技术改造和新产业开发,实现技术产品高端化,鼓励上下游企业技术产品的有效对接。以炼油、乙烯为龙头,积极培育引进一批下游生产高分子合成材料和精细化工产品的高附加值企业,推动产业向高技术含量、专用化和精细化方向发展。

要以"镇海炼化"等大型企业为核心,增强大企业对中小企业的辐射带动作用,加快石化产业向工业园区集聚。化工园区建设必须按照具有国际较强竞争力的世界石化产业基地的总体定位,加快建立新型管理体制。依照"基地化、大型化、一体化、专业化"发展模式,借鉴国内外大型化工园区的成功经验,提高化工园区的建设和管理水平。坚持高标准、高起点、专业化、国际化的要求,统筹规划、优化布局、分步实施、集约发展,落实园区内"公用工程岛"的建设,以及石化物流仓储中心的建立。同时,各大石化企业要加大与高等院校及科研院所的合作,提升化工产业的科技研发水平,延长产业链。加快化工园区建设,发展有机化工原料及深加工为特色的石化基地,形成大型合成树脂、基本有机化工原料、精细化工等构成的较为完整的产业链。通过产品项目一体化、物流传输一体化、环境保护一体化、公用辅助一体化、管理服务一体化的园区建设思路,努力打造世界级石化产业基地。

推广园区内循环经济模式,壮大产业基础扎实、资源优势突出的企业,分批淘汰能耗高、污染重、水耗大的落后产能石化生产企业,压缩过剩生产能力。提高产业准入门槛,实行更加严格的能效、环保和安全标准,强化企业社会责任意识,并逐步建立石化产业准入社会责任要求和标准。鼓励企业进行兼并重组,推进能源资源的集约节约利用。鼓励各类企业进入化工园区发展,推动相关石化企业基础设施共享、产品互供,推进能源资源的集约节约利用。新建或扩建的装置必须大力推广清洁工艺和绿色化学生产技术,采用节能新技术、新设备、新型高效催化剂,优化和改进现有工艺过程,形成各层面循环经济运行模式。大力培育科技含量高,经济效益好,资源能耗低,环境污染少的新型化工产业和企业。通过集成化的系统管理模式建立企业内部的小循环和工业园区的中循环,建成生态工业园区。在产业布局上注重各产业循环组合,实现资源的高效循环利用。化工园区建设要贯彻循环经济理念,努力实现园区内部污染零排放。石化企业要牢固树立安全生产观念,努力实现清洁生产,坚持走循环经济之路。

大力招揽和集聚高端石化人才,提升石化产业研发创新能力。加大高端人才、创新人才引进与培养力度,营造高层次人才创业就业的良好环境。建立专项资金,为高端人才提供必要的研究经费,配备必要的科研助手,让人才早出成果,出高水平的成果,促进石化产业科学技术的进步。加大资金投入,强化对企业管理人才、一线技术人员的培训,提升全员创新能力,提高企业经济效益。充分利用在甬大专院校的办学资源,积极拓展校企合作平台,培育石化应用型人才,为宁波石化企业提供后备人才,加强产学研结合,注重技术难题攻关。

完善石化产业公共服务平台建设。加快信息技术应用和电子商务发展,依托现有的镇海液体化学品交易市场、余姚浙江塑料城网上交易市场等平台,进一步完善交易服务平台建设,增强石化物流仓储中心的服务功能。构筑高效的技术服务平台,在科研院所与企业、企业与企业之间形成集研发、设计、生产于一体的良好纽带,充分利用高校、科研院所的科研和设计力量,以市场需求为导向,加快推进高端石化产品生产技术国产化,拥有更多自主知识产权的技术。

二、汽车工业

汽车整车及关键零部件产业是宁波"十二五"重点培育的千亿级产业之一。汽车产业要培育并掌握汽车整车以及关键零部件的核心技术,占据产业链关键环节和零部件产业高端市场,基本建成产业链完整、产业布局合理、产品技术先进、核心企业具有较强综合竞争优势的先进汽车零部件产业基地、节能环保型乘用车生产基地以及中高档客车及专用车生产基地,将汽车及零部件产业发展成为宁波市经济发展的支柱产业之一。要做大做强整车产业,继续壮大汽车零部件产业,形成整车和零部件相互促进、协调发展局面,积极发展高端配套和售后市场,构建产业公共服务平台。

　　加快杭州湾新区和北仑开发区两大汽车产业集聚区建设,打造引领宁波汽车及零部件产业发展的龙头产业。随着两大整车项目龙头——上海大众一期年产 30 万辆、吉利年产 22 万辆整车项目的落户,杭州湾新区应积极制定汽车产业园发展规划,主要发展汽车整车及关键零部件产业,加强与世界诸强的联合,大力引进包括韩国万都、法国弗吉亚、美国伟世通等一批高端汽车核心零部件企业为配套的汽车产业链,不断完善新区汽车零部件配套体系;加快建设宁波工程学院杭州湾新区汽车学院等高等院校的建设,为打造汽车产业集聚区提供强大的智力支撑。

　　不断提升橡胶件、金属冲压件、汽车内外饰件产品品质和档次,巩固和扩大市场占有率,扩大品牌效应。实施一批重大技术改进项目,支持企业通过产业联盟、合资合作、自主开发等多种方式,加快变速箱系统、发动机系统、底盘系统等模块化核心关键零部件研制。以北仑区乘用车及配套发动机、变速器生产基地、象山县的汽车内外饰件生产基地、宁海县的汽车橡胶件生产基地、江北区的汽车基础金属件生产基地、鄞州区的先进汽车零部件生产基地、慈溪和余姚的汽车电器元件生产基地以及奉化的空压机生产基地为重点,通过加快行业技术升级,借鉴国外先进管理经验,提高企业管理水平,推行精益生产,建立和完善质量保证体系,不断提高企业产品市场竞争力,同步开拓国内和国外两个市场,形成具有基础优势的汽车内外饰件、汽车橡胶件、汽车通用金属件、汽车电器元件和汽车基础金属件等汽车零部件产品基地。

　　加快行业技术升级,建立数控加工中心、自动化流水线等先进加工装备,进一步强化龙头企业的工程技术中心或研发中心,不断完善试验、检测条件。大力发展高端车型的一级配套市场,发挥零部件产品优势,积极进入国内外售后市场,并通过在售后市场的发展,积极寻求进入主机厂配套市场的机会。完善汽车零部件试验检测中心、国外中国采购中心宁波汽车零部件分中心等行业公共服务平台,充分发挥行业协会作用,整合社会资源,从信息、宣传、市场、组织协调、国际经贸合作等多个层面服务于宁波及周边地区的汽车及零部件企业,为企业提升形象、拓展市场、扩大对外交流与合作提供空间和平台,促进行业内企业资源共享、优势互补,共同发展。加快建立汽车金融公司,开展汽车消费信贷业务,有效推动宁波市汽车产业的发展。

三、钢铁工业

钢铁工业要抓住当前国家优化钢铁产业布局、调整钢铁产业结构、促进企业联合重组的契机,以市场需求和技术进步为导向,以宝钢重组宁波钢铁公司为契机,围绕满足下游行业转型升级和战略性新兴产业发展要求为指导思想,以钢铁产业结构调整、转型升级为目标,以加快发展模式转换和结构转型为重点,以自主创新和技术改造为支撑,充分利用宁波沿海对外开放、港口、交通等良好的区位条件、市场优势和现有产业基础,积极推进产业重组、优化、升级,提高产业综合竞争力,提高质量,扩大特种钢、不锈钢等高性能钢材品种,促进全市钢铁产业持续稳定协调发展。

钢铁产业的发展要注重提升产业集聚化、高端化、生态化发展水平,优化产业结构和产业布局,强化龙头企业,带动拓展延伸产业链,提升产品档次,促进集聚发展,推进循环发展,增强产业整体实力和综合竞争力,确立东南沿海新兴钢铁工业基地地位,成为国内领先的临港钢铁板材基地。目前,宁波钢铁产业发展重点主要是建设宁波霞浦和郭巨钢铁两大钢铁基地及宁波钢铁、宝新不锈钢、华光不锈钢三大龙头企业。

加快资源节约型、环境友好型的钢铁企业建设,进一步降低吨钢耗能和二氧化硫排放量,提高行业环保标准,增加对节能减排指标的要求,大力发展清洁生产和循环经济,积极研发和推广使用节能减排和低碳技术,加强废弃物的资源化综合利用。坚持自主创新,把自主创新作为钢铁产业可持续发展的重要支撑,强化钢铁企业技术创新主体地位,加快原始创新、集成创新和引进消化吸收再创新,完善技术创新体系,培育自主知识产权核心技术和品牌产品。要充分发挥现有功能区块条件和临港大工业特色产业集聚区的产业基础、资源及创新要素集聚比较优势,加快钢铁产业基地建设,形成合理优化钢铁产业集群化发展区域布局。要把提高资源保障能力提升到行业发展安全的战略高度,谨防因国际国内两个铁矿砂资源市场波动对宁波钢铁产业带来的负面影响。充分利用国内外两种资源两个市场,加大境外矿产资源和国内矿产资源开发合作力度,建立健全铁矿石资源战略保障体系。

为此,要突出发展家电板、汽车板、高档建材板、电工钢板等国家重点鼓励发展的高附加值品种,重点发展造船板、管线板、高强度结构板,提高本地钢材的自给率,减少或替代进口钢材,着力构建钢铁、修造船、石化、汽车、集装箱、家电等钢材制品、水泥、热电等与产业间协同生产运行的横向生态工业带。积极构建钢铁生产企业与大企业、大集团用户之间的相互联系、协同共赢的发展模式,引进大型机械加工中心、专业"三废"处理企业等专业化配套型企业,积极建造以大型钢铁企业为主导的钢铁城工业园。进一步提高技术创新能力,吸收和引进国际先进技术提高装备水平,实现钢铁工业的技术装备大型化,生产流程连续化、紧凑化和高效化。通过资源的综合利用、短缺资源的代用、二次能源的利用以及节能、节料、节水,降低自然资源的消耗水平,同时对排放的废气、废弃物和钢渣、转炉泥、瓦斯泥等进行回收和综合利用。

四、船舶工业

船舶工业要以新增造船能力推进产业结构调整,加快自主创新,开发高技术高附加值船舶,增强修造船配套能力,发展海洋工程装备,为实施海洋战略奠定坚实基础,成为国内领先的海洋工程造船基地。要进一步提升高附加值船舶制造能力、大力发展海洋工程装备、大力拓展修船业务和推进企业整合重组。合理确定船舶工业发展的功能定位,构筑起布局合理、结构优化、组织高效、技术先进的船舶工业发展格局,基本建立与船舶工业发展相适应的船舶配套工业和技术服务体系,逐步形成面向全国的船舶和船用设备展示、采购和交易中心,基本确立长三角区域重要的现代化船舶工业基地地位,将船舶工业培育成为新的经济增长点和先进制造业基地的重要组成部分。

支持优化升级三大主流船型,开发适应新规范、新标准和节能环保要求的船舶,加快新型船用柴油机及其关键零部件自主研发,提高高技术高附加值船舶的设计开发能力。加强企业技术改造,重点扶持造船企业研究开发新型自升式钻井平台、深水半潜式钻井平台和生产平台、综合性一体化组块等海洋工程装备,支持填补国内产品和技术空白、节能环保效果显著的船舶和海洋工程装备及配套产品的技术改造。鼓励企业利用现有造船设施开展修船业务,鼓励船用配套设备企业建立境外营销网络和售后服务体系。加强修船技术研究，增强大型船舶、特种船舶、海洋工程装备修理和改装能力。规范发展拆船业，实行定点拆解。支持以大型船舶企业集团及其他骨干船舶企业主体的兼并重组，推动大型船舶企业与上下游企业组成战略联盟，支持有条件的企业并购境外知名船用配套设备企业、研发机构和营销网络。

不断优化产品结构，努力提高造船能力。到 2015 年，年造船能力达到 400 万载重吨以上，形成以 8 万吨级以上船舶为主要产品的发展格局；船舶修理水平大幅提高，能够承担大中型、多品种船舶的修理任务；空间布局进一步优化和拓展，重点开发建设高塘岛北岸林门口以西岸段，三大船舶修造区功能渐趋完善；船舶交易市场功能进一步提升，船用设备展示、展销和国际采购功能齐备。

要充分保护和发挥深水岸线资源，打破行政区划的局限，跨区域统一开发与协调发展，优先开发中深水以下岸线。布局要综合考虑岸线水深、后方陆域纵深、道路交通、基础设施配套及环境保护等多方面因素，形成三大船舶修造区。北仑区船舶工业要加快调整产品结构。重点依托恒富造船有限公司和三星重工等优势企业，优先发展 5 万吨级以上成品油船、液化气船（LPG）、化学品船等修造船设施建设，在引进、消化、吸收国外先进技术的基础上，努力形成我市船舶工业技术高地，带动全市船舶工业技术升级。象山港区域要加快完善交通、水、电等基础设施建设，引进国内外优势船舶建造企业，重点推进主力船舶大型化，兼顾高附加值特种船舶建造。石浦港区域要突出对现有企业的集聚发展，鼓励现有小规模企业加强联合，使该区域修造船布点更加合理，为将来开发更高级别的岸线打好基础。

进一步延伸产业链，建设配套园相应的船舶设计和研发园区、船舶配套工业园区、船舶交易市场和船用设备交易市场。象山县作为船舶工业发展的重点区域，可建设船舶配套工业园区。位于象山鹤浦镇，应积极扩大市场影响力，逐步形成多元化经营、多功能服务、具有区域特色的综合性船舶交易市场。加快筹备建设宁波市梅山船用设备交易市场，依托梅山岛的区位优势和宁波保税区的政策优势，主要定位为集船用设备展示、展销和国际采购及配送于一体的多功能综合交易平台。同时，该市场也兼顾服务于舟山船舶工业的发展。

加强规划,引导船舶产业集聚,逐步形成布局合理,产业集聚,大中小相配套的区域性船舶修造基地。同时船舶企业布点要注意生态效益、社会效益、资源效益和经济效益的综合协调发展。严格禁止拆船、洗船行业,有选择地发展修船行业,扶持和鼓励发展高技术造船行业,妥善处理好保护与开发的关系,实现区域资源的永续利用。新建、改扩建修造船设施项目,必须努力提高岸线使用效率和土地集约利用水平,必须严格按照我国现行船舶工业污染物排放标准达标建设。进一步建立和完善政策体系,研究制定船舶工业专项扶持政策,引导船舶工业企业加快结构调整,积极推进生产组织规模化,努力增强技术创新能力,提高船舶工业的市场竞争力。

五、临港服务业

发展临港服务业不但可以促进临港工业集约化、高端化发展,在港口功能开发高级阶段,临港服务业具有非常重要的支撑和引领作用。现代诸多国际大港的发展表明,港口发展与临港服务业的发展密不可分,要充分发挥国际一流港口的优势,必须把港口功能开发和临港服务业发展有机结合起来,促进临港服务业与临港工业有机融合,使港口与产业的互动更加紧密更有成效,发挥出宁波港口的最大优势。

已获国务院批复的《浙江海洋经济发展示范区规划》已经明确,将宁波—舟山港及其依托的城市打造为浙江海洋经济发展的核心区。按照这一定位,宁波要围绕"加快打造国际强港、建设海洋经济强市"的目标,以构筑大宗商品交易平台、海陆联动集疏运网络、金融和信息服务支撑系统为着力点,大力发展"三位一体"港航物流服务体系,努力为浙江、华东乃至全国经济建设服务。

按照构建我国区域性资源交易配置中心的战略要求,加大资源整合力度,以液体化工、铁矿石、煤炭、钢材、木材、塑料、粮油、镍、铜等为重点,积极打造大宗商品交易中心,力争形成若干个在长三角、全国甚至全球有影响力的交易平台。在北仑、镇海、大榭等统筹规划建设一批大宗散货储运基地和交割仓,完善配套设施,提高储运能力。培育引进一批中转、运输、配送等物流企业。

以保税港区、国际航运服务中心和物流园区等为依托,出台政策、完善配套、提升功能,大力发展智慧物流,鼓励发展国际中转、国际采购、进口分拨、出口配送等新型物流业态,支持拓展保税仓储、加工组装及配套增值服务,推进港口物流向价值链高端转变。鼓励航运金融创新,大力发展航运保险、船舶融资、资金结算等航运金融服务,培育和发展离岸金融市场。探索建立宁波船舶交易市场,大力发展船舶交易、船舶租赁等业务。鼓励船务服务、港航培训等行业发展,完善港航服务体系。

加快推进宁波航运金融集聚区建设,积极引进国内外商业银行,大力发展航运金融服务。扩大投融资业务和渠道,研究设立与航运相关的创投引导基金或公司。引导民间资本参与港口航运基础设施和公共事业建设,支持有条件的企业设立财务公司、金融控股公司等。完善电子口岸、智慧物流等平台,扩大物流公共信息互联互通范围。推进航运物流企业信息示范工程建设。

在继续大力发展实体物流如港口吞吐量的基础上,根据宁波临港服务业的发展水平,进行准确定位,在积极参与上海国际航运中心建设的同时,实现与上海相关产业的错位发展,从已有条件最充分、最容易突破的行业着手,发挥自身特点,稳步有序推进,驱动高端航运服务业集聚,逐步建立完善船舶拍卖机制,成为航运企业交流买船卖船的"无形集市"。航运人才服务市场要以打造宁波乃至华东地区一流的航运人才服务平台为目标,为宁波航运企业和人才提供船员劳务派遣、人事代理等服务,为宁波率先发展海洋经济,加快打造国际强港提供强大的人才智力服务保障。

第四节　提升腹地产业对宁波港口的支撑能力

腹地产业是港口的支持和保障,腹地产业为港口提供了发展方向。港口在根本上是依附于生产制造及商贸业而存在的。因此,腹地产业的规模决定了港口的规模,腹地产业越发达,港口也就越繁荣;反之,如果腹地产业不能为港口提供支持和保障,港口就会逐渐衰落。所以,为了保障宁波港口的持续繁荣,必须做大做强腹地产业。

一、传统产业：加速集群化发展

服装、家电等传统制造业在宁波产业经济中占有重要的地位，为宁波经济的发展做出过重大贡献，但目前面临着如何转型升级，进一步提高产业竞争力的任务，主要包括产品、企业、行业和块状经济等转型升级。

（一）纺织服装业

纺织服装产业应以品牌化、个性化、国际化为目标，打造以高档服装及面料、功能性家纺产品和时装为主要特色的国内领先、国际先进的现代纺织服装研发、制造、贸易中心，实现技术高新化、产业集聚化和结构合理化。要加快自主创新，进一步培育优势骨干企业，延伸产业链。要从"重加工"向"重设计"转变，增加产品附加值，提升宁波服装行业的品牌影响力。要依托纺织服装业优势企业如雅戈尔、杉杉、维科、博洋等优势企业，健全家纺、服装的设计、营销、展示、教育产业体系，加快推广先进设计制造技术和管理在实际生产过程中的应用，营造国际营销网络，努力创造有国际影响力的知名品牌。

纺织行业要积极推广电子分色、数码印花、电子制版、电子配色、电子提花、超声波、无水染色等关键技术，重点发展各类高端家用纺织品、产业用纺织品和特色家纺产品；针织行业要积极采用短流程前处理、节水染色、快速反应数码印花及易护理功能性整理技术，重点发展各类轻质高强的针织新产品；服装行业重点发展男装、女装、童装、休闲装和运动装，积极研究服装的特殊功能，开发包含特殊功能的功能性技术服装系统；围绕设计、品牌、营销三大环节，积极开拓研发设计、品牌运作、产品检测、展览展示、模特经济等生产性服务业领域。

扶植应用先进技术增加产品附加值的纺织服装企业，鼓励企业加大技术创新投入，吸收、消化和自主创新，通过各种技术创新要素的优化组合，建立一种长期、稳定、制度化的上下游企业及产学研利益共同体。鼓励重点骨干企业向纺织服装下游拓展，进入终端消费领域，鼓励有强大品牌优势和销售渠道的企业，组织带动上下游企业及其配套企业协同发展，完善产业集群内的协同发展体系。鼓励企业参与国际纺织服装产业链的整合,深化国际市场的发展与开拓,鼓励企业成为全球重要服装采购商的主要供应商,更深入地嵌入国际服装产业价值链中。

(二)电工电器业

电工电器产业要培育具有国际竞争力的大型、特大型企业,提升宁波电子电器产业在全国的地位和品牌影响力。力争成为全球智能家电产业发展高地,成为大型国际家电生产、装配、出口基地和国内领先的电工设备和电工器材生产基地。

要依托产业发展基础,积极推动产业整合重组,充分发挥龙头企业作用,积极推进产业集聚发展。电气设备领域重点发展五金工具、集成电路生产设备,专用试制测试设备,高压和超高压、环保、低耗输变电成套设备,智能化高低压成套开关设备,变频调速系统和交直流伺服系统等机电一体化产品;电工器材领域重点发展高压及超高压电线电缆、变压器、电力电容器、高压开关设备、液压元器件及其他高档电动工具等;仪器仪表领域重点发展精密、智能、数字化的高端仪器仪表;家用电器领域重点发展智能节能型电器,如智能变频分体机、直流变频空调及小型中央空调等空调产品,环保型灶具、整体厨房等厨房家电,全自动洗衣机、智能节能冰箱等家用电器等;依托制造业基础积极拓展系统集成、方案解决等生产性服务领域。

要积极推动产业整合重组,推进绿色制造和智慧制造,有序推进产业集聚发展。通过振兴传统优势电工电器产品制造业,完善电工电器产业链,促进本地配套,加快电子元器件产品升级,提高出口产品竞争力,培育和扶持龙头企业,打造一批强势品牌。面向国内外市场,优化产品结构,提高"绿色设计"和"绿色制造"水平,加大采用嵌入式集成系统,开发智能型、信息化家电产品,促进智能家电产业发展。以产业基地和产业园区建设为依托,大力发展核心基础产业,重点培育集成电路、电子信息材料、新型显示器件、整机模组一体化、新型电子元器件、信息家电等优势产业群,积极推进产业集聚发展,推动区域产业结构调整和优化,形成特色鲜明的电子电器产业集群,实现区域产业差异化发展。

(三)模具工业

模具产业要通过信息化和数字化提升,以技术创新和管理创新为依托,以新一代装备制造和电子信息产业为主要市场,大力发展高档精密模具,逐步建成涵盖科研设计、人才培训和生产营销为一体的产业链,逐步形成分工合理、配套完善、协作紧密的模具产业集聚区。

要鼓励相关行业的大资本参与高档模具企业的投资。由于模具行业投资大、回收期较长、技术难度大,因此要鼓励有一定资本实力的企业介入,选择高端技术的模具产品,在选择加工装备时要有一定的前瞻性。积极开发高档模具技术,做大做强现有模具企业。

加大技改投入,增加国际一流的数控加工设备,研究开发具有世界先进水平的高档模具。运用新的企业组织形式,整合人才、技术和品牌资源。建立模具技术培训中心、模具加工研究中心。在重大设备引进上,通过联合招标,可大大降低采购价格。建立模具设计开发研究中心。鼓励规模较大的模具企业建立自己的设计研发机构,中小企业依托大专院校,组建虚拟模具设计研发中心,实行研发成果有偿转让。以信息化改造传统产业,促进企业提高现代化管理水平。要引进先进的管理技术、高端人才和设备,提高技术含量,吸收消化世界先进技术并进行必要的自我创新。建立和完善中高级技工的培训机制,强化产业发展提供人才支撑。

不断拉长模具产业链,向上下游产业延伸。建立快速原型生产中心,通过快速原型的制造促进商品模具的生产,为周边地区的模具企业服务。建立模具工序专业加工中心,在小模具企业集中的区域,鼓励兴办不同工序的模具加工小企业,逐步形成专业的加工中心,促进本地模具工业的发展。大力发展模具材料、标准件市场,提高集约化生产能力。选择合适的地点建立大型模具材料销售中心,在保证本地模具企业采购到质优价低的配件的同时促进本地发展模具配件产业,拉长产业链,为当地经济发展开辟新的财源。引导小企业走股份制合作制道路,增强产业的整体竞争力,通过小企业之间的合作,或由某一龙头企业主导下的合作,提高模具产品的整体技术含量,提高高档进口设备的利用率,增强企业的抗市场风险能力。

(四)文具工业

文具产业要牢牢把握行业发展趋势,形成具备高档文具的研究开发和生产营销能力,打造高端文具的优势名牌,形成国内国际两个市场,培育一批具有国际竞争力的大型企业,成为世界知名的文具产业基地。实施以质取胜和产品差异化战略,积极开拓国际市场,完善产业链。

发挥行业协会的作用,加强行业规范管理。制定行业相关规则,维护行业合理、有序竞争的环境;把握国内外文具发展趋势,制定文具产业发展的近期任务和长远战略,始终保持对行业发展方向的正确引导;了解熟悉国际文具市场规则,加强市场运作的指导,做好维权工作,保护企业利益;建立文具信息平台和交易平台,大力宣传推广宁波文具,及时为宁波文具企业提供最新信息,同时,为国内外文具经销商做好网上服务,让他们找得到、联得上,保证安全交易;经常性组织文具产业动态研讨会、大型博览会等活动,提高宁波文具行业国内国际知名度,成为名副其实的中国文具之都。要鼓励创新创优,大力发展名牌产品,进一步培育文具龙头企业,促进产业结构的调整、优化和产业的升级。要不断提升产品的科技含量,加强新产品开发。加大技改投入,着力提高文具设计、制造和装备水平,加强与国内外相关设计机构的合作,消化吸收国内外文具先进技术和工艺,研究开发电子、礼品、无纸化办公等高端文具。

着力培育形成国际国内两个市场。在稳固立足国内市场的同时,努力开拓国际市场,提升文具产品的设计、用途和质感的国际化水平,寻求国际经销商的合作,利用合作、兼并或收购国外的销售企业,减少产品销售的中间环节,做好营销增值服务,提高产业的增值功能。积极参与国际大型文具交易会、博览会,打造国际文具品牌。要通过市场机制和产业规划,加快企业优胜劣汰的进程,营造外资参与的环境。将同类型企业通过外部整合产生规模效应,以此弥补单个企业规模偏小的不足,并在双赢的市场模式上共享资源,形成区域性的规模优势,使优势产业和优势资源得到最佳配置和充分利用,从而产生巨大的规模效益和集聚效应。

以文具产业基地为载体,以重点大型企业为骨干,推进文具产业链的配套衔接和公共服务平台的建设完善,重点加强产品研发设计、公共检测、人才培训、形象宣传和渠道共享等环节的建设,进一步巩固提升国家重点文具生产基地综合竞争力。

（五）现代农业

在现代产业格局中,农业的比重一直在下降,但其他产业的发展离不开农业基础的稳固。农业要在未来有一个更好的前景,必须改变传统农业的封闭分散经营、附加值低的不利局面。

现代农业产业发展要以"绿色、生态、优质、高效"为发展目标,整合优化农业要素资源,提高产业集中度,加快推进农业功能创新和科技进步,实现由以生产大宗低附加值农产品为主的传统农业向生产高附加值的精品农业转变,由小规模、分散化的小农经营模式向专业化、集约化的现代经营模式转变,逐步形成融经济、生态、社会和文化功能于一体的都市型、外向型现代农业。

大力推进四大现代农业基地建设。加快农业科技创新,推行绿色生产,保障农产品质量安全。稳定强农惠农富农政策,完善农业公共服务体系。加快培育新一代科技型、创业型农民。要充分利用宁波特有的自然资源条件和比较优势,进一步发展背部都市农业区、南部农业生态发展区、沿海渔业经济区。北部都市农业区重点发展蔬菜、花卉、农产品加工、流通服务和观光农业;南部农业生态区重点发展蔬菜、瓜果、花卉苗木、茶叶、竹笋、畜禽等优质农业基地,大力发展农产品加工业和观光休闲业;沿海渔业区重点发展水产养殖、捕捞和水产品加工业,积极发展滨海休闲渔业。农业生产实现布局区域化、经营产业化、设施装备化、手段科技化、服务社会化、环境生态化,使宁波成为长三角南翼重要的区域性农业科技、信息交流、农产品加工和物流配送中心。

二、战略性新兴产业:走规模化发展之路

新兴产业是"宁波智造"抢占未来发展制高点、提高国际竞争力的关键所在。但是宁波的新兴产业还处在成长阶段,未来的首要任务是实现规模化发展。

（一）新材料产业

新材料产业是宁波市高新技术新兴产业行动计划的首要领域,宁波在新材料领域已形成良好的产业基础,是高新技术主导产业之一,技术水平与产品档次在国内具有较强的竞争优势,产业技术创新体系已初步形成,区域创新环境日益完善。

宁波新材料产业应立足宁波材料产业的优势方向,结合我市新材料产业的现有基础、特色和发展需求,以市场为导向,以政策为引导,以企业为主体,产学研紧密结合,以产业化为目标,确定磁性材料、高分子材料、高性能金属材料三大重点发展的新材料产业,形成一批具有自主知识产权的、处于国内领先水平的专有技术,研制一批具有国内先进水平和示范意义的、以先进制造技术为代表的材料制造和性能检测装备,提升传统材料性能,优化产品结构,提高材料附加值,进一步推进我市新材料制造业及相关产业发展。把宁波市建成国内先进的高性能有色金属材料基地、国内重要的稀土永磁材料和改性工程塑料基地,成为国内领先的新材料产业基地和研发中心。

积极推进产学研合作,加速新材料科技成果的转化,继续保持在新材料产业的领先地位。高性能金属材料领域要积极加快基础研究,重点发展铁素体不锈钢、高硼耐磨合金等新型钢铁材料,高品质铜合金、铝合金材料,新型铜钢复合材料,高性能钨基粉末冶金材料等;化工新材料领域重点发展异戊橡胶等合成橡胶材料,聚氨酯弹性体等高性能树脂和弹性材料,特种环氧树脂等新型硅氟材料,碳纤维、光盘级聚碳酸酯、热塑性聚酯弹性体等工程塑料;磁性材料领域重点发展稀土永磁材料、纳米晶软磁材料、纳米晶钕铁硼辐射取向环形磁体、新型巨磁阻抗传感材料等;电子信息材料领域重点发展硅基纳米材料、II-VI族化合物半导体纳米晶体材料、半导体硅材料、LED用蓝宝石晶体材料、LED-LCD背光材料等;纺织新材料领域重点发展芳纶等特种合成纤维材料,超细旦仿羊绒纤维等特种纤维面料,聚烯烃功能膜、高模低收缩涤纶帘子布等新型纺织材料。

要围绕磁性材料、高性能金属材料、化工新材料、电子信息材料、新能源及节能环保材料、新型纺织材料重点领域,采取产业集群化发展方式,以大企业为龙头,带动相关企业的聚集和配套,实现上下游企业的聚集和产业链的延伸。推动新材料项目和企业向优势区位和工业园区集聚。建立起新材料集研发、生产和应用产业于一体的创新网络,形成有明显特色的、集聚程度高的特色新材料基地,构筑"两园、四区、多点"的空间布局。加快研究中心、重点实验室、工程中心和企业技术中心的建设,大力推进公共服务条件、创新能力、产业发展、主体培育等四大支撑工程,促成一批与新材料相关的科研机构落户宁波市,打造形成以大中型企业为主体、产学研相结合、公共服务完善的技术创新体系。

(二)新能源产业

宁波的新能源产业具有较好的产业基础,特别是光伏产业,形成了晶体硅材料、电池、组建和系统集成相对完整的产业链,市场前景广阔。目前宁波正处于产业转型升级的重要关口,新能源产业作为国民经济的战略性和先导性产业,对于调整产业结构、转变经济发展方式、培育新的经济增长点具有十分重要的意义。要加快新能源的推广应用和产业发展,必须根据国家发展新能源产业的思路,对宁波新能源产业进行科学规划,促进产业结构调整,扩大产业规模,引导有实力的企业进入新能源领域,建立健全新能源产业技术创新体系,发挥企业自身优势,培育自主知识产权和自主品牌,增强新能源产业的核心竞争力,使宁波成为国内先进的光伏新能源应用示范基地和产业发展高地。

要加大技术攻关,进一步降低企业生产成本,进一步加大示范应用和市场推广力度拓展产业发展空间,推进新能源产业规模化发展。光伏领域重点发展高效晶体硅、非晶硅和薄膜电池及组件,光伏控制器、逆变器等并网设备,光伏电力系统,多晶硅铸锭炉、多线切割机等光伏类装备;风电领域重点推进3兆瓦及以上海上风电机组研制和产业化,积极推广600千瓦和1500千瓦及以上国产风力发电机组应用;核电领域重点发展核电装备制造、非动力核技术应用等,加快核电数字化仪控系统和核级自主化仪表研究和产业化生产;另外,在新能源设备制造规模上要实现较大突破,太阳能利用设备制造产业形成实力较强、体系完整的产业链和产业集群;风电设备制造产业,小型风电设备系列化,大型风机配套零部件高端化;地源(空气源)热泵制造的产品研发和市场拓展能力进一步提高。动力电池、智能电网等行业的制造规模快速扩大。全市已初步形成新能源产业集群。不断提高新能源开发利用程度。建成一批风电、太阳能、地热能和生物质能开发和示范项目,争取在海洋能等新能源开发薄弱环节有所突破,进一步提高我市能源利用结构中的新能源比重。

（三）新装备产业

装备产业是工业经济的核心，是一个国家或地区综合实力、核心竞争力的集中体现，具有产业关联度大、技术含量高、产业升级带动性强的特点，它对港口功能的提升具有十分重要的影响作用。今后宁波新装备产业的发展要在巩固原有优势领域的基础上，积极培育新兴领域，突出发展重点领域，优化产业空间布局。提高自主创新能力，加强技术引进消化吸收和再创新，逐步实现装备制造业创新化、信息化、成套化、集聚化、国际化，将宁波建设成为自主研发水平高、制造技术先进、系统成套能力强的国家重要的先进装备制造业基地和具有国际影响力的先进装备制造业城市。

要以提高重大装备集成能力为主线，积极推进机械装备产业的信息化、成套化、集聚化、创新化、国际化发展，提升重点领域和新兴领域装备产业产值占比，抢先占领装备制造业高端领域。着力通过产业链技改、资产重组、引进战略投资、产业链整合与扩张、加强企业协同合作等举措，大力推进产业集群（基地）建设，全面提升机械装备产业结构和市场竞争力。

数控机床领域重点发展卧式或立式车铣复合加工机床、节能环保型数控机床及高级数控系统、高速精密主轴单元等关键配套部件；塑料机械领域重点发展精密、节能、智能、多功能型注塑机；船舶领域重点开发海洋钻井平台、工程船舶等大型海洋石油工程装备及船用大功率柴油机、船用电机等关键零部件；轨道交通领域重点发展城市轨道交通和高速铁路配套用关键零部件，动力、通信、控制装置及关键零部件及施工、养护装备；石化装备领域重点发展大型空分成套设备、深冷成套设备，天然气液化、储运、管道传输设备及大中型化工成套设备等；模具行业领域重点发展大型、精密模具及汽车模具；要积极发展技术研发、系统集成与设备成套、物流与配送等生产性服务。

（四）新信息技术产业

新一代信息技术产业是我国战略性新兴产业重点发展的七大产业之一，具有创新活跃、渗透性强、带动作用大等特点，是引领未来经济、科技和社会发展的一支重要力量。宁波的新一代信息技术产业在未来要扩大产业规模,推动产业集聚、提升核心竞争力,努力壮大软件产业,大力培育新一代网络服务业,着力发展新兴电子产品制造业,建成一批成熟的智慧应用体系,将宁波建设成为长三角地区重要的软件研发推广产业基地、网络服务产业基地和新兴电子产品研发制造基地。

要围绕重点和前沿领域,加快实施一批重大项目,加快推进一批关键技术突破,积极强化新一代信息技术与宁波重点产业的融合发展,塑造新的竞争优势。物联网领域重点发展路由器及宽带接入产品、无线传感网络产品、物联网产品、网络安全识别和认证产品;高性能集成电路领域重点研究新能源变电技术,重点开发智能化一次设备、电力高压设备监测及智能电网的整体解决方案;下一代通信网络领域重点发展高性能片式元器件、高频频率器件、高密度多层印制线路板等关键和核心器件及 3G 终端产品、宽带无线通信产品等;新型平板显示领域重点研究数控显示技术,重点发展电阻屏、LED 和 OLED 显示屏;高端软件领域重点发展各类嵌入式软件,面向特定行业的行业性软件和面向现代物流等特定领域的软件,积极参与国际软件产业外包;信息服务领域重点发展数据库处理、数据安全、网络增值服务等信息服务,大力发展行业解决方案设计等外包业务。

要以智慧城市的建设为契机,着力引进和培育一批龙头软件企业,加大宁波软件园建设力度,重点研发智慧物流、智慧贸易、智慧公共服务等领域的应用系统软件,结合宁波“智慧制造”应用体系建设,围绕打造先进制造业基地,通过嵌入式软件等技术提升和改造现有制造业,开发数字化、智能化的新产品。进一步加强网络基础设施建设,不断提高互联网带宽水平和接入率,积极推进互联网、电信网、广电网“三网融合”。大力推动国家电信、广电运营商与本地企业合作建立云计算中心,进一步提升政府数据中心、互联网交换中心和数据容灾中心的建设水平。优先发展物联网技术在智慧物流等领域的示范应用,大力推广射频识别、传感器网络、全球定位、多维条码等信息技术的开发和应用。围绕智慧城市建设和“两化融合”需求,促进高端产业的集聚,加快新一代平板显示、新一代通信和计算机产品、集成电路、信息家电、新型电子元器件等产业的发展。

三、四大新兴产业：基地化集群化发展

（一）节能环保产业

节能环保产业要加快基地建设，建设节能环保重点工程，加快完善节能环保产业科技创新体系。实现产业规模快速增长、产业链基本完善、综合实力显著提升，形成完善的现代节能环保产业体系这一目标。积极推进节能技术研究，实施一批节能环保示范工程，加大节能环保产品的推广和替代力度，使宁波成为国内重要的节能环保产业基地，国内先进的 LED 新光源应用示范基地。

积极推进节能环保技术研究，实施一批节能示范工程，进一步加大节能环保产品的推广和替代力度，推进产业规模化发展。节能产业领域重点发展中高端 LED 应用产品，积极发展节能灯、高能效电器等新型节能产品，重点推进传统照明灯具的 LED 替换，加快低温低压余热发电、低温余热能量转换器等装备的自主研发，支持节能型工业炉窑与高效热交换设备、节能调速装置及 MOCVD 等节能装备的生产，积极推广低热值高炉煤气燃气—蒸汽联合循环发电装置；环保产业领域重点发展城市污水处理、工矿企业废水处理、大气污染防治、除尘脱硫、有毒有害气体净化、流态化燃烧技术与设备，大力发展净化回收成套装置、机动车尾气处理装置，积极开发城市垃圾处理、新型高效塑料裂解技术设备及工业固体废弃物的收集、分离、分选、预处理技术设备。

为此，要加快建设节能环保产业基地，重点加强新能源光伏产业、LED 绿色照明产业、节能机械装备基地、智能家电产业基地建设，积极引导节能环保产业的要素资源向产业集聚区集中，着力培育节能环保特色产业和产业园区。加快建设节能环保重点工程，以工业节能、绿色照明、太阳能利用、建筑节能、清洁生产示范、水气污染控制、生活垃圾处理和农村环境整治工程为重点，推进节能环保产品和技术全社会广泛应用。进一步完善科技创新体系，组建一批国家级、省级节能产业工程技术（研究）中心和企业技术中心。积极推进节能技术研究；培育建设国家级、省级环保科技研发机构、创新服务平台和企业技术研发中心。四是推进节能环保服务体系建设。快速发展节能环保中介机构，扩大节能环保融资

和服务范围,构建节能环保交易信息平台,推进节能环保服务市场化运作力度。

(二)生命健康产业

生命健康产业要加大招商引资力度,提高科技创新能力以及实施龙头企业培育。做大做强生物医药、高端医疗器械、食品健康等重点产业,实现优势特色领域不断拓宽,产业规模显著扩大,产业集聚区基本形成,龙头企业大幅增加,科技研发能力明显增强,初步形成具有较强竞争力的生物医药与医疗器械产业基地。

积极推动产业园区建设,加快生命健康产业集聚发展,围绕优势领域塑造差别竞争力。生命健康行业要重点发展防治各种亚健康状态的化学药、植物药、生物制品、基因干涉药等,积极推进抗体类药物研究与产业化;生物医药行业重点发展单克隆抗体、细胞因子等重组药物,海洋生物、基因工程、新型疫苗等医用药品及疾病诊断防疫用的 PCR、生物芯片等体外生物诊断检测产品,中药材及中药制剂等,积极攻关用微生物发酵法生产重大疾病治疗药物的工艺;医疗器械行业重点发展开放式超导型磁共振成像系统、血液透析器、聚乳酸改性复合材料、具有生物活性的牙种植体、新型婴儿培养箱、社区医疗系统工程技术和装备、肿瘤异常蛋白检测系统以及 DNA 诊断仪器试剂,积极开发光机电一体化医疗器械;积极发展信息服务、生物医药产权代理服务等生产性服务业。

为此,要加大对外招商力度,重点瞄准国内外生命健康领域跨国公司、大型国企、上市公司等大企业大集团和创新型人才团队,积极开展专业招商,产业链招商,着力推进"孵化项目招商"方式引进项目,培育一批生命健康企业。要进一步提高科技创新能力,加大科研经费投入,通过市县两级财政资金配套引导,带动更多的社会资金进行科技创新。鼓励企业进行首仿药和创新药开发、新型医疗器械研制。密切跟踪国内外生命健康技术发展趋势,加大技术合作,通过举办技术论坛和人员交流等方式,积极借鉴国内外先进经验,实现宁波市生命健康领域科技创新突破。

积极培育龙头企业,在全市范围内确立若干家主业突出、核心竞争力强、带动作用大的生命健康产业骨干龙头企业,进行重点培育,通过大企业带动整个行业的发展。发挥龙头骨干企业的引领和整合作用,以产业链延伸、品牌联盟为纽带实施优势互补和分工合作,提升产业整体竞争力。鼓励企业加强资本运作,通过收购、兼并、控股、联合等多种方式做大做强,推动有条件的企业加快上市步伐。

(三)海洋高技术产业

海洋高技术产业要以充分开发海洋资源为前提,加快研究一批海洋高新技术,加快发展一批海洋高技术产业,初步形成海洋高技术产业体系,成为宁波建设海洋经济强市的重要支撑。使宁波成为国内领先的海洋高技术产业基地,成为国内先进的海洋装备产业基地。

海洋资源开发与利用领域要重点研究生物制品研发、海洋资源利用和海洋生物资源的可持续利用等方面的共性技术和关键技术。要加强海洋生物资源的保护与开发,加强沿岸污染源治理,加快环保基础建设,开展海洋生态修复,改善海域生态环境,为海洋资源开发和利用的可持续发展提供保障。要注重对海洋功能食品的开发,利用科研院所和高校的科研优势,建立海洋功能食品产业化基地,组织产品技术攻关研究具有宁波特色的海洋保健食品。开展海洋药用生物的应用性基础研究,加大海洋生物制药的研发力度,开发一批海洋药物产品,逐步形成海洋药物研究开发与加工制造的产业体系。

海洋工程装备领域要重点发展海上钻井平台、生产平台等海洋工程装备及配套设备,海底资源环境监测、勘探装备,海洋条件下抗污染耐腐蚀专用设备,港口仓储及物流设备,渔业工程装备等;海水淡化领域重点研究多效蒸馏、压气蒸馏、反渗透、电渗析等海水淡化技术,加快新型热源利用等海水综合利用的技术的集成,重点发展现代港口物流等高端生产性服务业。

积极培育发展海洋高技术企业,扶持形成若干家具有较强科技创新力、核心竞争力、规模影响力的海洋高技术龙头企业或企业集团。切实加大政府对海洋科技创新和转化投入,完善海洋高技术人才引进政策,积极扶持海洋高技术领域内创业。在高等院校基本建成学科门类相对齐全的海洋学科体系,建成省级以上海洋科技重点实验室和工程技术研究中心。建立海洋信息资源综合数据库,完善海洋主管单位网络平台建设;稳步加大对海洋信息中心的投入力度,实现我市海域使用管理、海域监控、海洋灾害预警和救助等服务超前发展;完善海洋环境监测服务平台建设,加强相关监测和环保技术的研究,提高海洋环境监测及海洋环保服务水平。

（四）创意产业

创意设计产业要以设计能力、产业化和商业推广能力提升为核心,加快推进企业人才队伍建设,加快完善公共服务体系,进一步整合社会资源,积极营造产业发展氛围,促进产业跨越式发展。通过几年努力,将宁波打造成为国内先进的设计创意产业基地、设计之都。

工业设计领域重点发展家用电器、通信、数码、文具、注塑机、机械工具、仪器仪表、医疗器械、汽车及零部件、船舶、高档服装等工业产品的设计与开发,着重做好外观设计、结构设计、功能设计等能力的提升,提升宁波工业产品附加价值;创意产业领域要积极推进创意产业园等创意载体建设,积极打造完整的创意产业链,重点发展动漫设计、广告策划、品牌形象设计、包装设计、展示设计及文化艺术创意、时尚消费创意、咨询策划创意等领域,积极推进时装、饰品、奢侈品等流行时尚产品的设计。

要重点发展和丰创意广场,积极完善其他产业园区,确定各自特色定位,形成产业互补的发展格局。重点组织"和丰奖"工业设计大赛和产业对接活动,通过政府部门引导和扶持,以高校、科研院所、设计企业、制造企业、商业推广企业为主体,以需求为联接点,开展对接示范项目。搭建人才培育平台、网络信息平台和国际交流平台。

充分发挥利用产业发展的各类资源,健全完善公共服务平台运营方式,建立并运营宁波工业设计与创意产业信息网,加强与世界各国同行之间的交流、沟通和学习。做强设计研究、制造企业需求发布、设计成果交易和设计成果产业化。以高校科研院所和制造企业研发部门为设计主体,充分挖掘制造企业的设计创意需求,大力开展设计成果发布与交易活动,形成设计专利,鼓励设计成果拥有者,以知识产权、无形资产、技术要素等作为股份参与交易企业的利润分配。

第八章　沿海城市港口与产业互动
数据采集与整理

　　基于本书第二章第三节所构建的港口与产业互动指标体系,我们分别对宁波、上海、广州、深圳、大连、青岛和天津等 7 个港口城市的 27 个三级指标进行原始数据采集,并对部分指标数据进行了整理和测算。大部分的指标数据来源于 2007 年至 2012 年 7 个城市的统计年鉴和部分行业年鉴,还有一部分指标的数据则是由原始数据进行整理和测算而得。根据所采集和整理的数据以及第三章所构建的港口与产业互动评估模型,本书第四章采用 Vensim PLE 软件对 7 个城市港口与产业互动状况进行了运算和评价。

　　以下为 27 个三级指标的数据采集来源和整理测算方法介绍。

第一节　港口服务能力相关指标数据采集、整理和测算

一、管理能力指标数据

　　1. 信息化水平。本指标数据是在查阅《中国信息年鉴》中各城市的信息化发展总指数基础之上测算而得。将城市的信息化发展总指数和港口创新水平作为两个因子。根据德尔菲法,两个因子所占权重分别为40％和60％,进行加权平均后得到反映港口信息化水平的数据。为了方

便后续的计算,所得结果扩大 100 倍。

2. 创新水平。本指标数据是在《中国城市年鉴》中的城市创新环境竞争力指数基础之上进行调整测算而得。调整及测算方法为:城市创新环境竞争力指数＋(港口科技收入/港口营业收入－R&D 投入/城市工业总产值)。

3. 大专以上人员比例。本指标数据根据调研的资料数据整理估算而得。

二、经营能力指标数据

1. 增值业务服务产值。本指标数据根据调研所得的港口咨询信息服务收入、人才培训供应服务收入、物流技术服务收入等整理估算而得。

2. 港口营业收入。本指标数据根据《中国统计数据库》《港口年鉴》及有关资料整理而得。

三、处理能力指标数据

1. 集装箱航线总数。本指标数据根据《港口年鉴》《城市年鉴》及有关资料整理而得。

2. 集装箱吞吐量。本指标数据根据《港口年鉴》《城市年鉴》及有关资料整理而得。

3. 港口货物吞吐量。本指标数据根据《港口年鉴》《城市年鉴》及有关资料整理而得。

4. 码头泊位数。本指标数据根据《港口年鉴》《城市年鉴》《中国统计年鉴》及有关资料整理而得。

第二节　产业发展能力相关指标数据采集、整理和测算

一、传统产业指标数据

1. 石化产业产值。本指标数据根据《中国化学工业年鉴》《城市统计公报》及有关资料整理而得。

2. 钢铁产业产值。本指标数据根据《中国钢铁工业年鉴》《城市统计

年鉴》《统计公报》及有关资料整理而得。

3. 造纸产业产值。本指标数据根据《中国工业经济统计年鉴》《造纸及纸质品工业年鉴》《城市统计年鉴》及有关资料整理而得。

4. 汽车(零部件)产业产值。本指标数据根据《中国汽车工业年鉴》《城市统计公报》及有关资料整理而得。

5. 修造船产业产值。本指标数据根据《中国船舶工业年鉴》《城市统计公报》及有关资料整理而得。

6. 高新技术企业数量占比。本指标数据根据《城市统计年鉴》中的高新技术企业数量与规模以上企业数量测算而得。测算结果为两指标相除之后的百分数。

7. 临港工业研发投入占产值百分比。本指标数据是根据有关资料搜集的临港工业企业研发总成本与临港工业总产值之比得来的。

二、新兴产业指标数据

1. 新兴临港工业产值。本指标数据是根据有关资料搜集的新材料、新能源、新装备、海洋高科技及生命健康等新兴临港工业产值整理而得。

2. 新兴临港服务业产值。本指标数据是根据有关资料搜集的港口信息咨询产业、创意产业及港口金融保险业等新兴临港服务业的增加值整理而得。

第三节　环境资源支撑能力相关指标数据采集、整理和测算

一、城市环境支撑能力指标数据

1. 进出口总额。本指标数据根据各城市的统计年鉴中的数据整理而得。

2. 人才总量。本指标数据根据各城市统计公报中的人才总量数据、统计年鉴中的大专以上人员数量及有关资料数据整理而得。

3. 城市交通投入。本指标数据根据各城市交通年报及有关资料整理而得。

4. 铁路货运量。本指标数据来源于各城市的统计年鉴。

二、港口可持续发展指标数据

1. 人均 GDP。本指标数据来源于各城市的统计年鉴。

2. 单位 GDP 能耗。本指标数据来源于各城市的统计年鉴及有关资料。

3. 港口科技投入。本指标数据来源于《中国经济新闻库》《中国港口发展报告》及有关资料。

4. 年度授权专利数量。本指标数据来源于《中国统计数据库》《中国科技统计年鉴》及各城市统计年鉴等。

5. R&D 投入。本指标数据来源于各城市的统计年鉴。

参考文献

[1] 上海国际航运研究中心.全球港口发展报告 2012.2013.

[2] 赵丹,刘桂云.浙江省海洋经济战略下港口物流服务创新研究.中国航海,2011(34).

[3] 范利彬.港口企业创新能力发展研究.港口经济,2009(9).

[4] 宗蓓华.创新港口服务理念为客户提供增值服务.港口经济,2008(1).

[5] 贾大山,郝旭.共建和谐港城关系实现港口功能创新.港口经济,2013(5).

[6] 陈洪波,等.港城关系理论研究,杭州:浙江大学出版社,2011.

[7] 陈洪波,等.港口与产业互动关系实证研究.杭州:浙江大学出版社,2013.

[8] 宁波市港航管理局.2012 宁波港航发展报告.

[9] 王任祥.新形势下宁波港口功能提升的路径研究.宁波市发改委"十二五"前期重大项目研究课题.

[10] 高中岗.世界自由港区的发展比较.国外城市规划,1993(3).

[11] 刘立民,邵超峰,鞠美庭,姜涛,李新明.天津港绿色港口建设创新探索与实践.港口经济,2011(1).

[12] 赵亚鹏.宁波—舟山港港口服务创新策略研究.中国航海,2012(3).

[13] 宁波市人民政府.宁波市工业转型升级"十二五"总体规划.2011.

[14] 马卫光,等.宁波产业立市战略研究,宁波:宁波出版社,2004.

[15] 徐强,等.转型与提升——宁波经济发展的理论与实践.杭州:浙江

人民出版社,2007.

[16] 刘江华,等.中国副省级城市竞争力比较研究.北京:中国经济出版社,2009.

[17] 殷敏,等.临港产业发展之策略选择——以宁波为例.价格月刊,2012(2).

[18] 李群芳.青岛家电产业集群研究.南昌大学硕士学位论文,2008.

[19] 徐胜,姜传炜.青岛金融产业发展探究.金融经济,2009(8).

[20] 青岛经济技术开发区管理委员会.青岛市石化基地产业规划.2008.

[21] 王松涛,王丽君.青岛临港产业集群发展现状评述.中国港口,2008(5).

[22] 孙云潭,冉承宁,等.发挥青岛海洋优势,做强临港产业集群.港口经济,2004(6).

[23] 王萍,刘敏,王东升.青岛产业结构调整和空间拓展方向的思考.国土与自然资源研究,2006(2).

[24] 高金田,高娜.青岛"十二五"港口体系功能区划及战略研究.中国水运,2009(12).

[25] 宁波、上海、广州、深圳、大连、青岛和天津城市统计年鉴(2012).

[26] 宁波、上海、广州、深圳、大连、青岛和天津党代会报告.

[27] 宁波、上海、广州、深圳、大连、青岛和天津国民经济和社会发展第十二个五年规划纲要.

索　引

后　记

　　本书系 2012 年度宁波市社会科学研究基地课题"港口与产业互动发展比较研究(JD12GC)"最终成果。自课题正式立项以来,宁波市港城关系研究基地精心组织由宁波工程学院社科部、经管学院、交通物流学院等老师组成的研究团队,举行多次讨论,商讨研究方案,确立写作提纲,运用多种方法开展研究。课题组收集整理港城关系理论研究的最新成果,尽量掌握国内外港口城市发展的最新趋势;课题组重视实地调研,了解沿海港口城市最新变化与趋势。在课题组全体成员的精诚团结、共同努力下,终于完成研究任务。

　　在 2011 年出版《港城关系理论研究》、2012 年出版《港口与产业互动关系实证研究》等研究基础上,综合运用系统动力学、数据包络分析方法,优化港口与产业互动的指标体系,改进港口与产业的系统动力学模型,以宁波、上海、广州、深圳、大连、青岛和天津等七大港口城市为典型,在收集、整理相关数据的基础上,利用 Vensim PLE 软件对港口与产业互动的系统动力学理论模型进行运算,揭示港口与产业之间相互影响的数量关系,评价港口与产业的互动效率。通过这样逐步深入和细化的研究,必将深化对港城互动关系的认识,全面掌握港城互动发展规律,推进港口城市的发展,这是港城关系这一系列研究的一大特色。

　　在课题研究过程中得到宁波市社科院林崇建副院长、俞建文处长的悉心帮助与指导。本书在写作过程中参考和借鉴了大量的前人研究成果,多数在书中已经做出注释,有些在书中未及一一注释,在此一并表示感谢!

　　本书具体分工:陈洪波教授负责研究方案、著作写作大纲的设计以及全书统稿;第一章,郑娟博士;第二章,唐新贵副教授;第三章,闫森副教授;第四章,乔雯博士;第五章,贾春梅老师、任丽娟教授;第六章,傅海威博士;第七章,宋超女老师;第八章,彭静副教授。

作　者

2014 年 9 月

图书在版编目(CIP)数据

港口与产业互动发展比较研究 / 陈洪波等著. —杭州：
浙江大学出版社,2015.1
ISBN 978-7-308-13541-2

Ⅰ.①港… Ⅱ.①陈… Ⅲ.①港口经济－关系－产业
发展－对比研究－中国 Ⅳ.①F552

中国版本图书馆 CIP 数据核字(2014)第 158057 号

港口与产业互动发展比较研究

陈洪波 等著

丛书策划	
责任编辑	吴伟伟 weiweiwu@zju.edu.cn
封面设计	春天书装
出版发行	浙江大学出版社
	(杭州市天目山路 148 号　邮政编码 310007)
	(网址:http://www.zjupress.com)
排　　版	浙江时代出版服务有限公司
印　　刷	杭州日报报业集团盛元印务有限公司
开　　本	710mm×1000mm　1/16
印　　张	19
字　　数	302 千
版 印 次	2015 年 1 月第 1 版　2015 年 1 月第 1 次印刷
书　　号	ISBN 978-7-308-13541-2
定　　价	53.00 元